OEUVRES
DE
M. BALLANCHE.

TOME QUATRIÈME.

IMPRIMERIE DE JULES DIDOT L'AINE,
Rue du Pont-de-Lodi, n° 6.

ŒUVRES

DE

M. BALLANCHE

DE L'ACADÉMIE DE LYON

TOME IV.

ESSAIS DE PALINGÉNÉSIE SOCIALE

TOME II

ORPHÉE.

....Threicius longa cum veste sacerdos
Obloquitur numeris septem discrimina vocum.
Virg., Æn., VI.

PARIS

LIBRAIRIE DE J. BARBEZAT

RUE DES BEAUX-ARTS, N° 6

GENÈVE

MÊME MAISON, RUE DU RHONE, N° 117

1830

PREMIÈRE ADDITION

AUX PROLÉGOMENES.

Nous sommes à une époque où toutes les idées doivent être produites, où tous les problèmes qui importent à l'homme doivent être exposés en même temps. Le sentiment d'une telle simultanéité est la cause de l'apparente incohérence que l'on a cru remarquer dans les prolégomènes; mais il ne faut point s'en trop inquiéter, une pensée dominante finira par se faire jour, et par se dégager des nuages dont elle est encore entourée. C'est pour hâter le moment où ce but pourra être atteint que je me suis décidé à demander un nouvel entretien avec mes lecteurs, avant de leur présenter l'Orphée.

A mesure que j'avance, je procède à ma propre initiation; ce qui était replié en moi se déplie successivement, et comme à mon insu. L'impulsion de la pensée première, l'enchaînement de celles qui en découlent, me conduisent à un terme que souvent je n'ai point su prévoir. D'ailleurs les notes que j'ai rassemblées sont en si grand nombre, ont tellement besoin d'être éclairées les unes par les autres, que ce serait un travail au-dessus de mes forces, si je voulais les consulter et les discuter toutes à-la-fois, pour les employer d'une manière définitive, pour être certain de la place que chaque chose doit occuper dans les compositions successives; et ce fut là aussi la raison de l'édition provisoire que je donnai l'année dernière.

Voici donc cet Orphée, que j'ai déclaré ne pas être établi sur des bases scientifiques, et qui cependant, j'ose presque l'affirmer, n'est, sous certains rapports, qu'une véritable évocation de l'antiquité.

La mythologie est une histoire condensée, et pour ainsi dire algébrique.

La tradition groupe les événements primitifs, pour faire d'un ensemble de faits un seul fait symbolique; par-là elle est dispensée du soin de marquer de longues éphémérides. Quelquefois ces faits groupés sont rendus plus saillants, par une faculté merveilleuse de personnification, qui est un des attributs de l'esprit humain. Les traces de l'évolution cyclique s'effacent, et la mémoire du seul fait symbolisé brille dans la nuit des âges. Ainsi était le clou du siècle, enfoncé par le marteau d'un pontife sur le frontispice des temples.

Chaque peuple ancien a sa cosmogonie sociale,

laquelle est une image, un écho, une transformation d'une cosmogonie générale, universelle.

Ce n'est point par des emprunts faits avec discernement, coordonnés avec élégance, que l'on peut parvenir à établir un système d'idées exact et complet; c'est par une vue qui plane sur le tout, par une impression collective reçue à un centre commun, par l'assimilation de la pensée divine ou humaine avec sa propre pensée. Si l'on voulait comparer et faire sympathiser entre eux les témoignages, on arriverait à faire un poëme arrangé comme ceux des Alexandrins, au lieu de faire un poëme spontané comme ceux d'Homère, comme le Ramayana ou les Eddas.

———

Il existe, dans le cours des âges, un moment où les traditions deviennent de l'histoire, le même sans doute que celui où la poésie devient de la prose; une bande obscure couvre toujours ce moment, et le couvre sur toute l'étendue de l'horizon.

On ferait fausse route si l'on voulait chercher, en étudiant les Mystères des Gentils, une antiquité historique, au lieu d'une antiquité religieuse.

Je ne pouvais considérer le mythe grec que d'une manière tout-à-fait générale, mais il m'était permis de chercher à pénétrer dans les profondeurs du mythe latin. Toutefois celui-là même, je n'ai pas voulu le peindre, mais le faire sentir. Il devait être pour moi la cosmogonie romaine ; de plus, il deviendra le type de toutes les cosmogonies sociales, dans l'application que je compte en faire ; comme les développements de la chose romaine, son cours et ses vicissitudes, seront pour nous le type et le symbole de toute histoire considérée dans ses éléments génésiaques.

Le mythe latin me paraît avoir mieux que le mythe grec conservé son caractère cosmogonique. Il est une transition plus sévère et plus majestueuse de l'Orient à l'Occident. Virgile fut trop bercé par la brillante fantaisie de la Grèce ; et moi-même, me trouvant si souvent en présence d'un mythe affaibli, mais vivement coloré, j'ai dû quelquefois m'en laisser éblouir.

Ératosthènes pensait que la poésie n'est pas la philosophie par excellence, ou la philosophie primitive, mais un moteur des esprits ; Varron prétendait que la poésie fut devancée par une philosophie ; il s'occupait des mythes dont d'anciennes villes voilaient leurs origines et même leurs lois. Cette philosophie qui, d'après Ératosthènes et Varron, précéda la poésie, ne reporte-t-elle pas notre pensée vers cette doctrine et cette langue des Barbares qui excitaient l'admiration et le respect de Platon ? Et, à notre tour, ne pouvons-nous pas supposer que ce mot *Barbares* est une expression vague, indéterminée, pour désigner la source ignorée des doctrines, le point de départ inconnu des traditions? Plus tard nous trouverons encore à méditer sur ce sujet.

Il ne faudra donc pas s'étonner lorsqu'il m'arrivera de traverser l'hellénisme sans m'y arrêter.

Quoi qu'il en soit, Strabon exigeait pour la poésie trois éléments, l'histoire, le mythe et l'arrangement. Tel fut, en effet, le génie poétique de Virgile, et telle fut sans doute aussi la raison qui le fit nommer par l'antiquité le compilateur. Ce génie néanmoins s'étant allumé dans la sphère patricienne, Virgile fut inhabile à pénétrer le mystère profond de l'évolution plébéienne; de plus encore, étant homme nouveau, il ne put connaître qu'imparfaitement le mystère patricien, déja si obscurci de son temps. Qui sait même si l'empire, heureux légataire du tribunat, n'aimait pas à confondre toujours les choses patriciennes et les choses plébéiennes? Il est curieux, au reste, de remarquer combien les hommes nouveaux sont singulièrement portés à se dépouiller de leurs sympathies naturelles. Un exemple remarquable est celui de Cicéron flétrissant l'institution du tribunat, enfantée par l'indomptable loi du progrès, et sans laquelle le peuple romain n'aurait pu accomplir son immense destinée. Cette institution, si faible à sa naissance, toujours si contestée, mais qui devait dévorer toutes les autres, tant était inéluctable le destin dont elle recelait le germe, si elle n'eût pas été produite par la nécessité, n'aurait pu résister aux efforts constants qui furent faits pour l'abolir. Au contraire, il est permis de croire qu'une autre aurait inévitablement surgi, en l'absence de celle-là, dans le cas où elle eût été étouffée, ainsi que l'eût voulu Cicéron, comme ces monstres civils designés dans la loi des XII Tables; une autre aurait surgi, car il fallait bien que la conquête du droit commun finît par s'accomplir. Or la dictature, devenue permanente, ne fut que la faculté plébéienne se faisant puissance sous le nom d'empereur; et, dans l'hypothèse inadmissible de la victoire du patriciat, c'est lui qui aurait produit sa personnification. Mais le patriciat depuis long-temps était frappé d'immobilité; et Sylla avait abdiqué pour tout le corps aristocratique.

Le principe patricien ne devait pas tarder, en effet, de se cristalliser, comme fait toute langue non parlée, toute langue arrivée à l'état de momie, de langue morte.

———

L'Orphée, et je l'ai déja donné à entendre, doit

servir d'introduction à ce que, dans le volume suivant, j'aurai à dire sur l'histoire romaine; il en résulte que plusieurs expositions de doctrines paraîtront sans doute étranges, comme, par exemple, celle de la nature différente des ames. C'est bien là une trace de l'Orient, ou plutôt c'est l'Orient lui-même marquant de sa forte et indélébile empreinte les antiques croyances du Latium. Ces croyances, il faut maintenant les chercher dans les vieux débris de la langue qui se parlait sur les collines d'Évandre, et que Virgile ignora.

Le genre humain partagé en initiables et en initiateurs est une idée dérivée d'un dogme caché dans toutes les cosmogonies, le dogme identique de la déchéance et de la réhabilitation. Cette même idée de la nature différente des ames, dégénération du dogme primitif, nous ne tarderons pas d'en avoir la preuve, passa ensuite dans la gnosse, philosophie mystique qui devait embrasser à-la-fois le monde ancien et le monde nouveau de l'humanité.

N'est-il pas singulier que, dans le latin, le mot *sons*, coupable, soit le mot simple, et que *insons*, innocent, soit le mot composé? Or, dans l'origine, le second s'appliqua au patricien, et le premier au plébéien.

Comme on le verra, l'idée d'initiables et d'initiateurs, l'idée de la nature différente des ames, se produisit donc, dès les premiers temps, sous la forme d'une croyance à des ames innocentes et à des ames coupables.

Dans tout ceci est le fait cosmogonique oriental, devenu le fait cosmogonique latin. Ainsi l'être patricien et l'être plébéien témoigneraient du dogme identique, du dogme un de la déchéance et de la réhabilitation.

Ce fait, je ne pouvais le présenter sous un vêtement historique; j'ai dû faire un mythe.

Et l'Orient est venu m'apprendre les secrets de la langue des Barbares.

Remarquez que lorsque Plaute nomme le latin une langue barbare, ce n'est point par comparaison, mais d'une manière absolue.

Au reste, il faut bien l'avouer, ce qui fit l'avantage du mythe est pour nous une difficulté de plus, parceque nous ne pouvons l'employer dans toute sa concision et toute son énergie. Aussi, dès que j'ai voulu m'en servir, je me suis senti obligé de l'expliquer, et de faire entrer cette explication dans la contexture même du poëme; il est impossible qu'il n'en résulte pas quelque embarras dans la narration. Un jour peut-être, lorsque nous serons accoutumés à cette sorte d'histoire contenue dans le mythe, on l'écrira aussi facilement que M. de Barante écrit nos chroniques nationales.

Virgile succomba à la peine, et j'en ai dit la raison.

Dans l'Orphée, on pourra trouver des choses qui supposent établi précisément ce qui est peint comme s'établissant. Le poëme de Nonnus et tous les poëmes cosmogoniques doivent être pleins de ces apparentes interversions, de ces synchronismes qui semblent être de véritables anachronismes, parceque là est la zone obscure, tout autour de l'horizon; parceque là est le fini se dégageant de l'infini; parceque là est à-la-fois le monde se formant et le monde tout formé. Plus le poëme sera une image juste et vraie des traditions, plus il sera empreint de ce défaut grossier, qui est, j'ose le dire, l'expression d'une vérité profonde. S'il m'était permis d'user ici de tous mes droits, je citerais la Bible elle-même, qui, dès le meurtre d'Abel par Caïn, marque implicitement la terre déja peuplée de vengeurs du sang innocent.

Aux objections qui pourraient m'être adressées sur ce sujet, j'aurais à répondre que l'Orphée est l'histoire condensée de quinze siècles du genre humain : une telle synthèse laisse intact l'ordre de travaux consacrés à l'analyse scientifique. Tous les efforts doivent tendre maintenant à reculer, le plus possible, l'horizon de l'histoire dans la nuit des origines, à agrandir son empire, en faisant des conquêtes successives sur la région des fables.

Mais puisque l'Orphée devait être un poëme antique, il est assez juste que tout ne puisse pas être saisi dans le premier moment. Il me suffit donc d'affirmer que rien n'est hasardé, que tout repose sur une étude approfondie, sur des autorités certaines. Ainsi le lecteur est prié de ne point s'effaroucher de quelques expressions que je me suis cru obligé d'employer telles que je les suppose fournies par le vieux Latium, et que je ne pouvais traduire sans en dénaturer le sens. Tous les mots dont je me sers, et c'est sur-tout pour le livre neuvième que j'ai besoin de cette explication, tous les mots dont je me sers sont pesés avec une scrupuleuse exactitude; s'il en est plusieurs d'inusités dans la langue latine qui nous est familière, je ne les ai point tirés des éléments mêmes de la langue pour le plaisir de produire des sons archaïques et inconnus. Les Preuves entassées dans les deux derniers volumes achèveront ma justification, et seront le plus souvent comme de véritables scolies. La situation où je me suis trouvé explique, à mon avis, celle où furent placés quelques uns des poëtes alexandrins.

Je n'ai point cherché à compléter l'exposition du mythe latin; une telle entreprise eût été trop difficile pour moi, et trop fastidieuse pour le lecteur. Ce mythe se déroulera par la suite, à mesure qu'il viendra s'offrir à moi, car je n'ai point le projet d'aller au-devant de lui.

Je crois cependant utile de prouver l'altération que lui a fait subir Virgile, et d'établir dans quel système d'idées, ou plutôt sous l'influence de quels préjugés cette altération a eu lieu. Un seul exemple suffira. Mézence paraît avoir été, pour l'âge mythologique, ce que fut Servius Tullius pour l'âge héroïque; selon toute apparence, l'ancien larthe étrusque voulait unir des races que la croyance séparait fatalement, ou, pour mieux me faire comprendre, il voulut non pas confondre les classes, mais les rendre moins hétérogènes l'une à l'égard de l'autre. Voyez ce qu'en a fait Virgile; je ne l'accuse point, parceque sans doute la tradition avait été pervertie avant lui. Les poëtes grecs n'ont pas eu plus de respect pour Sisyphe et pour Tantale. Et, sans doute aussi, ce n'est pas Virgile qui a inventé le châtiment de Thésée éternellement assis.

Au reste, la mémoire des émancipateurs ou des civilisateurs a souvent été exposée à de tels outrages, dans les temps fabuleux aussi bien que dans les temps historiques. Ceux qui ont favorisé l'avancement des plébéiens n'ont point été épargnés par cette renommée aristocratique qui fit du sixième roi de Rome, de l'instituteur du cens, le fils d'une femme esclave.

———

Homère a consacré tous les degrés de civilisation antique, et formant une sorte d'échelle progressive. Ainsi il représente les Cyclopes, par familles isolées, sans culte public; les Lestrigons ayant des assemblées semblables à celles des sauvages de l'Amérique; les Ciconiens, qui avaient dompté les chevaux et découvert l'emploi des métaux, et qui avaient une guerre régulière. Je ne pousserai pas plus loin cette énumération, qu'il suffit quant à présent d'indiquer. Aristote et Homère, l'un investigateur, l'autre peintre de sociétés contemporaines, sont analogues en un sens. L'Odyssée et les Politiques s'appliquent à divers âges sociaux avec la différence dans les formes que motive celle des âges. Virgile imite Homère, à la spontanéité près. Un tel travail synchronique, j'aurais pu sans doute l'essayer, à mon tour, quoique avec quelque peine, dans l'Orphée; mais n'aurait-ce point été un travail plus curieux qu'instructif? D'ailleurs je ne crois pas qu'il me fût permis d'excéder, au-delà de ce que je l'ai fait, l'emploi du langage mythique. J'ai déjà expliqué les raisons qui m'ont porté à négliger la peinture des civilisations de la Grèce antique. Il en est de même de celles du Latium, dont l'Odyssée a péri, et qu'il aurait fallu reconstruire. Il m'importait seulement, pour atteindre à mon but, de signaler l'initiation successive du plébéien général, et, dès le commencement des épreuves auxquelles ce plébéien général était soumis par la Providence, faire entrevoir l'époptisme de l'humanité, c'est-à-dire le christianisme. Toutefois j'ai voulu que l'Égypte fût une image de toutes les civilisations synchroniques de cette époque du monde, et même qu'elle conservât une image des civilisations antérieures. Il s'agissait pour moi de montrer l'enfantement merveilleux de l'Occident par l'Orient, et l'Occident conservant les titres de sa filiation.

On sentira bien ici ce que je disais dans le volume des Prolégomènes, qu'arrivé à une antiquité où l'on espère pouvoir signaler le fait primitif plus ou moins évident, on trouve toujours les traces d'une antiquité antérieure, incontestable. Les mots indigènes et autocthones, comme les expressions poétiques *nés du chêne ou du rocher*, ne nous empêchent point de creuser plus avant, de chercher sur le sol les pas effacés de proto-anciens par-delà les anciens. Nous savons que tout est sous une forme indéfinie avant d'être sous une forme circonscrite. Nous savons que le mythe est une histoire condensée, et que nous sommes appelés à lire cette histoire.

Il est fort à remarquer que plus l'on remonte haut, plus l'on trouve illimitée la supputation des temps. Une année solaire se fond, et se perd, pour ainsi dire, dans des cycles immenses formés par le concours des astres : c'est ce qui a donné lieu aux grandes années. Les semaines d'années et les années jubilaires des Hébreux sont déja une restriction à ce qu'il y avait d'illimité dans le langage de l'Orient; et cette restriction émanait de leur cosmogonie elle-même, si admirable dans son imposante simplicité. Les olympiades, qui sont une restriction plus grande encore, qui ne sortent pas non plus de la contemplation de la marche du soleil relativement à notre terre, mais qui appartiennent à une cosmogonie locale, au lieu de porter la forte empreinte d'une cosmogonie générale, les olympiades marquent le commencement des temps historiques, et leur institution est presque synchronique avec l'ère adaptée à la fondation de Rome. Par-tout le temps se dégage de l'éternité; le fini de l'infini; l'Occident de l'Orient; le connu de l'inconnu; l'histoire du mythe.

Les périodes astronomiques, les cycles de différents genres, où s'est épuisée tantôt l'imagination, tantôt la science, pour trouver des phases certaines, des alternatives de décours et de recours, dans cette immense et merveilleuse horloge de l'univers, qui sonne incessamment les heures palingénésiques de tant de globes roulants au sein de l'espace infini, ces périodes et ces cycles ont été des temps de purification, d'épreuves, de félicité perdue ou promise, de malheur passé ou futur, de menace ou d'espérance, d'épouvante ou de retour à la confiance; ils ont été des âges pour les intelligences pures avant d'être des âges pour le genre humain, pour les diverses sociétés humaines. De là les différentes acceptions du mot siècle, et même du mot éternité : la langue latine primitive, où l'on trouve encore quelques anneaux usés de cette chaîne antique par laquelle nous fûmes attachés au roc immobile du vieil Orient, la langue latine aura à nous raconter toutes ces significations oubliées, si riches en enseignements, d'une doctrine si profonde.

Telle est la cause qui a produit la confusion de l'astronomie avec la religion : le temps a dû être l'image de l'éternité.

Nous touchons également à l'écueil contre lequel se sont brisés Boulanger, Court de Gébelin, et surtout Dupuis.

Ainsi donc les phénomènes sociaux se succèdent dans une chronologie idéale, et non dans une chronologie qui se compte par la succession des années et des siècles : on a voulu faire de cette chronologie idéale une chronologie positive, et alors tout a été embrouillé. Newton ne put coordonner cette chronologie, qui est une chronologie cyclique de civilisation, et non une chronologie astronomique.

Vico ne s'y était pas trompé. Il avait bien compris que la philologie était le meilleur instrument pour sonder les profondeurs de l'antiquité. Bacon l'avait également compris.

———

Depuis, une science nouvelle est survenue, la géologie.

Nous savons à présent deux choses, l'une, que l'homme est nouveau sur la terre, l'autre, que l'idée a précédé le fait.

Les poissons, dans les abymes des mers, sont la proie les uns des autres ; les espèces n'y sont limitées que par d'insatiables destructeurs. Les entassements d'animaux fossiles dans des cavernes que l'on découvre en divers lieux annoncent qu'à une époque où l'homme n'existait pas encore les animaux étaient comme sont les poissons de la mer.

Dès le moment où l'homme a paru, les animaux ont eu un dominateur intelligent ; il fallait bien qu'il fût complet dans sa nature d'être intelligent, car sans cela il n'aurait pu subsister. En outre, si les merveilles de l'institution du langage et celles de l'institution sociale eussent été successives, nulle chronologie historique ne serait suffisante pour rendre compte de la série graduelle des faits.

Ceci nous indique une autre fonction du mythe, celle d'expliquer symboliquement tantôt la spontanéité, tantôt la succession.

Ainsi a été confirmée l'antique révélation.

Si nous nous reportions, par la pensée, à une époque génésiaque, où le monde physique tout entier était comme en ébullition; où les éléments, pour ainsi dire, n'avaient pas leurs limites assignées; enfin où tout était dans la confusion, nous trouverions les inondations dans la péninsule grecque, les embrasements dans la péninsule italique, le brisement des rochers dans l'isthme immense qui sépare la Baltique du Pont-Euxin. La vallée du Nil et l'Étrurie sont des marais. L'homme épouvanté fait de tout des signes et des puissances, soit dans les animaux, soit dans les arbres des forêts, soit dans les météores d'une atmosphère bouleversée. La science fulgurale, l'aruspicine, les pronostics des fontaines, les rites des augures, toutes ces choses furent un souvenir, une tradition d'un état cosmogonique où la nature entière avait un langage pour les facultés instinctives de l'homme.

M. de Sainte-Croix a vu dans les Titans les défenseurs d'un ancien culte, vaincus par les sectateurs d'un culte nouveau. Il fallait y voir la peinture d'un âge cosmogonique, où l'homme avait à lutter contre les forces de la nature, à s'approprier la terre, pour ainsi dire, en la faisant. De plus, c'est une très courte vue de croire que l'on fonde un établissement religieux et politique comme l'on bâtit une maison; que l'on fait une religion comme une hypothèse philosophique. Soyez certain que vous ne rencontrerez jamais une origine avec cette courte vue. Dieu et la forme essentielle de l'esprit humain donnée par Dieu, voilà le type et le germe de toutes les manifestations successives de l'homme.

Le règne de l'humanité, c'est l'homme se détachant du tout panthéistique. Les statues à gaînes sont remplacées par les statues avec l'attitude de la faculté locomotrice. Le progrès de l'art de Dédale est l'emblème du progrès du libre arbitre. Certaines affections pathologiques, certaines impressionabilités, certains modes accidentels de nos perceptions, ne nous donnent-ils pas une idée de cette confusion de l'être dans le tout, de ce magisme de la nature, qui sont une des explications du paganisme? Dans une sphère, les influences de l'air et du sol; dans une autre sphère, les sentiments généraux se personnifiant, ne conduisent-ils pas à la même idée?

Le christianisme pouvait donc seul nous sauver des superstitions naturelles comme des superstitions théurgiques.

———

Venons à quelques observations de détail, sans trop chercher à y mettre de l'ordre.

Céphalœon avait fait une histoire universelle, depuis Ninus et Sémiramis jusqu'au règne d'Alexandre, en neuf livres, avec les noms des neuf muses.

L'histoire d'Hérodote a encore l'unité de l'épopée.

Un poëte, du nom de Linus, est dit avoir écrit les aventures d'Orphée en caractères pélasgiques.

Une peinture de Polygnote établit le synchronisme de Thamyris et d'Orphée. Dans cette peinture Thamyris est représenté avec la lyre cassée.

Orphée, d'après les traditions, Thrace, c'est-à-dire Scythe, homme du Septentrion. La Thrace, lieu sacré, primitif; l'Inde est transportée dans la Thrace; tous les mythographes, tous les poëtes, sont unanimes.

Une contrée très limitée s'agrandit et devient le monde même : comme il y a une chronologie idéale, il y a aussi une géographie idéale.

Leibnitz avait bien compris que l'histoire de l'homme est liée à l'histoire de la terre. Charles

Bonnet a une fort belle page sur cette théorie; Herder l'a beaucoup développée.

Les climats, les génies des peuples, donnés, le problème historique pourrait se résoudre *à priori*: ceci nous présenterait une image de la prescience de Dieu.

Les Grecs ont rapproché toutes les distances, dans le temps comme dans l'espace: les Latins ont été plus rigoureusement vrais.

Dans Orphée, deux hommes, le fondateur, ou, pour parler plus exactement, celui qui représente l'idée de la religion, puis le fondateur ou le représentant d'une superstition. Pausanias en fait un sorcier. Voyez avec quel mépris Aristophane traite les Orphiques; et toutefois Euripide et son scoliaste, de même que Pausanias et Aristophane, attribuent à Orphée l'institution des Mystères. Toute tradition se bifurque; j'ai montré la bifurcation, dès l'origine, par le rhombe retentissant, analogue au tambour lapon, et qui a été sitôt un objet employé aux tristes rites des conjurations et de la magie.

Une théogonie a été attribuée à Orphée; on en trouve quelques fragments épars.

Eumolpus, qui appartient au temps d'Érechtée, était de Thrace; on connaît les Eumolpides d'Éleusis.

Toujours la même hypothèse que, dans la géographie idéale, la Thrace est, pour la Grèce, le berceau sacré de toute croyance : c'est l'Inde, c'est la Scythie ; c'est ce que nous nommerions l'Orient.

Tout peuple a une tradition dont le commencement mystérieux se rapporte à un lieu symbolique.

De plus, le lieu qui devient le berceau d'une institution est le hiéroglyphe de cette institution.

Chaque colline ajoutée à la Rome primitive est le relief d'une institution introduite dans le droit civil romain. De là une tradition consignée dans Servius, à savoir que sept tertres existaient à l'origine sur le Palatin, et portaient déjà le nom des sept collines, dont plus tard devait être successivement formée la ville de Rome.

Il n'y a point de lieu sans le génie de ce lieu, d'après le même Servius ; c'est ainsi qu'en Égypte chaque nome était sous la protection d'un génie : il fallait bien que l'on retrouvât ici ce qu'une telle chorographie a de vivant et de merveilleux.

Cette remarque sur les lieux portant en quelque sorte l'institution comme le sol produit la plante, est confirmée par Plutarque. Il dit que Thémistocle, en joignant le Pirée à la ville d'Athènes, fit une révolution, et qu'il affaiblit ainsi l'ascendant des nobles.

J'ai voulu que Talaon fût l'anneau de la tradition d'une révélation primitive, qui plus tard devait être déposée dans les Mystères.

L'établissement des Mystères ne remonterait-il point à l'époque du premier affaiblissement des patriciats?

Peut-être eût-il été dans les convenances de ma fable qu'Æagrius eût été fait roi et prêtre par Orphée.

Homère partage les hommes en deux classes, selon les langues qu'ils parlent: les hommes qui parlent une langue barbare et inarticulée, et les hommes qui parlent une langue articulée.

Les cris d'Évohé prononcés par les ménades appartenaient à cette langue barbare qui fut appelée langue sacrée.

Les Grecs disaient que les dieux aiment à être priés avec des articulations barbares. Les antres de Samothrace et les sommets du Cythéron étaient célèbres et vénérables sous ce rapport.

J'aurais pu peindre une danse orgique sur le Cythéron.

J'ai dit les mystères des Barbares, profonds et primitifs. Je dois ajouter que ces mystères sont intuitifs; car, pour la gentilité, ils sont l'expression de toute antiquité religieuse, insondable, de toute origine dont il était impossible de rendre compte.

Talaon est donc le barbare, dans le sens où d'anciens philosophes ont pris ce nom.

Nous savons à présent pourquoi Platon parlait avec respect des Barbares, d'où, ainsi que Pythagore, il avait tiré la plupart de ses dogmes et de ses doctrines; car, pour eux, remonter aux Barbares n'était autre chose que chercher au-delà du mythe.

M. Pictet, dans son ouvrage sur le culte des Cabires, chez les anciens Irlandais, prétend que le mot Pythagoras signifie littéralement en gallois explication de l'univers, cosmogonie. Porphyre et Iamblique assurent que Pythagore fut initié aux mystères des druides.

Æagrius, ce roi des Odrysiens, petite peuplade de la Thrace, est le barbare, dans le sens où on entend plus généralement ce mot.

Ne trouverait-on pas les deux caractères confondus dans le moyen âge?

C'est Pomponius Sabinus qui m'a appris que Talaon fut le père d'Eurydice.

Servius dit qu'Eurydice était une dryade.

Nul poëte, nul écrivain ne m'a enseigné le nom de la mère d'Eurydice. Le nom de Vola, que j'ai cru pouvoir lui donner, a quelque chose de sacré et de primitif. Vola désigne la paume de la main, symbole très expressif dans le langage figuré de ces temps. Le mot est resté avec cette signification en latin. Il fut, chez les Étrusques, le nom général de toute ville, considérée comme cité mystique. Une Edda porte le nom de Voluspa, oracle de la prophétesse Vola. Voluspa est un mot composé qui, après avoir été le nom d'une poésie, devint le nom des prophétesses des nations celtiques. C'est ainsi que le nom d'une faculté, d'une institution, d'un ordre de choses, fut souvent le nom même de celui qui représente cette faculté, cette institution, cet ordre de choses. J'ai osé placer une Voluspa apparaissant au milieu du combat des Thraces. J'ai fait plus, car j'ai introduit un Scalde dans les souterrains de l'Égypte : s'il y a anachronisme, c'est tout au plus dans le mot, car Orphée lui-même pourrait bien être un Scalde. Les Scandinaves, avant d'habiter les bords de la Baltique, furent établis sur les rivages du Pont-Euxin. L'émigration d'Odin est contemporaine de Mithridate, mais il y en avait eu d'antérieures, dont l'histoire n'a pas recueilli les témoignages, et certainement Odin n'est pas le créateur de la mythologie qui lui est attribuée.

Je ne m'arrête pas davantage à ces sortes d'inductions, parceque les occasions ne me manqueront pas pour compléter ma justification.

Les Orphiques croyaient que Bacchus succéderait à Jupiter, comme celui-ci avait succédé à Saturne.

Dans la donnée où Bacchus indique la croyance

à une dernière émancipation plus complète, il est facile de comprendre comment plusieurs ont pu y voir une transformation de Moïse.

Souvent son char est traîné par un centaure et une ménade, ce qui en fait un mythe civil. Il est suivi de ménades, et nous avons vu que les ménades, sexe passif, ont été l'emblème du plébéianisme. C'est même ce qui nous a conduits à interpréter ainsi le mot *mulieres*, femmes, dans la loi des XII Tables.

Les premiers chrétiens croyaient que les nations païennes avaient, aussi bien que la nation juive, une tradition des promesses faites au genre humain.

Ainsi le phanès de Bacchus est l'annonce d'un dernier époptisme promis par toutes les sibylles de l'ancien monde.

Je ne saurais trop insister sur la perpétuité et l'identité d'un sentiment général répandu par-tout.

Érechtée fut appelé diphye, c'est-à-dire de deux natures : le nombre de ces sortes de types est très grand.

J'ai fait Orphée diphye : il est très exact de dire qu'en effet les patriciens et les plébéiens étaient considérés comme appartenant à deux natures différentes. Toutefois j'ai cru que je devais faire Orphée plébéien par choix ; il fallait bien moraliser ma fable par la sanction de la volonté. Le plébéien peut seul avoir les sympathies générales de l'humanité ; ainsi que je l'ai dit, le plébéien c'est l'homme même.

Une ancienne tradition, recueillie par Pausanias, dit qu'Orphée fut foudroyé parcequ'il livra l'initiation, sans les épreuves préparatoires.

C'est Servius qui m'a autorisé à l'emploi que j'ai fait du saut de Leucade. Le mot *desiderium* exprime une soif de connaître; on l'a appliqué à l'amour. Vénus présida aux *desideria*. C'est toujours la soif de la race, l'initiation de la race. Le Jupiter dont il est question, à propos du saut de Leucade, fut *incertus deus*. Ulysse fut *incertus heros*. Remarquons, en passant, que ce langage mythique est transporté souvent d'une sphère dans une autre. Il serait peut-être assez facile de démontrer que l'Olympe fut l'image d'une société civile. On y trouverait des dieux opès et des dieux inopès ou hostès; comme ailleurs nous trouverions des rois opès et des rois hostès, et même des rois serfs. Il y eut des autels desservis par un pontife serf.

Toutes les classes étaient représentées dans le navire Argo.

Toutes les classes sont également représentées parmi les prétendants de Pénélope.

Homère s'est trompé pour le second fait; les poëtes alexandrins pour le premier.

Aristée est un mythe antérieur à Orphée, si l'on

fait d'Orphée un des héros de la Toison d'Or, et appartient à une cosmogonie sociale, devenue une fable.

Ici analogie de Bacchus, d'Orphée, d'Actéon; l'un déchiré par les géants, l'autre par les ménades, le troisième par ses chiens : trois âges d'émancipation. Romulus se trouve dans la même catégorie.

La lyre, le nutùs divin, la foudre : un fait primitif quelconque; ce fait primitif, un mythe, un emblème, qui devient une légende.

Lorsque Cicéron demandait à Atticus, pour le poëte Chilius, des renseignements sur les initiations, c'était sans doute afin que ce poëte fit ce que Virgile a fait depuis, quoique sans doute dans une tout autre direction d'idées.

Virgile, traditions populaires, arrangées dans un système philosophique sur les progrès de la civilisation, système expliqué au livre V de Lucréce, mais arrangées par une pensée d'adulation.

Virgile n'est point un poëte spontané comme Homère; et Homère n'est spontané que parcequ'il est une personnification.

Pourquoi Virgile place-t-il dans une sorte de purgatoire les enfants, ainsi que les hommes injustement condamnés à mort? On ne peut douter que ce ne soit un dogme de l'initiation, celui-là même qui répugnait tant à Platon. Serait-ce une trace de cette culpabilité générale dont l'espèce humaine aurait besoin d'être rachetée?

Quoi qu'il en soit, Virgile et les poëtes alexandrins ont exécuté, dans une sphère d'idées, ce que plus tard les philosophes alexandrins exécutèrent dans une autre sphère.

Si l'on me demandait comment j'ai introduit le poëme de Job dans une des séances des initiations, j'aurais à répondre que ce poëme était un des vases sacrés enlevés par les Hébreux aux Égyptiens; en d'autres termes, l'histoire de Job, Arabe, fait partie des traditions générales, communes à tous les peuples de cet Orient.

Il me faudrait un volume au lieu d'une simple digression pour exposer convenablement le mythe de Prométhée, sur-tout pour réfuter lord Byron, qui, dans son terrible drame de Caïn, a évidemment été égaré par l'imitation d'Eschyle, parceque la pente de son génie douloureux le portait à sympathiser avec l'ancienne fatalité tragique. Cependant il lui eût été commandé d'éclairer son sujet par la lumière du christianisme, et d'entrer avec une religieuse réserve dans les secrets de la prescience divine. Alors il aurait compris réellement la destinée humaine; alors, tremblant, comme tout l'ancien monde, devant le redoutable problème de l'origine du bien et du mal, il aurait pu rencontrer, comme l'ancien monde, cette grande pensée, que la responsabilité est une promotion. Telle est, nous l'avons entrevu, et nous le verrons pleinement, telle est la condition du plébéianisme appelé à être l'humanité elle-même.

J'aurais, au sujet du phénix, une trop longue dissertation à faire, et ce n'est pas ici le lieu. D'après des témoignages qu'il ne m'appartient pas de discuter, la dernière apparition de l'oiseau cyclique serait de l'an 138 de notre ère; la précédente remonterait au temps de Sésostris. Quant à l'énigme, on reconnaîtra cette fameuse énigme du sphinx, mais avec les développements donnés par le scoliaste de Sophocle, avec le sens profond des oracles anciens, celui de la conscience, de la responsabilité, acquises à l'homme individuel et à l'homme collectif.

Elle n'était point tout-à-fait ainsi dans l'Antigone, dont je n'avais voulu faire qu'une épopée domestique. On verra plus tard que le premier Brutus et Œdipe sont deux personnages analogues.

Ce n'est pas sans raison que j'ai placé dans les spectacles de l'initiation tout un idéal de représentations scéniques, et que j'ai attribué les plus éclatantes illusions de la peinture à ces tapisseries égyptiennes dont la célébrité fut si grande, précisément sous ce rapport.

Qu'il me soit permis de citer à ce sujet une anecdote ancienne. Théon de Samos avait fait un tableau où l'on voyait un guerrier armé; et avant de découvrir le tableau, le peintre faisait jouer une fanfare militaire par un trompette. L'art d'ajouter les prestiges de la musique à ceux de la peinture, de faire concourir plusieurs ordres de sensations à une impression unique, fut fort connu des prêtres de l'Égypte.

Plutarque parle de l'astrologue Tarutius qui dressa le thème fatal de Rome, d'après la science astrologique, et indépendamment de la science chronologique. Le jour fixé ainsi pour le jour de la fondation de Rome se rencontra avec celui que Varron avait déterminé. N'étais-je pas autorisé à faire dresser ce thème au sein des sept tertres qui furent, d'après Servius, l'emblème, j'oserais dire embryonaire, de la ville aux sept collines?

Homère a gardé le silence sur l'Assyrie. Cette remarque, jointe à beaucoup d'autres, nous confirmera dans la pensée qu'Homère n'est point un poëte, mais une poésie. Platon (Lois, III) dit que Troie était vassale de l'Assyrie. Ce grand empire était-il déja sur son déclin, qu'il ne put fournir des secours suffisants à la ville de Priam pour la garantir de la ruine? ou plutôt n'était-ce point le commencement des destinées ascendantes de l'Europe? Ne soyons point étonnés si la guerre de Troie est devenue une ère du genre humain.

Continuons nos observations de détail, toujours sans chercher à les lier entre elles. Quoique isolées, elles se rattachent toutes à un même ensemble de choses, et elles servent toutes ou à expliquer ou à justifier ma composition.

Les Phéaciens et non les Cyclopes ont fait, les premiers, des enceintes défensives. On aurait donc dû nommer constructions phéaciennes ces monuments que l'on a coutume de désigner sous le nom de murs cyclopéens.

L'importance de l'île de Samothrace tient sans doute à ce que cette île portait l'empreinte des derniers bouleversements du globe.

La cause, la substance, l'idée : telle est au fond la trithéie de Samothrace, d'après Schelling. De plus, le lien magique par lequel sont unies les divinités de Samothrace, devenues des idoles populaires, ou changées en amulettes, fait comprendre cette dégénération superstitieuse qu'on a appelée fétichisme.

Il y aurait un chapitre à faire sur les îles sacrées, et un autre sur les montagnes sacrées ; les montagnes sont aussi des îles. Platon remarque cette expression monter à la ville comme un monument de la tradition du déluge. Elle est aussi dans la Bible.

Les hommes qui faisaient partie de la cité étaient les hommes des hauts lieux; les colons qui cultivaient la campagne étaient les hommes des bas lieux. Souvenons-nous que la différence des lieux est un emblème de la différence des destinées.

Anna Pérenna est un personnage palingénésique méconnu par Virgile.

Sous Saturne, Picus, Faunus et Latinus, raison de la cosmogonie romaine. Énée, raison de la mythologie romaine. Romulus, raison de la cité romaine.

La fable de Faunus et celle de Protée sont analogues.

D'après Festus, le nom mystique de Rome fut Romula, et le nom sacré de l'Italie fut Barbaria.

Un fragment d'un poëte, désigné comme antérieur à Homère, donne le jugement de Pâris comme un emblème cosmogonique.

Platon dit que les lois de l'Égypte étaient des poëmes de la déesse Isis.

Maxime de Tyr dit que Jupiter avait donné à Minos ses lois en vers.

Suidas dit que les lois données par Dracon aux Athéniens étaient en vers.

Tacite dit que les histoires primitives des Germains étaient en vers.

La nymphe Carmente, c'est-à-dire la muse latine

primitive, racontait en vers les origines héroïques du Latium. La porte carmentale était près du Capitole.

Les lois royales de Rome étaient en vers.

Les Scandinaves attachaient aux vers une puissance magique. Un héros croit succomber sous cette sorte de maléfice. Ce sont des vers qui commandent une bataille. La loi des XII Tables punit du feu les coupables de maléfices par les vers, les incantations.

Diodore de Sicile et Ovide s'accordent en ceci, que le règne de Jupiter commença le gouvernement domestique et patriarcal ; ce fut le premier rudiment du gouvernement civil, fondé, en effet, sur la famille certaine. J'ai parlé plus haut du règne de Bacchus, qui devait succéder à celui de Jupiter.

Origène dit que Bacchus est l'ame, dans le mythe de Sabazius : s'il est vrai que le cœur soit l'ame civile, du moins c'est ainsi dans le vieux latin, on conçoit pourquoi les Titans voulurent arracher le cœur à Bacchus : ici les Titans sont les patriciens voulant que les plébéiens restent à jamais privés de l'ame civile.

J'aurais trop de choses à dire sur l'analogie des cérémonies nuptiales avec les croyances relatives à la cosmogonie ; sur le mariage, considéré, chez les anciens, à l'égal d'une initiation.

Jupiter Téléios et Junon Téléia présidèrent aux noces. Or Télos signifie initiation, mystère.

Le mariage reposant sur une tradition cosmogonique est un souvenir égaré de la Bible, comme on en trouve par-tout.

Le mariage fut, de plus, une prérogative de la propriété : voilà pourquoi le plébéien universel, Ulysse, marche à la conquête d'un lit nuptial formé de l'olivier franc dont les racines sont restées profondément enfouies dans le sol.

L'idée du mariage étant identique avec celle d'une véritable initiation, il résulta que les profanes durent être exclus du mariage. Les profanes étaient ceux qui habitaient la ville sans faire partie de la cité; ceux qui participaient à la religion, et restaient en dehors de la *res sacra;* ceux qui pouvaient *avoir,* et ne pouvaient pas *posséder* : les profanes étaient donc les plébéiens.

De là noces justes et noces injustes. Pour bien comprendre l'acception des mots justes et injustes, il faut remonter à celle de justice, *juris statio,* limitation du droit; et le mot *jus* signifie en même temps droit et force, si même, à son origine, il ne signifie pas force seulement. Les noces injustes finirent par obtenir des effets civils.

De là l'*ortus,* c'est-à-dire la naissance, qui était le partage des seuls patriciens; et ce mot *ortus* est la racine de plusieurs mots importants. On comprend que l'histoire des mots serait toute une histoire des choses.

Les plébéiens étaient sans *ortus*, c'est-à-dire sans naissance. Par la même raison, ils n'avaient point de nom, si ce n'est le nom chacun de son patron; point de tombeau, si ce n'est le tombeau commun de la famille du patron.

J'aurais beaucoup de choses aussi à dire sur la propriété aux confins célestes, et sur la propriété aux confins terrestres; mais, dans le prochain volume, nous aurons à nous enquérir de ce que fut le *Pomerium*, de ce que furent les champs ou les territoires nommés *effata*.

Cette différence dans les deux propriétés, ce qui fait l'essence de l'une et de l'autre, tient à ce qu'il y a de plus profond dans un ordre de choses très profond, et dont il est impossible de s'occuper en passant.

Tout ce que je puis dire en ce moment, c'est que la propriété est une sorte d'assimilation de la terre à l'homme, une extension du moi; et que le droit de propriété, en remontant à l'origine première, repose sur le défrichement primitif.

Ainsi le prix actuel de la propriété transmissible, le prix même du fermage, ne sont autre chose que la transformation de la valeur conquise sur la terre par le défrichement. Le mot *auctor*, le mot *auctoritas*, qui en est émané, achéveront plus tard de nous instruire sur ce sujet, comme sur beaucoup d'autres, car tout est lié dans le monde civil ancien.

C'est par cette raison que je ne sais quel roi d'Égypte fut dit avoir achevé le monde.

C'est par cette raison encore qu'OEmund, roi scandinave, dans le sixième siècle, est connu sous le nom de roi défricheur.

Joignez à cette idée de la propriété, telle que nous venons de l'apercevoir, celle de faire que le ciel et la terre soient une image l'un de l'autre, et vous aurez le pressentiment de cette harmonie sévère et inconnue des sociétés antiques.

Quant au droit de la conquête, on sait qu'il se substitue à tous les droits.

J'aurais également à m'expliquer sur les tombeaux, qui étaient disposés de manière à représenter aussi le ciel et la terre; sur les villes primitives, qui étaient de véritables hiéroglyphes de l'ordre le plus élevé; sur les sexes, qui exprimaient divers états d'initiation sociale : toutes ces doctrines se développeront successivement par la suite.

Quelques mots cependant nous y prépareront, sans beaucoup nous retarder.

Les tombeaux étrusques et les tombeaux arcadiens

étaient formés d'une petite colline et d'une chambre souterraine. Un tombeau était comme une borne placée sur les limites de deux mondes.

Ne dirait-on pas qu'une seule pensée préside à la formation de la ruche? Les cités primitives ressemblent, sous ce rapport, à une ruche : tout y est prescrit *fatalement*. Je ne crains pas d'employer cette expression, parcequ'elle fait mieux sentir l'analogie de la pensée qui fait la ruche avec la pensée qui fait la ville : celle qui faisait la ville était une pensée cosmogonique.

Ne pourrait-on pas conjecturer que les anciens palladium furent les châsses où étaient conservés les os du fondateur? Je ne serais pas en peine de trouver des faits à l'appui de cette conjecture.

Dans le mélange des peuples, soit par migration, soit par les conquêtes, il est une chose tout-à-fait primitive à considérer. Cette philosophie, qui a été supposée antérieure à la poésie, avait admis des principes mâles et des principes femelles, c'est-à-dire des principes actifs et des principes passifs, pour causes premières des diverses organisations sociales : plus nous avancerons dans nos investigations, moins une hypothèse si extraordinaire nous paraîtra hasardée.

Les peuples-femmes sans doute furent des peuples-hostès, des peuples avec le principe passif, et privés du principe actif. Les Amazones se nourrissaient de tortue, du *victu fœdo,* dont Orphée, d'après Horace, détourna les hommes. Nous verrons, en effet, dans le volume suivant, qu'Amazone signifie, à la lettre, privé du pain. Les peuples que Sésostris soumettait à son empire étant déchus du principe actif, il les marquait du signe du principe passif.

Nous avons déja remarqué que la distinction ou la séparation des sexes était une loi générale dont la raison est toute cosmogonique. Ajoutons ici que, dans un langage théosophique, l'homme, c'est l'existence; la femme, c'est la conscience du moi. Ajoutons encore qu'Orphée est dit avoir donné une théogonie où, pour la première fois, les dieux furent distingués par les sexes.

La pensée m'était venue de construire dans Orphée, à l'occasion de la Thrace, une législation cyclopéenne; je m'en suis abstenu, parceque je me propose de la construire historiquement, lorsque je m'occuperai de la loi des xii Tables, dernier monument de cette sorte de législation, enveloppée du mythe. D'ailleurs je ne pouvais ni limiter ni particulariser le caractère indéfini et général que j'avais adopté pour la Thrace. Il eût fallu expliquer les degrés divers d'initiation sociale des Thyades, des Mimallones, des Bassarides; et ce n'était point à moi d'entrer dans de tels détails, de résoudre de tels problèmes, qui appartiennent à la muse de l'histoire.

D'un autre côté, même dans l'hypothèse de ma composition, la Thrace n'était pas une contrée assez primitive, assez enfoncée dans les ténèbres du monde naissant, pour que j'eusse pu y placer l'action d'un combat cosmogonique, comme est, dans le Mahabarat, celui des Soors et des Asoors, pour la conquête de l'amréeta, breuvage de l'immortalité; comme est, dans Hésiode, celui des Titans. C'était bien assez empiéter sur la chronologie idéale, que de peindre en ce moment une première guerre de l'humanité.

J'ai placé dans le neuvième livre d'Orphée, sous la forme d'un poëme runique, les lois-morès destinées à être un jour le premier fondement de cette même loi des XII Tables.

Sur ceci j'ai encore à me justifier; et cette nouvelle justification, comme celle que j'ai donnée au sujet de Vola, sera fondée sur l'identité de tout ce qui tient aux origines.

M. Pictet a prouvé l'antiquité du culte des Cabires chez les Irlandais. L'analogie de ce culte, dans l'ancienne Érin, avec celui de Samothrace, frappait les écrivains du siècle qui a précédé le christianisme. La cosmogonie illustrée par la savante discussion de M. Pictet est analogue aux cosmogonies indiennes, et a pour dernière limite, pour horizon incommensurable, l'absolu, c'est-à-dire l'infini, c'est-à-dire encore les imposantes, les silencieuses, les créatrices ténèbres de l'Orient.

Quant aux runes, on dit qu'on en trouve dans la Tartarie comme en Danemarck, en Norwége, et en Suède. On sait que les runes ont participé de la puissance magique ou divine attribuée à la poésie primitive de tous les peuples. Elles étaient de plusieurs sortes, et avaient diverses propriétés : il y avait les runes amères, les runes secourables, les runes victorieuses, les runes médicinales.

Les *mala carmina* punis de mort par la loi des XII Tables étaient des *runes amères*, des maléfices.

Les mots charmes et enchantements sont, dans notre ancienne langue française, les derniers témoins de cette antique superstition.

Nous avons vu plus haut de quelle contrée sont sortis les Scandinaves. Je ne veux pas laisser échapper une remarque. Quelques unes de leurs plus anciennes poésies sont des élégies sur une patrie primitive, qui avait un beau ciel et de beaux fruits. Un de leurs proverbes exprime des regrets sur la figue. Il ne faut pas trop mépriser cette petite induction, et l'on sait combien les Athéniens furent jaloux des figues que produisait l'Attique.

Voici une autre analogie.

Les fées du Nord ne sont-elles pas une transformation des péris de l'Orient? J'aurais donc pu peindre Eurydice consultant l'arbre des fées, comme Jeanne d'Arc fut accusée de l'avoir fait durant sa rêveuse et innocente enfance.

M. Lévêque, dans les notes de sa traduction de Thucydide, troisième excursion, sur l'origine septentrionale des Grecs, fait un parallèle détaillé du chamanisme avec la religion primitive des Grecs et des Latins. M. Georgi, de l'Académie des Sciences de Saint-Pétersbourg, dans une description détaillée de tous les peuples qui habitent l'empire de Russie, a fait, sur les mœurs et la religion de ces peuples, un résumé dont M. Lévêque s'est servi pour son introduction à l'Histoire de la Russie.

Le point de départ serait le Japhet de la Bible, d'après M. de Formont.

Nous sommes toujours assurés de rencontrer la Bible, lorsque nous arrivons à une certaine hauteur dans les traditions générales du genre humain. A ce sujet, puisque l'occasion s'en présente, je crois devoir rappeler quelques paroles du texte sacré, qui viennent ici à mon secours, et qui confirment en même temps ce que j'ai dit ailleurs de l'identité du génie des peuples avec le génie de leurs langues, peut-être même avec la forme et les circonstances des lieux où ils s'établirent. Les descendants de Noé se partagèrent la terre; et la Genèse (ch. X) entre dans les détails de ce partage. Elle dit, en terminant l'énumération des enfants de Japhet : « Ils se partagèrent entre eux les îles des nations, s'établissant en divers pays, où chacun eut sa langue, ses familles et son peuple particulier. » Elle dit, en terminant l'énumération des enfants de Cham : « Ce sont là les fils de Cham divisés en leurs familles et leurs langues, leurs pays et leurs nations. » Enfin elle dit en terminant l'énumération des enfants de Sem : « Ce sont là les fils de Sem distribués en leurs familles et leurs langues, leurs régions et leurs peuples. »

La traduction française est insuffisante sans doute, et déja le latin de la Vulgate caractérise mieux le fait que je veux signaler. Ces mots, en parlant des fils de Japhet, *unusquisque secundum linguam suam;* en parlant des fils de Cham, *in linguis.... suis;* en parlant des fils de Sem, *secundum linguas suas;* ces mots, dis-je, indiquent, à mon avis, non seulement la division des langues et des races, mais aussi l'identité de chaque race avec chaque langue, renseignement cosmogonique de la plus haute importance.

Ce n'est pas tout : si nous pouvions discuter les passages dont je viens de donner des extraits, nous aurions à y remarquer encore ces sortes d'anachronismes qui sont de véritables synchronismes, dans un ordre d'idées plus vaste, et que nous avons considérés comme les expressions d'une vérité profonde.

Il convient mieux, je crois, de revenir à ce qui nous occupait tout-à-l'heure.

Suivons une famille humaine marchant le long de la mer Caspienne et des Palus-Méotides. Un rameau entre dans la Thrace, puis se divise encore. Les uns pénètrent dans la Grèce; les autres continuent leur route par l'Illyrie. C'est de là qu'un dernier rameau serait venu en Italie. La Grèce ne touche au continent que du côté du nord. Du côté de la mer, les colonies phéniciennes et égyptiennes auraient croisé les races venues par l'intérieur du pays. La race antérieure qui garnissait la Thrace, la Macédoine, l'Épire, paraît avoir reçu le nom de Pélasges, nom évidemment générique, et que nous retrouvons sur toutes les côtes de l'ancienne Italie.

La Thessalie s'est nommée Pélasgie. Au siège de Troie, les Pélasges avaient pour chef Hyppotoüs.

La langue de cette famille humaine aurait-elle été la langue sacrée du vieux Latium? Sa religion, peut-être le chamanisme primitif, serait-elle la religion protoancienne que Romulus voulut abolir? car Romulus se présente comme législateur et non comme théocrate. Cette religion fut-elle la même qui fut rétablie par Numa, toutefois avec les formes de cette philosophie italique personnifiée sous le nom de Pythagore? fut-elle enfin cette religion de Numa, dont on brûla plus tard les livres, lorsqu'ils furent retrouvés après avoir été si long-temps perdus? Un autre Esdras ne se rencontra pas pour les conserver, pour leur rendre leur antique puissance.

Dodone était en Épire. Que l'on songe au peu de mots que j'ai dit sur une géographie et sur une chronologie idéales. Homère fait une chronologie de Troie, parallèle à la chronologie des Grecs. Pour lui les mœurs et le culte sont semblables et analogues; il est évident que cela ne peut pas être ainsi. Moïse de Khorène donne, sur la guerre de Troie, des détails qui peuvent servir à rectifier les récits d'Homère.

Orphée et Homère sont sur deux lignes différentes.

Dodone, fondée par les Pélasges, antérieure à Delphes fondée par les Hellénes.

Il y aurait maintenant à parler des Ioniens et des Doriens, dont la guerre du Péloponèse signale l'antique antipathie, antipathie qui se reproduit dans toute l'histoire romaine, sous la forme de la lutte des patriciens et des plébéiens, c'est-à-dire du principe stationnaire et du principe progressif, du principe fatal et du principe volitif, du principe initiateur et du principe initiable.

Je crois que les travaux actuels de la science jettent plus de jour sur tant de problèmes historiques dont il ne m'appartient pas de m'occuper. C'est peût-être trop d'en avoir dit le peu que j'en ai dit; mais il fallait bien que je justifiasse mes données.

Il s'agit cependant de fixer quelques idées préliminaires sur l'état des plébéiens aux premiers siècles de Rome. On verra que cela est nécessaire pour expliquer plusieurs choses d'Orphée.

Les clients étaient tenus d'assister aux funérailles de leurs patrons. Les Ilotes, à Sparte, étaient tenus de même d'assister aux funérailles.

Ceci n'expliquerait-il pas un passage de la loi des XII Tables, par lequel il était défendu aux femmes de se déchirer les joues en suivant les convois funèbres? J'ai déja dit que le sexe exprimait un degré dans la hiérarchie sociale.

Cela servirait alors à faire comprendre pourquoi la peine de mort était infligée aux femmes qui buvaient du vin. Ici le mot *temetum* est le vin civil, interdit aux plébéiens. J'ai dit ailleurs que ce fut, dans un autre ordre de choses et d'idées, l'amréeta des épopées indiennes.

L'outre, emblème de l'éternité, emblème dont je me suis servi, d'après Pausanias, c'est l'outre contenant le vin civil.

Le vase, la coupe, à la Chine, au Japon, dans l'ancienne Égypte, signe honorifique, symbole de noblesse, de puissance; c'est non seulement l'offrande du vin pour les sacrifices, c'est sur-tout la rétribution du vin civil.

Hercule est peint écartant des centaures qui veulent se désaltérer au vin de Faulus.

Voici encore une analogie, et je suis loin de chercher à en affaiblir l'étrange énergie : les parias suivent les funérailles, et enlèvent les immondices des chemins.

Je ne veux pas laisser croire que je me livre à de simples conjectures.

Cicéron (Lois, liv. II) dit que Sextus Ælius et Lucius Acilius, interprètes de la loi des XII Tables, n'entendaient plus celle dont nous venons de parler. Je le crois bien, le sens mythique était perdu. Ils ne pouvaient pas s'imaginer que le mot *mulieres* voulût dire les plébéiens, comme ils ne pouvaient pas comprendre que le mot *temetum* signifiât le vin civil. Un autre interprète de la loi des XII Tables, Lælius, ne comprenait pas le mot *lessus*. C'est qu'il n'avait pas pu suivre la ligne d'idées déposées dans la généalogie des mots: *plebs*, *ples*, *plessum*, ou *plessus*, ou *lessus*; c'est-à-dire que le plébéien privé des funérailles allait aux funérailles du patron dont il était le client: *plebs* c'est funérailles. Comme le client n'avait point de nom, mais le nom de son patron, nous suivons la même ligne d'idées dans les mots *ops* et *inops*. Le client de Marcus était donc Marcipor, Marcipos.

Il n'est pas temps encore de réfuter l'étymologie ridicule qu'on a adoptée pour le mot *pontifex*.

Vico dit, d'après Aristote, que, dans les républiques héroïques, les nobles juraient d'être éternels ennemis des plébéiens. Vico se trompe pour l'époque: c'est des oligarchies de son temps qu'Aristote parle, et le passage en effet est formel. Il me semble qu'il explique assez bien cette loi des XII Tables: *Adversus hostem æterna auctoritas esto*.

A Sparte, toutes les années les éphores déclaraient la guerre aux Ilotes, afin que chacun pût tuer impunément ces hommes toujours considérés comme ennemis. Je cite ce fait d'une manière générale, et non pour venir à l'appui du sens que je crois pouvoir donner à la loi des XII Tables, car les Ilotes de Sparte ne sont pas les plébéiens de Rome.

Voici un passage qui se rapporte à celui d'Aristote : « Vous ne trouverez pas une seule ville où les grands soient bien intentionnés pour le peuple..... » (Xénop., Rép. d'Ath.)

Les Romains avaient les mots *plebs* et *populus*, que l'on confondait assez facilement à une époque où les institutions avaient changé, et où les mots étaient demeurés, ce qui arrive toujours.

En parlant de Servius Tullius, que j'appellerai le roi des plébéiens, Tite-Live dit : *Primus injussu* POPULI, *voluntate* PLEBIS *regnavit.* (I, 41.) Toutes les éditions que je connais portent PATRUM au lieu de PLEBIS, mais c'est une faute évidente, car un peu plus loin (I, 46), on trouve : *Injussu* POPULI.... *conciliata prius voluntate* PLEBIS.

Ce règne de Servius Tullius est plein de merveilles à expliquer, de problèmes à résoudre : il appartient, si j'ose parler ainsi, à une mythologie plébéienne, ou plutôt il est la partie cosmogonique des destinées plébéiennes.

Quoi qu'il en soit, le peuple était l'ensemble de ceux qui avaient des droits dans la cité ; tant que les plébéiens furent sans droits, les patriciens seuls étaient le peuple. La célèbre maxime *Salus populi suprema lex* fut une maxime aristocratique.

La vérité est que les sympathies d'humanité générale ne peuvent naître dans la classe patricienne, mais seulement dans la classe plébéienne ; et la maxime *Salus populi* reçut quelquefois des applications qui font frémir.

Varron avait cru que les enfants qu'à Sparte on précipitait du Taygète étaient non les enfants mal conformés, mais les enfants issus d'unions prohibées. Une loi des XII Tables, restituée d'après Cicéron, donnerait lieu de croire que la même chose se faisait à Rome. Qu'on se rappelle que les patriciens seuls avaient la beauté civile; qu'on se rappelle encore cette expression, *natura secum discors*, pour exprimer l'union réprouvée entre le sang patricien et le sang plébéien, et l'on comprendra celle-ci, *insignem ad deformitatem*, employée pour désigner un enfant que la loi condamnait à périr. L'enfant né de ces sortes d'unions était un monstre civil.

Je crois devoir donner un exemple remarquable de la difficulté qu'offraient les institutions anciennes pour effacer une tache originelle, et cet exemple sera connu de tout le monde : il s'agit de l'esclave chez les Romains, lorsque l'humanité eut fait assez de progrès pour admettre l'affranchissement.

Première génération, l'affranchi; seconde, le fils de l'affranchi, le libertinus; troisième, le fils du libertinus, qui n'était pas encore ingénu; quatrième, le petit-fils du libertinus, par conséquent l'arrière-petit-fils de l'affranchi. A la quatrième génération de l'affranchissement, commençait l'ingénuité ; et encore quelle ingénuité !

Nous avons vu ce qu'étaient l'être patricien et l'être plébéien, dans leur enveloppement cosmogonique ; nous les retrouverons plus tard dans leur développement historique. Alors il sera établi que le plébéianisme est l'humanité elle-même prenant possession de la conscience et de la responsabilité de ses actes, c'est-à-dire s'élevant à la capacité du bien et du mal ; car, en dernier résultat, l'émancipation plébéienne n'est autre chose que le don de la capacité du bien et du mal.

Les mythes anciens disaient que, pour accomplir l'initiation, l'initié devait tuer l'initiateur : voilà pourquoi les patriciens furent si constants à refuser ou à retarder l'initiation plébéienne. Ils avaient bien compris que cette expression mythique, transformée en expression historique, est le symbole d'un fait devant lequel ils devaient toujours reculer. Mais la Providence ne recule jamais. Le christianisme a accompli l'initiation générale par la mort volontaire de l'initiateur ; et cette mort, qui fut l'exécution d'un décret éternel, est la rançon infinie de la capacité du bien et du mal accordée à tous.

Me voici arrivé sur les limites d'un nouvel ordre de choses ; je dois pour le moment m'abstenir d'aller plus loin. Il me suffit que la pensée chrétienne soit manifestée.

J'ai donc trouvé ce qui distingue réellement le christianisme de la gentilité. Le vrai christianisme c'est l'humanité; la gentilité c'est l'exclusion de l'humanité. Ainsi le christianisme est la religion du genre humain; et cette expression genre humain était nouvelle au temps de Tacite, chose remarquable, puisqu'elle annonçait l'unité que le christianisme apportait dans l'accomplissement des destinées humaines.

Le temps était venu où il ne pouvait plus y avoir plusieurs essences humaines, où il ne pouvait plus y avoir une religion patricienne et une religion plébéienne. D'après Plutarque, Alexandre se plaignait à Aristote de ce que ce philosophe avait publié des ouvrages appartenant à sa doctrine orale ou ésotérique. Il mettait plus de prix à surpasser les hommes par la doctrine que par la puissance. Aristote s'excuse en répondant que ses livres pouvaient être compris seulement par ses disciples.

Maintenant il n'y a pas besoin de deux doctrines; la même est donnée à tous; l'ésotérisme et l'exotérisme ne peuvent plus résider que dans la différence des esprits.

Je n'ai point dissimulé que j'avais en quelque sorte inventé un mythe, toutefois comme on invente une telle chose, c'est-à-dire en pénétrant le plus possible dans les entrailles mêmes des croyances.

J'ai dit que j'avais fait un poëme antique. Toute histoire commence par une épopée; j'étais donc tenu de commencer l'histoire de l'humanité par une épopée.

Il faut s'identifier avec le génie général des temps où les compositions symboliques étaient de l'histoire. Elles étaient saisies pour le fond, sans que l'on se rendît compte de la forme, sans que l'on eût besoin de les expliquer dans les détails. Ulysse faisait l'effet d'un héros différent du type héroïque : c'était le plébéien, à l'insu des poëtes et des peuples, qui l'adoptaient tel que le donnait la tradition. Nul ne demandait pourquoi il employait toujours la ruse; on savait bien que la force essentielle du héros lui manquait. Nul ne s'étonnait de voir sa tête couverte du pétase, parcequ'on le prenait pour l'homme voyageur. S'il voulut obtenir les armes d'Achille, avait-il un autre moyen que la parole? Les armes d'Achille étaient une genèse, comme le démontre la célèbre description du bouclier, imitée depuis par Virgile, qui a fait aussi du bouclier d'Énée une genèse.

L'emblème donné par la tradition était adopté dans toute sa rigueur, et homogènement complété. Il importe peu de savoir où Photius a trouvé qu'Ulysse fut changé en centaure par Halé, magicienne étrusque; il suffit de sentir que la légende est conforme à l'esprit du mythe.

Strabon niait les Amazones, parcequ'il ne pouvait les expliquer. Mais les Amazones étaient consacrées par la poésie et par les arts; et nous voyons, à côté de tous les ordres de civilisations primitives, apparaître un peuple d'Amazones.

Ainsi les Centaures; ainsi les Cyclopes; ainsi ces iles habitées seulement par des nymphes.

Quant aux personnifications, il serait permis de dire non pas qu'elles sont naturelles, mais qu'elles sont dans la nature même de l'esprit humain. Cette faculté primitive de personnification tiendrait-elle à un sentiment confus d'une vérité cosmogonique, à savoir que l'homme universel fut divisé pour être expié?

Les personnifications, il n'est pas inutile de le remarquer, sont de deux sortes, de même que parmi les hommes marqués pour marcher à la tête des siècles il en est de deux sortes.

En effet, il y a les hommes spontanés et les hommes assimilatifs; ceux qui devancent leur temps, et ceux qui le représentent.

Voilà pourquoi il est arrivé que nous avons plusieurs personnages portant les noms de Thot, de Zoroastre, d'Orphée. Les uns sont les hommes spontanés, qui ont gouverné l'avenir; les autres sont les hommes assimilatifs qui ont été l'expression d'un temps.

Voilà pourquoi n'ayant fait qu'un Orphée, j'ai dû réunir dans le même type l'homme spontané et l'homme assimilatif. Cet Orphée a donc dû représenter quinze siècles, ainsi que je le disais tout-à-l'heure.

De plus, toute doctrine, toute institution, ainsi que je le disais encore, se bifurquent: de là une nouvelle personnification, revêtue toujours du même nom.

Mais on ne peut exiger que je dise tout dans ce premier supplément aux Prolégomènes. J'ai seulement voulu montrer que je pouvais justifier tous les éléments de ma composition.

Les arguments placés à la tête de chaque livre sont les développements successifs de cette première addition.

J'ai donné au neuvième livre le nom de cosmogonie romaine.

L'épilogue qui termine l'Orphée s'unit intimement au prologue qui commence la Formule générale. Ce sont comme deux anneaux qui entrent l'un dans l'autre. La chaîne des destinées humaines étant continue, il fallait bien que la pensée essayât de suivre sans interruption cette chaîne.

La Formule générale sera précédée elle-même par une seconde addition aux Prolégomènes.

Toutefois j'ai dû desirer une transition métaphysique; Vico est venu me l'offrir. Son traité *De antiqua Italorum sapientia* est en quelque sorte le complément de cette cosmogonie romaine tentée dans le neuvième livre d'Orphée.

La psychologie que j'en tire, analogue à la gnosse, et que je chercherai à rendre sensible, suppose que l'homme a graduellement acquis la conscience; j'oserai dire que la révolution française, époque si puissamment palingénésique, confirme cette théorie. Une partie considérable du peuple qui était hors des mœurs générales y est entrée. L'acquisition du droit commun n'est autre chose que la participation aux mœurs générales.

FIN DE LA PREMIÈRE ADDITION AUX PROLÉGOMÈNES.

ORPHÉE.

LIVRE PREMIER.

ARGUMENT

DU LIVRE PREMIER.

Le lecteur doit savoir maintenant ce qu'est le poëme d'Orphée. Le lieu de ma fable est cette partie de l'horizon historique qui est le lieu de l'épopée primitive.

Dans les Prolégomènes, j'ai fait sentir l'idée générale; dans les arguments de chaque livre, je m'occuperai de quelques détails.

Le premier livre est l'exposition du poëme.

Le vieux *Latium* représente ce qu'il y a de plus reculé dans les origines romaines.

Evandre est sorti de la région *anté-lunaire*, c'est-à-dire conserve la mémoire d'une époque antérieure au défrichement primitif, alors que les rayons de la lune ne pouvaient pénétrer jusqu'au sol encombré d'une végétation exubérante. Les hiéroglyphes des bois sacrés nous apprendront plus tard à apprécier cette tradition de la grande forêt de la terre, éclaircie çà et là par les premiers travaux de l'homme.

Evandre est un *meurtrier*, car, ainsi que cela a été dit, tout *auteur* d'un ordre de choses, dans la langue du mythe primitif, est un *meurtrier*. Ce *meurtrier* fut même un *parricide*, car, dans cette même langue, un *dynaste*, un fondateur de dynastie, est un *parricide*.

Je me serais bien mal expliqué jusqu'à présent si j'avais besoin de revenir sur les idées attachées à ces meurtres, à ces incestes, à ces expositions d'enfants prédestinés, qui sont des événements si communs non seulement dans les mythologies, mais aussi dans les premières narrations de toute histoire antique.

Toutefois ces meurtres, ces crimes divers, qui sont des mythes, ont besoin d'être expiés; et c'est là que réside le principe enveloppé de la grande loi des sociétés humaines.

Carmenta est une prophétesse palingénésique; j'ai conservé la désinence de son nom à cause de sa transformation en sibylle latine : j'aurais pu aussi bien la désigner sous le nom de Nicostrate pour le temps où elle fut *thyade arcadienne*.

La succession des *muses théogoniques* et des *muses cosmogoniques* exprime une succession de faits antérieurs au défrichement primitif. Les *muses de l'humanité* expriment une troisième période qui se partage elle-même en trois autres périodes, celles qu'ont signalées Varron et Vico, celles dont il a été si souvent parlé dans les Prolégomènes.

Hortuna est la *Fortune*, mais la Fortune italique primitive. J'ai conservé l'aspiration et la désinence; la vétusté du mot dit la vétusté du sens que j'ai voulu réveiller. Il en est de même du mot *Fatum*, qui désigne le *Destin latin* primitif, dans le sens déterminé par Vico et par moi.

En général, je n'emploie ces sortes de mots que pour leur conserver un sens originel qui se perdrait soit par une traduction française, soit même si je ne prenais pas le soin d'en étudier les vieilles acceptions, quelquefois perverties par les élégances latines du siècle d'Auguste, quelquefois aussi ignorées de ceux qui s'en sont servis. Mais, il faut bien le dire, nous nous sommes tant occupés, dans nos écoles, de la langue du siècle d'Auguste, que la plupart de ces inflexions de sens ou d'acceptions peuvent nous être attribuées. De là la nécessité de remonter le plus possible aux sources.

Le mot *numèn* est déja expliqué dans les Prolégomènes : chaque dieu avait son *numèn*, et était lui-même un *numèn* : ceci tient à une idée sur laquelle repose la cabale, car cette idée, qui est celle de la puissance des noms, n'appartient pas aux Juifs seulement.

Le mot *géniùs* ne pouvait se traduire, parceque je voulais lui donner une signification spéciale, et que le mot *génie* eût eu besoin d'être restreint par une périphrase : d'ailleurs il fallait bien que plus tard le lecteur fût préparé aux mots *ingenuùs* et *ingénuitas*. *Ingénïum*, c'est, comme on le verra, la capacité du bien et du mal. Et ici nous nous trouvons en présence du dogme universel, si souvent démontré par les destinées humaines.

Je ferai, au reste, l'histoire de tous ces mots que j'ai nommés *mots témoins*, de leurs diverses phases, de leurs significations successives.

Pour mieux comprendre ce que les Latins entendirent par le géniùs de famille, il est bon de se rappeler que les Indiens et les Chinois prennent collectivement une race comme un individu. L'enfant céleste, le type de la race, agit dans tous ses successeurs. Les actions des ancêtres et des descendants sont toutes mises sur le compte de ce personnage qu'on pourrait nommer mythique. Nous attachons quelque chose de cette idée à l'unité d'une race royale, dont les destinées commencent, durent et finissent.

Loi-*mos,* au pluriel, lois-*morès :* c'est la désignation de toute loi antérieure à la constitution civile des sociétés humaines. Si je m'étais servi de la locution *loi traditionnelle*, j'aurais égaré le lecteur dans un sens incomplet : le sens vrai et légitime sera fixé dans le IX° livre. La loi-*mos* est éminemment ésotérique.

Ops, au pluriel *opès :* c'est la terre, c'est la richesse, c'est l'homme identique avec la terre, c'est le possesseur par sa nature propre, c'est le défricheur primitif, c'est l'homme dans le sens le plus absolu et le plus virtuel. Ici, il faut que je l'avoue, j'ai tout pris sur moi. Néanmoins ma hardiesse sera pleinement justifiée dans les volumes de preuves.

L'*ops* est donc pour moi le *vir* d'un âge antérieur, l'*homme* qui a en soi la raison de lui-même, et qui par conséquent, né dans la capacité du bien et du mal, peut s'attribuer l'impunité.

Le *vir* est l'*ops* d'un âge suivant. Ainsi le mot *vir* serait mal traduit par le mot *héros*. Énée est appelé dans Virgile *vir* et *pater*. Il aurait dû être appelé aussi *auctor*, dans le sens de la vieille langue latine, dans le sens où *Romulus* disait *fides* AUCTORITASQUE *mea*, c'est-à-dire dans le sens de *source* et *cause*.

Je me suis plus d'une fois arrêté sur le mot *hostis*, et j'y reviendrai encore.

Maintenant nous savons ce que sont les religions *opiques* et les religions *hostiques*. Ce n'est pas seulement la différence de l'ésotérisme à l'exotérisme, puisqu'il s'agit ici d'une différence dans la nature même de l'*ops* et de l'*inops*, du *vir* et de l'*hostis*.

La *vira*, comme on le voit, est la *femme*, dans le sens où *vir* est l'*homme*.

Les *viræ* latines de cette époque participèrent à la cité. Les mystères de Vesta leur appartenaient. Elles rendaient des oracles. Elles ont donc de l'analogie avec les femmes des nations celtiques.

La *mulier* des XII Tables n'est point pour moi la *femme*, c'est l'individu frappé du caractère passif; c'est l'*inops*, l'*hostis*, le *plébéien*, selon l'âge ou le cycle de civilisation; c'est le *client* tenu d'aller aux funérailles du *patron*. *Mulier* est une expression mythique, reste d'une loi-*mos*.

Le *Sulcus primigénius* est le *sillon* que l'*auctor*, l'*auteur* de la cité, traçait pour fixer les limites d'un *oppidum*, de la ville.

Il suffit de cette énonciation : sans cela il faudrait un traité tout entier. J'espère plus tard ne rien laisser en arrière sur ces rites si étonnants de la fondation d'une ville primitive. Mon lecteur se sera accoutumé peu à peu à ces flots de lumière qui sortiront de cet ancien monde.

Sur le sol que j'ai voulu peindre, chaque glèbe de terre a un nom, et cet ensemble de noms est lui-même toute une langue : à ce sujet, il n'est pas inutile de remarquer que, d'après l'*Etymologicum magnum*, le nom d'*Amphion* veut dire *étymologue*.

Remarquons encore que ceux qui ont droit à la cité, les *possesseurs*, jettent dans le *sillon* la glèbe, qui est le signe de la propriété incommunicable, que ce même signe est placé sur la bouche de l'*ops* à sa mort; et l'as qui, dans un autre temps, fut mis entre les lèvres du mort représenta cette glèbe mystique.

5.

Dans l'*Antigone* je n'avais point oublié la glèbe célèbre donnée par Protée à Jason.

Le *connubiùm*, c'est-à-dire le mariage considéré comme une initiation, les cérémonies du mariage liées à des traditions cosmogoniques, enfin le mariage identique avec la possession du sol : tout cela sera manifesté en son lieu.

Thamyris, qui était sans race, eût été obligé d'emprunter un enfant de race, pour parvenir à l'initiation civile : cet enfant se fût nommé *casmilòs*, *condominùs*, *hérès*, toutes expressions relatives à l'identité de race dont il vient d'être question.

Nous verrons, dans la Formule générale, que, pour accomplir toute action civile, le *client* était tenu d'emprunter le nom et l'amulette de son *patron*.

Le mont *Murcùs* est le mont Aventin de la première sécession plébéienne.

Jupiter *ombriòs* ou *pluviùs*, c'est le dispensateur des ames.

Il fallait bien conserver quelque part la tradition suivie par Virgile et par Ovide : tel est le motif du chant de Pallas.

J'ai rendu compte de la raison qui m'a porté à faire investir Thamyris d'une mission donnée par les prêtres de l'Égypte.

ORPHÉE.

LIVRE PREMIER.

CLIO.

LE LATIUM.

A l'hespérie de la Grèce est une terre ancienne, où l'on raconte que Saturne, descendu directement du ciel, donna jadis de paisibles lois. C'est là que, jeune encore, l'Arcadien Évandre avait transporté ses pénates. Les nuages dont est restée enveloppée l'histoire de ces temps reculés, sans doute, doivent nous laisser beaucoup d'incertitudes sur les causes et les motifs qui déterminèrent Évandre à prendre une telle résolution. Avait-il été attiré dans le mystérieux Latium par la vague renommée de Faunus, par la renommée, non moins obscure, de Garanus, l'Hercule latin? Est-il vrai qu'il se fût souillé d'un parricide, en cédant aux conseils de sa mère, la nymphe Carmenta, prophétesse illustre? Toutefois ces nuages se retireront devant nous, à mesure que nous avancerons dans les secrets du passé. Nous saurons ce que furent et ce meurtre symbolique, et l'expiation, également symbolique, à laquelle il donna lieu. Nous saurons ce que fut Carmenta, vira magnanime, qui devait un jour avoir des autels; nous apprendrons comment, thyade détestée dans sa première patrie, elle inspira les lois-morès dans la seconde patrie où elle accompagna son fils. Nous évoquerons le génie des traditions, et il nous répondra.

Les muses théogoniques, les premières dans la hiérarchie intuitive; les muses cosmogoniques, qui marchent après; les muses des destinées humaines, qui viennent les dernières; toutes vierges immortelles, filles à jamais sacrées de l'inspiration et de la prière, forment trois chœurs qui se succèdent et se répondent, trois chœurs différents, selon la nature des faits confiés à la mémoire des peuples, chœurs éternellement harmonieux, dont il nous sera permis peut-être d'entendre quelques sons affaiblis; et lors même que nous ne parviendrions à n'en saisir que le plus léger retentissement au travers des siècles, encore devrons-nous rendre graces au génie des traditions, si, pour nous, il vient briser un instant les liens de son long sommeil.

L'antique Hortuna, qui n'est ni la parque terrible, sœur sévère de l'inexorable Fatum, ni la justice distributive connue sous le nom de Némésis,

Hortuna, numèn conciliateur entre le destin et la liberté, l'antique Hortuna nous ouvrira-t-elle ses redoutables sanctuaires? Le géniùs, qui présidait à la génération des ames, nous dira-t-il ce que, dans ces temps si obscurs, furent les opès et les inopès, qui seront les patriciens et les plébéiens d'une autre époque?

Le vaste sens enfermé dans le mot hostès nous sera-t-il révélé, pour nous raconter tout un ordre de choses primitif? Verrons-nous les religions opiques, expressions impassibles des traditions générales, sortir du silence jaloux où elles résidèrent, pures et inconnues de ceux qu'on nommait les profanes? Saisirons-nous le caractère des religions hostiques, transformations diverses, selon les temps et les lieux, qui furent d'abord des condescendances pour la multitude, et qui devinrent ensuite des superstitions imposées par d'inflexibles patriciats? Reconnaîtrons-nous ainsi la grande pensée de la dignité humaine fortement exprimée pour quelques uns, soigneusement soustraite à une partie considérable des mortels, se dégageant peu à peu, pour un plus grand nombre, par des initiations lentement successives, jusqu'au jour où le christianisme devra la mettre à l'usage de tous?

Parviendrai-je à faire jaillir la lumière du sein de si épaisses ténèbres? Je ne puis pas trop l'espérer.

N'importe, mes efforts ne seront pas perdus, car nul effort n'est inutile; et si la vérité ne se dépouille pas pour moi de son triple voile, elle ne trouvera pas trop téméraire la main qui voudra, sinon le soulever, du moins le toucher avec respect; elle daignera sourire à mon entreprise, et les plis de ce triple voile, vus de plus près, nous manifesteront quelques traits de la vérité elle-même.

Bien des années s'étaient écoulées depuis que le pasteur arcadien avait fui les profondes retraites du mont Lycée, et les rives fleuries de l'Érymanthe, pour venir dans une contrée où il devait être pasteur moins heureux et moins tranquille, mais pasteur des hommes. Évandre, on le sait, croyait appartenir à une race qui avait précédé la lune; et cette parole proverbiale cache l'énonciation d'un mythe civil. Quelle dut être sa surprise, lorsqu'il reconnut ici les vestiges puissants d'une race ancienne de héros dont il n'avait jamais ouï parler! Ces tombeaux sicans qui, dans un autre âge, avaient été construits avec une vaine solidité, qui plus tard furent brisés et dispersés par des volcans furieux, et dont les cimes, encore subsistantes, semblaient comme des débris d'un vaste naufrage, jetés au hasard sur les flots d'une lave à peine refroidie, ces tombeaux attestaient l'existence d'une génération qui avait eu déja de terribles combats à soutenir contre les éléments. Quelle dut donc être sa surprise de voir des ruines de villes, là où il croyait trouver des hommes nouvellement sortis de la terre; d'apprendre des doctrines, là où il croyait avoir à en enseigner! En effet, aurait-il pu soupçonner qu'il existât une contrée où chaque glèbe avait un nom, le nom sacré d'un numèn? La série de ces noms sacrés était toute la langue, et formait une sorte de théogonie hiérographique écrite sur le sol; pouvait-il soupçonner qu'il eût à s'instruire dans une théogonie si extraordinaire? Mais cet étonnement ne fut point partagé par la nymphe Carmenta, en qui l'inspiration était une science; ce fut à elle qu'il dut de pouvoir pénétrer dans cette langue appelée barbare, et chère aux dieux : ce fut encore à ses conseils, ou plutôt à ses irrésistibles commandements, qu'il dut aussi de pouvoir gouverner avec force et sagesse les peuples que lui soumettait une destinée mystérieuse.

L'exilé de la région anté-lunaire, à son arrivée dans le Latium, avait commencé par bâtir deux villes; l'une, à l'embouchure du Serranus, qui sera le Tibre, père immortel; l'autre, sur le sommet du Palatin, où avait été déja une cité antérieure, connue sous le nom de la Ville Sicilienne. Selon le rite primitif, Évandre avait attelé au même joug un taureau et une génisse, et avait profondément creusé le sillon mystique, enceinte inviolable des deux villes nouvelles, pour y enfouir religieusement les choses fatales et les deux glèbes de terre arcadienne qu'il avait apportées avec lui. Non loin de là était le mont Murcus, double colline couverte de forêts, asile des terreurs religieuses, et entourée de fertiles marais, de gras pâturages. Ce mont sera l'Aventin destiné à une gloire toute plébéienne. Évandre le choisit pour sa demeure. Il voulait d'abord n'avoir qu'une simple cabane, abritée d'un toit de chaume, à la manière des pasteurs du Ménale; mais il trouva, tel fut l'avis de Carmenta, qu'un palais serait plus convenable pour l'habitation d'un pasteur des peuples. Une enceinte de fortes murailles, construites par les Sicans autochthones avec des pierres brutes posées l'une sur l'autre, sans ciment, et délaissées par eux, était restée debout au milieu de ravages dont les siècles n'effaceront point l'empreinte. Cette forteresse phéacienne qu'un vaste lierre embrassait de ses rameaux immenses était devenue le fruste palais du roi.

Maintenant il touchait au terme de sa longue carrière; et ce n'était pas sans de vives inquiétudes qu'il voyait approcher sa fin. De redoutables oracles, qui commençaient à se répandre en tous lieux, un avenir devenu tout-à-coup incertain, lui causaient de mortelles alarmes sur son fils Pallas, pieux héritier d'un trône qui ne pourra point s'affermir. Ce jeune prince préludait, par les durs exercices de la chasse, aux cruels travaux de la guerre. Trop tôt, hélas! il devra déployer son courage dans les combats meurtriers; trop tôt, noble victime de l'hospitalité généreuse, il périra pour la cause alors inconnue d'un étranger par qui vont se renouveler encore les destinées humaines.

Évandre avait reçu depuis peu, dans sa cour modeste, un chantre inspiré dont il ignorait la patrie et l'origine; et, pour se conformer à l'usage antique, avant de l'admettre à la sainte communauté du sel, il avait fait avec lui échange de présents. Thamyris était le nom du chantre inspiré; ce nom, qui lui fut mérité par sa voix harmonieuse, n'est point demeuré obscur parmi les hommes. Confident des quatre muses filles du ciel, dès sa plus tendre enfance Thamyris avait parcouru les îles et les mers, avait visité les lieux célèbres, s'était rendu savant dans toutes les sciences divines et humaines. Mais les muses qui l'avaient instruit étaient des muses jalouses, conservatrices rigides du mystère civil et social; elles ne surent point supporter sans déplaisir qu'il divulguât ce qui lui avait été enseigné. Elles se repentirent, dit-on, d'avoir laissé un plébéien s'avancer, malgré sa nature infime, dans la connaissance du bien et du mal. Ne pouvant le dépouiller de la science, elles le privèrent de la vue. Nous saurons le moment qu'elles choisirent pour lui infliger cette peine, qui fut toutefois le signe d'une grande initiation. Depuis long-temps donc il était aveugle; mais les tableaux de la nature, qui ne venaient plus frapper ses yeux, se représentaient toujours, avec une merveilleuse vivacité, dans sa féconde imagination. Le malheur avait marqué, sur son front, d'augustes empreintes; néanmoins, quelquefois encore, un doux sourire errait avec charme sur ses lèvres. Les muses avaient puni leur poëte, et ne l'avaient point enrichi. Souvent obligé, à cause de sa pauvreté, d'essuyer les rebuts des hommes, il paya le chétif loyer de son voyage par des chants sublimes, dont toute la magnificence des rois de la terre n'aurait pu sans doute égaler le prix.

Ainsi le poëte indigent, vieux, aveugle, égaré loin de sa patrie, semblait ne chercher qu'une sépulture ignorée; car, à force d'avoir survécu à tous les siens, dont peut-être jamais il ne partagera les paisibles habitudes, il était devenu étranger à la génération nouvelle: il ne reverra plus la terre de sa naissance, et c'est une terre, pour lui sans souvenirs, qui doit recouvrir ses os. Et toutefois Évandre était à présent le seul homme dans le monde avec qui il pût parler des anciens peuples de la Grèce, et des événements d'un autre âge.

Au reste, il faut le dire avant tout, c'était pour le genre humain un temps de crise, une époque de fin et de renouvellement, et bientôt nous admirerons comment, sous les yeux de la Providence, s'opèrent les renaissances sociales.

Le roi vénérable s'est empressé d'accueillir le dépositaire de mille traditions diverses, pour en acquérir la connaissance ; à son tour, il ne craindra point de communiquer à son hôte illustre les secrets de la sagesse italique. Ainsi l'échange des présents de l'hospitalité n'a été pour eux que l'emblème d'un autre échange bien plus précieux, celui des doctrines puisées dans mille sortes d'initiations. Ils auront l'un avec l'autre de tristes et doux entretiens, dans plusieurs langues, tantôt sévères, tantôt flexibles, toutes issues de cette langue sacrée qui fut ensuite nommée barbare, cette langue qu'on dit avoir été le produit spontané de l'étonnement et de la reconnaissance des peuples, alors qu'Apollon, fils de Jupiter, perça de ses flèches divines le serpent Python.

On voyait les deux vieillards, nobles et pacifiques témoins de ce combat merveilleux entre les destinées anciennes et les destinées nouvelles, errer seuls au sein des collines dont la gloire alors était obscure, mais où devait être Rome, et sur les bords du Serranus, également inconnu, qui sera le Tibre, père immortel. Ils allaient ensemble visiter les débris de Saturnia, de Vola, d'Atys-Janus, villes dont la célébrité a péri dans la mémoire des hommes. Ensemble ils affrontèrent les mystères terribles du Capitole, les mystères amphictyoniques de la Junon farouche assise sur l'Aventin. Ensemble ils étudièrent les phénomènes de la foudre, signe sublime, un et varié, qui est aussi toute une langue, la langue du nutùs divin, langue détachée du sourcil redoutable de Jupiter. Ensemble ils apprirent les secrets de l'haruspicine, par laquelle l'ame de la victime est interrogée; car pour les Étrusques la palpitation était l'ame même des animaux; et cette ame, qui réside dans la palpitation, ils la croyaient en contact avec l'ame universelle. Ensemble ils lurent dans les anciens rituels les présages tirés du vol des oiseaux, et ils surent ainsi que ces présages étaient fournis et dirigés par l'ame des ancêtres opès, raison pour laquelle les inopès étaient inhabiles à prendre les augures. Enfin ils parvinrent ensemble à connaître la différence des ames, celles qui sont émanées directement de Jupiter ombriòs, celles qui, après avoir habité des natures patriciennes, viennent ensuite subir le châtiment d'être comprimées dans des natures plébéiennes; telle était pour ces temps l'explication du géniùs des familles, du lare domestique.

Mais n'anticipons point sur l'exposition de telles doctrines, que nous verrons se développer successivement. Oui, nous pourrons y atteindre sans craindre ou la cécité de Thamyris, ou le supplice de Prométhée sur le Caucase. La muse qui m'inspire n'est point une muse jalouse; et, grace au christianisme, il n'y a plus deux natures humaines.

Le vieux roi aurait desiré que le vieux poëte eût retracé sans cesse à sa pensée la peinture de ces contrées ingénieuses, dont ni l'un ni l'autre ne respireront plus l'air embaumé; de ces contrées, échappées les premières à la conjuration des éléments, et pleines déja de souvenirs qui charmeront toute la suite des âges. Lorsque Évandre sortit de la Grèce, l'expédition des Argonautes venait d'être terminée. Alors le nom d'Hercule se répandait dans le monde entier, qu'il avait rempli de ses exploits, des sommets du Caucase au détroit de Calpé, ouvrage de ses mains puissantes. Alors une renommée, non moins éclatante, mais pleine de plus touchantes merveilles, commençait à naître; c'était celle du législateur de la Thrace, qui, avec Atalante, avait pu voir les magnifiques mystères de Colchos, qui, dans ses courses civilisatrices, avait rencontré Jason, le héros juste, la mélodieuse sirène du Phase, le centaure Asbolus, devin infaillible.

« Depuis, disait Évandre, bien des événements « ont travaillé la race misérable des mortels. J'ai « connu tous les détails de la guerre odieuse de « Thèbes. D'ici j'ai en quelque sorte entendu le « bruit des batailles terribles, qui a ensuite retenti « en Asie et en Europe. Sait-on à présent la cause « secrète et profonde qui a produit la guerre de « Troie? Est-ce le combat des idées de l'Orient et de « l'Occident qui se sont revêtues de cette cruelle « manifestation? Les sages ne disent-ils pas, en « effet, que tous les événements de la terre se pas- « sent dans les sphères de l'intelligence avant d'être « éclairés par la lumière du soleil? Pâris, le pre- « mier auteur de cette funeste division qui coûta la « vie à tant d'illustres victimes, était-il le chantre « d'une cosmogonie contestée? Pourquoi l'Assyrie, « ce premier grand empire qui sans doute marche « à sa décadence, pourquoi l'Assyrie a-t-elle lâche- « ment abandonné son malheureux tributaire? En- « fin est-ce, comme je l'ai ouï raconter, le refus de « l'initiation du mariage qui a allumé tant de haines « furieuses? Quoi qu'il en soit, cette puissante mé- « tropole du roi Priam n'a pu s'écrouler au milieu « du sang et des flammes sans que le fracas d'une

« si grande catastrophe n'ait frappé mes oreilles in-
« quiétes. Je n'ai pu rester insensible à de si lamen-
« tables infortunes. Chaque jour, sur les côtes des
« diverses régions euxoniques, on recueille les dé-
« bris de cette vaste ruine. Grecs et Troyens errent
« sur toutes les mers, cherchent des abris dans les
« profondes anses de tous les rivages, pénétrent
« par toutes les embouchures des fleuves. Également
« poursuivis par le sort, ils viennent tous demander
« une hospitalité menaçante. Mais, parmi de si pro-
« digieux revers, qui ont enveloppé les vainqueurs
« et les vaincus dans de semblables douleurs, j'ai
« dû sur-tout m'intéresser aux calamités sans nom-
« bre qui ont pesé sur les enfants de Dardanus.
« Nos ancêtres sont les mêmes ; nous reconnaissons
« pour premier auteur de notre race un sage At-
« lante, qui nous a transmis toutes les plus émi-
« nentes prérogatives du sang royal ; et des oracles,
« qui agitent sourdement les peuples, nous annon-
« cent que la postérité d'Assaracus doit régner sur
« la terre de Saturne. J'entrevois donc des destinées
« nouvelles, qui se préparent à l'insu des faibles
« humains, à l'insu même des anciens rois, pasteurs
« des peuples, et qui précipitent les jours de ma
« vieillesse dans d'incroyables troubles dont je ne
« suis pas le maître. Je me confie toutefois à la bonté

« et à la sagesse des dieux immortels. Pan et Diane,
« divinités arcadiennes que j'ai transportées dans le
« Latium, finiront, je l'espère, par former une al-
« liance avec les dieux indigètes de la contrée. Peut-
« être, ajoutait-il, poëte savant, pourrez-vous
« m'aider à sonder de tels mystères, peut-être pour-
« rez-vous rassurer mon ame si justement et si pro-
« fondément agitée. »

Ainsi parlait, avec une tristesse pleine de douceur, le vieil Évandre, dans son modeste palais, vaste ruine d'une citadelle phéacienne, au sein des collines qui devaient être la ville éternelle.

Thamyris ne pouvait rassurer son hôte bienveillant; il ne saurait, hélas! qu'ajouter à ses terreurs intimes, en l'encourageant à supporter avec constance les évènements qui paraissaient se préparer et se mûrir. Seulement, laissant échapper quelques mots sur la rigueur des destinées humaines : « Il
« est à croire, disait-il, que les peuples ne doivent
« pas toujours demeurer sous le sceptre des rois
« pasteurs. Les dynasties royales, dont l'existence
« merveilleuse se compose à-la-fois des directions
« du passé et des lois qui régissent l'avenir...;
« mais est-il bon, ajoutait-il en se reprenant, de
« vous faire ainsi connaitre d'avance les choses qui
« vous seront trop révélées par la suite de nos en-
« tretiens? »

Thamyris n'avait pas voulu d'abord dévoiler à son ancien ami le but et le motif de son voyage. En effet, ce n'était point un vain goût d'aventures qui l'avait porté à confier aux orages des mers les restes d'une vie inquiète. Le poëte divin, dépouillé en quelque sorte de ses propres pensées, et transformé par la haute mission qu'il avait reçue, était chargé de répandre les lumières de l'initiation, et de les distribuer selon le besoin des sociétés naissantes. Dépositaires de notions primitives, dont le secret jusqu'à présent est resté enseveli dans leurs souterrains, les prêtres de l'Égypte, attentifs alors à tout ce qui pouvait produire l'avancement des hommes sur la terre, habiles à suivre et même à diriger les destinées des différents peuples, n'ignoraient pas qu'Énée allait, avec les débris de Troie, fonder un empire dans le Latium. Cette contrée, où les travaux de l'homme venaient d'être renversés par la formidable puissance d'une nature ébranlée, où des fleuves de feu avaient coulé sur les monuments à peine achevés des Ombriens et des Sicans; cette terre, encore mal affermie, attirait en ce moment tous les regards. Énée avait été reconnu, dans l'assemblée des sages, père et chef d'une nouvelle race royale. La Parque s'était, dit-on, expliquée. Il fallait donc préparer les voies, et s'assurer que les symboles de l'Orient, les pénates d'Énée, ne seraient point repoussés de toutes les côtes de l'Italie, que le héros pourrait fonder l'empire promis à ses armes. Les sages avaient pensé que le vieil Évandre devait être le lien naturel entre des fortunes si diverses. Le parjure de Laomédon avait été assez puni, et la justice divine, une fois satisfaite, il n'y avait plus de place que pour la clémence. Le châtiment ne doit point se perpétuer à l'infini sur la terre. Le sceptre d'Ilus fleurira sur d'autres rivages; et les choses fatales de Troie deviendront les choses fatales d'une cité qui ne sera vassale de nulle autre. L'outre gonflée, marque et gage de l'éternité, sera respectée de la tempête. La noble Vesta de Pergame trouvera un sanctuaire où elle recevra les hommages nouveaux. Ainsi les vénérables traditions se succéderont sans être interrompues, et se perpétueront religieusement parmi les hommes. Toutefois les sages, dans leurs conseils, n'eurent jamais le fol orgueil de rendre des arrêts dont ils voulussent exiger l'exécution ; ils ne faisaient qu'acquiescer d'avance à ceux où ils reconnaissaient la marque de la volonté divine. Ils ne faisaient point le destin, ils y obéissaient les premiers. Ils savaient ce qu'exigent d'adoration l'économie générale de la Providence, et de respect la liberté des êtres intelligents. Toute vue élevée, toute vue intime, dans les affaires humaines, consistent seulement à voir ce qui est, et, dans ce qui est, le germe infaillible, la prophétie de ce qui doit être.

Thamyris se décide à accomplir une tâche qui lui est imposée. Les préceptes de la sagesse ne doivent point être arides; ses oracles animent une poésie quelquefois mâle et sévère, quelquefois douce et persuasive, selon le besoin des hommes, selon le grade de l'initiation. Des récits touchants et variés sont le cadre heureux qu'a choisi l'envoyé des prêtres de l'Égypte, pour instruire le roi de la forteresse phéacienne; Orphée sera l'objet de ces récits, qu'Évandre ne pourra se lasser d'écouter. « Je n'ai
« point été son disciple, disait Thamyris, je n'ai
« point vécu avec lui. J'ai suivi de loin la trace lumi-
« neuse qu'il laissait après lui, par-tout où il portait
« ses pas. Je l'ai à peine aperçu; et, regret sans égal!
« je ne l'ai aperçu que lorsque déjà sans doute il re-
« célait la mort dans son sein. Les seules paroles
« que j'aie entendues sortir de sa bouche sont les pa-
« roles de l'heure suprême, alors que la vie concen-
« trée au fond de l'être, mais toujours fidèle aux
« grandes sympathies de l'humanité, commence à
« se détacher des organes terrestres, et à revêtir les
« ailes immortelles qui doivent la porter dans une
« sphère plus élevée. Il ne m'a pas même été donné
« de l'appeler par son nom glorieux et mystique, car
« j'ignorais entièrement quel était celui qui refusait

« d'entrer en communication avec moi. Je venais
« de le chercher par toute la terre, et il m'échappe
« au moment où je le rencontre ; il m'échappe aussi
« inconnu que s'il n'eût jamais été l'objet de mes
« pensées. Toutefois les paroles de l'heure suprême
« sont restées dans ma mémoire, comme la plus
« haute révélation de Dieu, de l'homme, de la so-
« ciété. Mais, étrange dédain de sa propre gloire !
« il est mort loin du mouvement des peuples dont
« il fut le bienfaiteur. Il s'est survécu ; et son nom
« lui arrivait à lui-même comme le nom d'un autre ;
« il lui arrivait, tantôt vénéré, tantôt détesté, car
« les créations de son génie avaient eu déja en plu-
« sieurs lieux le temps de se pervertir. Les Muses
« toutes seules ont reçu son dernier soupir, ont pris
« soin de sa dépouille mortelle, et lui ont élevé un
« tombeau dans la solitude. J'ai vu le tombeau élevé
« par les Muses au poëte divin ; il subsistera tou-
« jours, parceque l'ouvrage des Muses ne doit point
« périr. Un oracle cependant, que je ne puis passer
« sous silence, indique la destruction de ce tombeau
« sacré. Lorsque les cendres d'Orphée, est-il dit,
« verront le jour, un porc détruira une ville. Quelle
« est cette ville ainsi menacée ? Le porc n'est-il point
« le hiéroglyphe du patriciat ? L'oracle lui-même
« n'est-il pas un symbole, le symbole de l'effort que
« fera l'initié pour se saisir des cendres de l'initia-

« teur, et conquérir à ce prix un tombeau? Le reste
« de l'histoire d'Orphée, je ne dois pas vous le
« dissimuler, prince pacifique, se compose de faits
« incertains, façonnés par les voix confuses de la
« renommée et par l'imagination des peuples. La
« multitude et la rapidité des merveilles qu'il a opé-
« rées autour de lui, et qui se sont aussitôt propa-
« gées au loin, ont suffi pour couvrir sa noble vie
« comme d'un voile analogue à celui des souvenirs
« antiques; on ne le voit plus en quelque manière
« que dans la nuit des temps, où l'on dirait qu'à
« force de prodiges il ait voulu se réfugier d'avance.
« Son apothéose dans les adytes de l'Égypte est
« venue mettre le comble à sa gloire; car, pour que
« vous ne l'ignoriez pas, les prêtres des saints mys-
« tères jugent non seulement les rois et les princes
« des nomes sacrés, après que la mort a éclairé leur
« vie d'une lumière définitive, mais ils jugent aussi les
« princes et les rois des autres contrées; ils jugent
« encore à leur auguste tribunal tous ceux à qui il a
« été donné d'exercer une grande influence sur les
« sociétés humaines. Ainsi vous-même, roi pasteur,
« vous le dernier des rois de cet âge du monde,
« vous n'échapperez point à cet impassible juge-
« ment. Et moi, moi qui ne devais être qu'un obs-
« cur voyageur sur la terre, mais que les Muses ont
« daigné visiter, moi à qui a été confié un flambeau

« pour éclairer les peuples, flambeau qui n'a pu
« m'être retiré lorsqu'une fois il a été remis entre
« mes mains, je serai jugé à mon tour comme
« les rois et les princes des nations; en cela les
« poëtes sont les égaux des maîtres de la terre,
« et le bandeau de l'inspiration est aussi un dia-
« dème. »

Thamyris s'explique ensuite sur le message dont il est chargé par les prêtres de l'Égypte. « Vous
« savez peut-être, dit-il à Évandre, qu'il y a plu-
« sieurs sortes d'initiations; celle des hommes appe-
« lés au pouvoir souverain, celle des héros législa-
« teurs, et celle des poëtes : diverses routes, en effet,
« sont ouvertes pour gouverner les mortels, pour
« les perfectionner et les diriger vers le bien; la
« route de la force, la route de la raison, la route
« de l'enthousiasme. Mais les prêtres mesurent la
« science à la capacité de chacun; ils ne s'imposent
« point de règle fixe et immuable. C'est comme poëte
« que j'ai été introduit dans le sanctuaire, et cette
« première initiation ne fut que le prélude des
« grandes initiations. Quoique mon ame ne soit
« pas venue directement du ciel, puisque mes pa-
« rents n'ont point contracté leur union sous les
« auspices de Jupiter, il m'a été permis de connaître
« les enseignements réservés d'ordinaire aux chefs
« des peuples. Les motifs d'une telle conduite à mon

« égard sont faciles à comprendre : les poëtes aussi
« sont les instituteurs des nations; mais ceux-là
« seulement qui sont instruits dans les profonds
« mystères de la morale et de la politique. Nul de
« ces secrets n'eut besoin d'être dévoilé à Orphée;
« il les avait tous trouvés en lui : il en est d'autres
« encore sur les traditions primitives du genre hu-
« main, qui sans doute furent accessibles à sa haute
« intelligence, et qui m'ont été déniés. Peut-être
« étais-je destiné à trouver dans le Latium le
« complément de la science théogonique. Quoi qu'il
« en soit, on a voulu me tenir compte de la persé-
« vérance que je mettais à suivre les traces d'Or-
« phée, à m'identifier avec le sentiment des vérités
« qu'il répandait parmi les hommes, à étudier les
« institutions dont il enrichissait les peuples nou-
« veaux. Vous serez, me dit-on, le disciple de ce
« beau génie, en ce sens que toutes les sources de
« la sagesse vous seront ouvertes comme à lui, et
« qu'il vous sera donné de propager les mêmes doc-
« trines. Vos chants seront également doués de fé-
« condité, mais d'une fécondité restreinte, moins
« puissante et moins sympathique, puisqu'elle n'est
« pas puisée en vous, et que déja elle est transmise.
« Vous avez reçu l'inspiration et la lumière d'un
« autre; vous ne les avez pas puisées vous-même à
« la source de toute lumière et de toute inspiration :

« ce n'est pas un souvenir de l'idée éternelle; en
« un mot, vous n'avez pas vu Protée, mais sa fille.
« Vous n'êtes point du sang royal; vous n'êtes
« point issu du sang royal; votre mère, nymphe
« charmante, chaste épouse, mais épouse d'un pro-
« fane, a dû ne point revêtir le voile pudique du
« connubiùm. Vous ne pouvez donc être ni héros
« législateur ni fondateur d'un empire, et le genre
« humain vous est refusé. Il vous sera ordonné
« d'aller à l'hespérie de la Grèce initier le vieux roi
« Évandre. Ce roi pasteur est destiné à rajeunir
« cette terre antique, en y jetant les fondements
« d'une force morale qui lui survivra, en la coor-
« donnant toutefois aux lois-mores et aux traditions
« particulières de la contrée; car nul coin de terre
« n'est privé de traditions qui remontent aux temps
« cosmogoniques. Il ne sera pas sans nécessité que de
« tels fondements soient établis par vous : le prince
« guerrier qui s'approche pourrait ne vouloir ré-
« gner que par la violence des armes; et le peuple
« de fugitifs qu'il traîne après lui serait un peuple
« de brigands s'il n'était sagement contenu par un
« joug façonné d'avance. Dans cette merveilleuse
« terre d'Égypte, nous ne faisons pas autrement
« pour la distribution des eaux fécondes du Nil.
« Lorsque nous voulons en étendre, en multiplier
« les bienfaits, après avoir creusé des canaux pour

« le fleuve futur, nous les revêtissons d'un fort
« ciment; et bientôt l'onde tumultueuse coulera
« docilement parmi les solides rivages que nous lui
« faisons. Ainsi, ajoutait Thamyris, ainsi vous voyez,
« ô roi pasteur, que si je veux vous faire participer
« aux mystères de l'initiation, ce n'est point pour
« les trahir; et de plus vous saurez sur Orphée tout
« ce qu'il m'est possible de vous en apprendre, tout
« ce que j'en ai pu recueillir moi-même. »

Puis il dit encore ces mots obscurs, dont le sens mythique nous sera connu plus tard:

« La sibylle à qui vous devez le jour, ô Évandre,
« sait qu'un empire cyclique s'établit par le meur-
« tre de celui qui représente l'empire précédent.
« C'est ainsi qu'Uranòs tua son père Acmon; que
« Saturne à son tour immola son père Uranòs;
« Jupiter pour régner a osé mutiler son père Sa-
« turne; et Saturne, relégué dans les sombres royau-
« mes du Tartare, est réduit au triste emploi de
« tenir les Titans enchaînés. Les dépositaires des
« sciences secrètes prétendent qu'un jour Jupiter
« sera détrôné par Bacchus, chef et roi futur de
« cette nouvelle race humaine, dominée aujour-
« d'hui par les patriciats, rigides successeurs des
« Titans. Tel est donc l'ordre rigoureux du destin
« qui gouverne le monde. Vous, Évandre, parce-
« que les rois de la terre sont tenus aux mêmes lois

« que les rois des sphères étoilées, vous avez voulu,
« je le sais, vous avez voulu, d'après les conseils de
« votre mère illustre, fonder en Arcadie une puis-
« sance dynastique, prématurée. Mais il fallait plus
« de force et plus de courage que vous n'en aviez.
« Vous avez dû vous exiler de la région anté-lu-
« naire. Vous avez été poursuivi par les furies,
« comme Prométhée le fut avant d'être enchaîné
« sur le Caucase. La thyade, intrépide conseillère
« du meurtre, a pu devenir vira magnanime sur
« les bords du Serranus; le meurtrier arcadien ne
« saurait s'élever au rang de héros législateur dans
« la citadelle latine. Toutefois je vous expierai. Après
« la cérémonie de l'expiation, lorsque vous aurez
« symboliquement avalé un de vos doigts, je pourrai
« procéder pour vous à la cérémonie plus auguste
« et toute pacifique de l'initiation. Vous aurez à
« choisir un bain, comme les barbares; une liba-
« tion ou un sacrifice, comme les Grecs : la plus
« solennelle de toutes, celle du taurobole, je ne
« puis vous l'accorder, puisque votre règne va finir.
« Encore votre initiation restera incomplète, car
« il ne vous sera pas donné d'ôter la vie au vieillard
« malheureux qui vous aura initié. Une image de
« cette loi terrible des destinées humaines, qui fonde
« la vie sur la mort, une image de cette loi se ren-
« contre chez vous : le prêtre de la Diane farouche

« ne peut être remplacé que par son propre meur-
« trier. Quoi qu'il en soit, cette nouvelle race hu-
« maine, dont je vous parlais tout-à-l'heure, et que
« Bacchus doit faire admettre un jour aux banquets
« de la cité, c'est à elle qu'Orphée est venu donner
« la capacité du bien et du mal. »

Pendant que les vieillards discouraient ensemble, Pallas entre dans l'appartement de son père. Le roi fait asseoir à ses côtés le jeune chasseur, vaine espérance d'un avenir qui n'existera jamais. Il lui dit : « Écoute, mon fils, tu peux prendre part aux
« graves entretiens qu'un envoyé des dieux veut
« bien avoir avec ton père. Les discours des vieil-
« lards sont toujours profitables à la jeunesse. Tha-
« myris sur-tout, si plein d'expérience, et qui a vu
« tant de peuples célèbres, ne sait proférer que des
« paroles qui doivent rester gravées dans la mé-
« moire. D'ailleurs il connaît la contrée où vécurent
« nos ancêtres; il te rappellera une patrie qui aurait
« dû être la tienne. Mais auparavant prouve-lui
« que je n'ai point laissé évanouir dans ton cœur
« des souvenirs qui n'ont jamais cessé de m'être
« chers : retrace quelque fait mémorable de la
« Grèce, dans le langage, pour lui, si nouveau
« du Latium. En t'égarant à la chasse, tu as vu le
« tertre funèbre où viennent d'être ensevelis les
« trois fils d'Amphiaraüs, ce noble devin qui fut

« englouti devant Thèbes, après avoir été entraîné,
« contre son gré, dans la querelle impie des deux
« frères : c'est dans les belles retraites de Tibur, au
« milieu de mille limpides fontaines, que repose la
« jeune postérité du prêtre guerrier; et la perfide
« Éryphile, sans époux, sans enfants, a vu, trop
« justement délaissée, finir ses jours malheureux
« dans les palais solitaires d'Argos. Non loin de ce
« tertre funèbre, et tout près de la demeure de la
« sibylle, un berger sicilien t'a appris des chants
« que tu aimes à redire. Les aventures d'Orphée,
« telles que tu les tiens de ce chanteur habile, plai-
« ront sans doute à l'hôte auguste qui ne dédaigne
« pas notre irréprochable foyer. Il ne les écoutera
« pas sans intérêt, parcequ'il saura ainsi ce que
« sont devenus les récits de la Grèce en traversant
« les mers, en passant de bouche en bouche, et en
« se pliant aux lois de notre poésie sauvage. On
« nous a raconté, mon cher Pallas, que Thamyris
« était né dans la Thrace, et qu'il avait été disci-
« ple d'Orphée. Ceci n'est point entièrement exact :
« toutefois nul ne peut mieux que Thamyris lui-
« même rectifier l'histoire que tu vas dire; nul ne
« peut mieux nous instruire de ce que l'on sait sur
« ce génie sublime, à qui les dieux inspirèrent les
« lois de la société, celles du bien et du beau. Mais,
« mon fils, si la jeunesse doit être avide d'appren-

« dre et de connaître, elle doit aussi être réservée et
« modeste. Ce que tu ne comprendras pas des dis-
« cours de Thamyris, tu ne chercheras point à le
« pénétrer; car, mon fils, ce n'est pas à ton âge que
« tous les trésors de la sagesse peuvent être ouverts;
« et tu ne dois pas même t'étonner si dans de cer-
« tains moments je t'ordonne de te retirer pour me
« laisser seul avec le poëte divin. Allons, mon fils,
« commence tes chants. »

A ces mots, le fils docile du vénérable Évandre, le visage coloré d'une aimable rougeur, se mit à chanter en s'accompagnant de la lyre :

« Muses agrestes de l'OEnotrie, saurez-vous pein-
« dre des objets élevés? saurez-vous plier à une
« harmonie douce et savante vos rudes accents?
« Jusqu'à présent vous n'avez inspiré que des ber-
« gers. Les troupeaux errants dans les campagnes
« connaissent seuls vos rustiques concerts. Quel-
« quefois vous avez assez bien exprimé les cris si-
« nistres de la guerre, les mâles habitudes de hordes
« à demi barbares. Muses agrestes de l'OEnotrie,
« pour la première fois, imitez les suaves mélodies
« de la Grèce; pour la première fois, rivalisez avec
« les nymphes de l'Hélicon, avec les chastes filles
« du Parnasse. »

Ainsi commença de chanter le jeune Pallas avec une voix pure et timide. Puis il peignit les rochers émus aux accents d'Orphée, les arbres des forêts s'inclinant aux puissants concerts du poëte inspiré, les animaux féroces accourant de leurs asiles, et venant lécher ses pieds. « Tels furent les prodiges « de cette harmonie ravissante, disait Pallas; muses « de l'OEnotrie, vous appartiendra-t-il jamais de « renouveler de semblables merveilles? »

Pallas chanta ensuite comment Eurydice, fuyant la poursuite d'Aristée, fut blessée mortellement par un serpent caché sous les fleurs de la prairie, comment elle descendit dans les royaumes sombres, où bientôt Orphée voulut la suivre, pour essayer de l'arracher à la rigueur de son sort. Le poëte divin, qui avait apprivoisé les tigres et les ours, obtint un triomphe plus grand encore; il répandit quelque calme parmi les lamentables habitants de l'Érèbe, il suspendit les tourments des coupables livrés à la justice divine, il adoucit le tyran des morts lui-même; et il lui fut accordé de pouvoir ramener son épouse à la lumière du jour. Mais, hélas! ce fut à une condition bien cruelle qu'elle lui fut rendue. Il devra marcher le premier, pour guider Eurydice, et s'abstenir de se retourner jusqu'à ce qu'il soit parvenu sur la terre où l'on respire l'air de la vie, que baigne la lumière du soleil. Imprudent! lorsqu'il souscrivit à ce pacte funeste, il crut qu'il serait assez maître de lui-même. Songes enivrants de l'amour, bercez l'ame du poëte! endormez toutes ses pensées! qu'il marche en rêvant le bonheur, mais qu'il se contente de le rêver! Un seul regard peut perdre cette grande espérance qui habite en lui; et comment croire qu'il pourra résister au desir d'en acquérir la certitude par un regard! Le redoutable roi des morts connaissait bien les faiblesses du cœur de l'homme; il savait que sa proie lui serait rendue; vaincu par les accents d'Orphée, il avait cédé, et en cédant il n'avait accordé qu'un présent trompeur. Eurydice suivait son époux; elle le suivait à pas furtifs, osant respirer à peine, et craignant toujours d'être trahie par le plus léger frôlement de ses vêtements aériens; timide et tremblante, pleine d'un doute infini sur la mort, sur la vie, sur l'amour, elle renfermait en elle-même tous les sentiments dont elle était agitée. Elle cherchait à repousser doucement les inquiétudes charmantes qui faisaient battre son cœur; plus doucement encore, elle eût voulu s'abandonner aux incertains enchantements de son ame. Ce voyage silencieux, parmi de muettes ténèbres, devenait trop long pour le faible époux. Non, il n'accomplira pas sa promesse, et le roi des épouvantes sera inexorable à tenir la sienne. Cependant le couple divin s'avançait toujours dans la route de mystère et d'effroi. Un moment de plus, et Orphée sauvait sa conquête, et il allait être af-

franchi de la loi cruelle qui lui fut imposée. Mais il ne peut supporter le poids de ce moment trop rempli de délices. Déja un crépuscule douteux commençait à remplacer l'obscurité immense; un rayon de pâle lumière, qui vint flotter autour de ses yeux, lui fit oublier le passé et l'avenir : ce n'était pas une lueur trompeuse, c'était bien un rayon détaché de la clarté du jour; la marque de son salut devint le signe de sa perte. Ainsi donc il touchait au seuil qui sépare l'empire des morts du séjour des vivants, lorsqu'il s'arrêta involontairement pour jeter un regard d'amour sur l'épouse qui lui était rendue, hélas! rendue et ravie à-la-fois. Si du moins il eût eu le temps de soulever le voile qui retombait sur le visage d'Eurydice! Mais c'était à une moindre infraction que tenait son destin. Alors le pacte fut rompu, et le tyran des morts reprit ses droits; alors toutes les voûtes de l'Averne retentirent, dans leurs vastes profondeurs, d'un long gémissement; alors les supplices des coupables, qui avaient été suspendus, reprirent une activité nouvelle; alors le terrible gardien des demeures désolées poussa d'affreux gémissements. Eurydice, exhalant à peine un dernier adieu, s'évanouit comme un songe vain; sa plainte, semblable au léger frémissement d'une feuille qu'agiterait le vent du matin, sa plainte ne fut qu'un faible et doux murmure, et sa fuite au travers des ombres ne laissa point de trace après elle. Orphée, le malheureux Orphée, repoussé par la puissance de la mort, revint seul sur la terre. Dès cet instant affreux, plus de concerts même funèbres, et cependant ils eussent calmé son désespoir; son luth harmonieux dédaignait jusqu'aux sons de la douleur; sa triste voix, se refusant même aux paroles qui peignent le mieux les ennuis des mortels, pour toute expression de ses chagrins amers, ne conserva que le nom de sa chère Eurydice. Il errait inconsolable sur les bords de l'Hèbre, parmi les glaces hyperborées, au sein des solitudes les plus sauvages. Insensible désormais à l'amour, eh! qu'est-il besoin de le dire? insensible aux distractions que présentent et le spectacle toujours nouveau de la nature, et les scènes variées de la société des hommes, il traîne seul sa déplorable vie, ignorant et les heures du jour et les heures de la nuit. Les Ménades qui, dans leurs fêtes orgiques, crurent pouvoir le ramener au charme de l'existence, et verser dans son ame un peu de ces doux oublis qui endorment les peines, les Ménades, irritées à la fin de ses dédains implacables, l'immolèrent à leur jalouse fureur. « Muses de l'Œnotrie, disait Pallas, « oseriez-vous essayer de rendre les derniers accents « d'Orphée? »

Thamyris, souriant avec bonté, applaudit aux

chants de Pallas : ils seront embellis un jour par celui que l'on nommera si justement le cygne de Mantoue, et par le poëte ingénieux de Sulmone. Ainsi se forment et s'accréditent les aimables fictions, car les fictions de la poésie ne sont pas de vains mensonges; elles sont vraies, en cela qu'elles sont fondées sur les plus nobles facultés de l'homme; elles sont vraies encore, en ce qu'elles sont une juste et vive image de la vérité même, un emblème animé de ce qui est : la vérité seule triomphe du temps.

Toutefois Thamyris ne voulut pas laisser ignorer à Évandre combien il trouvait que la fantaisie avait déja voilé du reflet de ses brillantes couleurs les poétiques aventures d'Orphée. Quel est cet Aristée qui s'efforce de ravir Eurydice? N'est-ce pas le droit inexorable qui cherche à dominer la justice reposant sur l'égalité, ou, en d'autres termes, le patriciat qui veut ranger le plébéianisme sous son empire indissoluble? Aristée n'est-il pas un héros italique, le vir dont le droit repose sur la force? Que fut Actéon, fils d'Aristée? On dit que pour se délivrer de la poursuite de ses chiens, ignoble emblème de ses clients révoltés, il dut se regarder dans la fontaine. N'est-ce point là une première promulgation de cette fameuse sentence, à l'usage des hommes et des peuples : « Connais-toi toi-même? » Le taureau d'Aristée, qui produit la ruche, image et type d'une société humaine, ce taureau que Pallas a passé sous silence, n'est-il pas ce qu'ici vous avez nommé le mundùs, ou le sillon sacré de la cité? et les abeilles ne représentent-elles pas les patriciens formant la cité primitive? Cette peau féconde du taureau ne serait-elle pas alors cette outre de l'éternité, si célèbre dans les histoires antiques, l'éternité promise aux sociétés humaines? Les chants de Pallas ne disent rien des deux cordes ajoutées par Orphée à sa lyre, et qu'il est obligé de couper dans les Enfers. Cependant c'est toute une doctrine. Et cette descente aux Enfers, qu'est-elle? N'eut-elle pas pour but de visiter les Cabires, et d'apprendre d'eux le mystère profond du connubiùm? Le mariage et la cité sont une seule et même chose: la glèbe, qui est la propriété, les grains, qui sont le mariage, sont enfouis en même temps dans le sillon, dans le mundùs. Eurydice avait goûté les grains de Koré ou Proserpine, la vierge ineffable, et elle ne put revoir la douce lumière du soleil: ces grains sont, chez les Grecs, ceux de la grenade; chez les Latins, ceux du pavot. N'est-ce pas Orphée qui a institué la trêve des peines, première victoire de l'humanité? Quant à cette tradition d'Orphée déchiré par les Ménades, il faut savoir qu'elles s'étaient emparées des armes laissées par les viri, pendant qu'ils s'entretenaient avec le héros; il faut savoir qu'Orphée lui-même avait chanté Bacchus déchiré aussi par les géants. Les Ménades ne seraient-elles point un emblème plébéien? Dans la pensée d'Orphée, Bacchus, l'initiateur, ne devait-il pas périr par les mains des géants initiés? Nous le saurons par la suite. « Mais, ajouta le divin Thamyris, l'innocent « Pallas, qui ne connaît point le secret sur lequel « repose l'initiation sacrée du connubiùm, n'a pu « nous dire, ni quelle fut la loi imposée par le « sévère Dis à Orphée, ni quelle fut la véritable in- « fraction du héros. »

Au moment où Thamyris explique les chants de Pallas, trois viræ, mâles sibylles, se présentent. Elles ne comptent leur âge, ni par le cours et le décours des lunes, ni par les vicissitudes des saisons, ni par les révolutions du soleil. Elles ont vécu sur la terre un cycle inconnu, et elles n'ont point vieilli à l'égal des autres mortelles. Leur taille est imposante; une généreuse majesté respire dans tous leurs traits. Ces trois viræ sont Carmenta, mère d'Évandre, Pallatia, dont on ne raconte point la génération, la sœur innommée de Cacus. Gardiennes des religions terribles, en dehors des dispositions législatives, elles chantent les divinités que vénèrent les dieux, la Vesta des dieux, et enfin le Destin des dieux. Les lois religieuses qui font courber le front des hommes ne seraient-elles qu'une imitation des lois religieuses qui gouvernent les dieux? Le serment par les fontaines pérennes ne serait-il qu'une imitation du serment par le Styx? Les cités des mortels seraient-elles fondées sur le modèle de la cité de l'Olympe? N'y a-t-il pas plusieurs sortes d'asile, selon la nature des réfugiés? Les opès, qui peuvent faillir, mais qui ne peuvent être punis; les inopès qui ne peuvent faillir, puisqu'ils sont privés de la capacité du bien et du mal, ne doivent-ils pas être reçus dans des asiles différents? Les viræ dédaignèrent de s'expliquer davantage, et, semblables à une apparition qui tiendrait du vertige, elles se retirèrent.

Évandre voulut alors conseiller à Thamyris d'aller dans les montagnes de la Sabine. « La Sabine, lui
« dit-il, est une contrée où l'on retrouve les doc-
« trines antiques de la Scythie. Un jeune enfant, né
« d'une vira latine, dirigera vos pas. Il sera non
« seulement votre guide, mais encore votre casmilòs,
« votre condominùs. Lorsque vous vous présenterez,
« vous le placerez sur vos épaules; il chantera pour
« vous en vers saturnins les théogonies saliennes,
« et vous serez reçu dans les sanctuaires. C'est sans
« doute parceque vous n'aviez pas d'hérès, qu'il
« vous a été refusé de pénétrer toute l'initiation qui

« vous eût été due. Orion recouvra la vue en mar-
« chant contre le soleil lorsqu'il se lève. Thamyris,
« ne pouvez-vous pas espérer la même faveur? »

Telles furent les circonstances qui accompagnè-
rent les chants de Pallas. Ainsi, quoique colorés par
une brillante fantaisie, ces chants contiennent des
traditions vraies. Les récits de Thamyris, lorsqu'il
nous les fera entendre, seront d'autres traditions
également vraies; on y trouvera les mêmes faits
réfléchis par d'autres langues, revêtus d'autres formes par des imaginations différentes. L'écho part
d'un rocher : on s'approche du rocher, et le son
refuse de se faire entendre. Une magie inconnue
crée dans les airs une contrée fantastique, pleine
de frais ombrages et de verdoyantes prairies : on
s'approche du paysage aérien, et l'on ne trouve
qu'un désert. Les choses se déplacent, subissent
des transformations; mais, pour se déplacer, pour
subir des transformations, il faut que les choses
soient. Les origines, quoique reculées dans les profondeurs du mystère, n'en sont pas moins des origines. Souvent une cause ne nous est révélée que
par ses effets, comme la pensée, par l'acte qu'elle
produit; néanmoins l'effet peut ne pas ressembler à
la cause, ainsi que l'acte peut différer de la pensée.
De plus, les diverses races humaines ont chacune
leurs formes de réalisation, rendues vivantes par

le génie qui réside en elles, et que Dieu leur a données en signes de son alliance. C'est la chaîne d'or attachée au trône de l'éternelle vérité. C'est la chaîne d'or et d'électre qui unit les Gaulois entre eux et à leur chef Ogmiùs. Thamyris racontera donc ce qu'il sait, même les traditions contradictoires : qu'importe ? il sortira toujours de ses récits la vérité, c'est-à-dire cette grande renommée d'Orphée, pour qui la postérité exista dès le commencement, et qui doit remplir l'univers; il en sortira la puissance de ce nom, qui sera lui seul un législateur, et qui traversera les générations et les siècles. Et n'est-ce pas cet ensemble qui est toute la vérité ? C'est, au reste, la forme d'initiation qui fut choisie pour instruire le vieil Évandre de ce qu'il devait savoir.

Pendant que Thamyris revêtira de poésie les leçons de la sagesse, dans le palais phéacien du dernier roi pasteur, déja l'infortunée sœur de Didon, jetée par la tempête à l'embouchure du Tibre, dans ces lieux où elle doit avoir un jour des autels, errera non loin des collines du Latium, et apportera, pour premier gage des destinées nouvelles, les imprécations d'une reine mourante. Un grand empire vient de s'écrouler en Asie, un autre empire va s'élever sur la terre si long-temps ignorée de

Saturne, pour peser dans l'avenir sur le monde entier. Thamyris dira des aventures pacifiques, enfouira dans un sillon douloureux le germe fécond de doctrines harmonieuses; et, au même instant, des bruits inaccoutumés de guerre, troublant d'avance le repos de cette heureuse portion de l'Euxonie, annonceront dignement les destinées de Rome future. Janus, antique divinité de ces peuples, frémit dans son bocage sacré, où un simple tronc d'arbre est l'autel modeste qui reçoit les offrandes champêtres, les herbes et les fleurs offertes par les chefs des peuples. Le Numicùs se réveille avec inquiétude sur son lit de roseaux, et remue en gémissant la vase de ses eaux profondes. Les prêtres des religions cruelles demandent si de tels pressentiments n'annoncent pas que, par l'abolition des sacrifices humains, la terre de Saturne a été soustraite à une rançon légitime. L'illustre Carmenta parle d'expiations. Et cependant le ciel se prononce. Les dieux vieillis de la contrée se retirent pour faire place aux dieux de Pergame vaincu. Le dieu Terme et Juventùs restent seuls immobiles; nulle puissance ne pourra les déplacer sur le Capitole. Voici donc qu'Énée peut s'avancer sur le dos des mers, apportant d'une main ses pénates fugitifs, de l'autre, le glaive des combats. Le père de la race romaine n'aura touché au rivage qui lui est donné par les dieux, qu'après avoir fait verser les premières larmes de Carthage.

Évandre, dont le règne et la race vont finir, Évandre n'aura pas en vain recueilli les enseignements de Thamyris. Le germe fécond s'en développera successivement. C'est par ces instructions, restées vivantes, que la nymphe Égérie, à son tour, inspirera Numa. Le génie d'une législation morale existe toujours avant d'être réalisé par les lois, comme la pensée, avant d'être manifestée par la parole. Et qui sait si les livres sibyllins qui ne furent jamais consultés sans fruit, tant qu'ils subsistèrent, qui sait s'ils n'étaient pas dépositaires des préceptes légués par Évandre?

Et toutefois souvenons-nous qu'Orphée, dans la suite, fut honoré par une statue élevée sur une des collines de Rome. Elle a subsisté plusieurs siècles, en regard de celle de Prométhée.

Il nous reste maintenant à écouter les récits initiateurs de Thamyris.

FIN DU LIVRE PREMIER.

ORPHÉE.

LIVRE DEUXIÈME.

ARGUMENT

DU LIVRE DEUXIÈME.

Dans le premier livre, nous avons vu Évandre sorti de la région anté-lunaire, c'est-à-dire dépositaire de traditions antérieures au défrichement primitif.

Dans le second, Orphée est tenu d'enseigner à l'homme une nourriture qui doit changer sa condition sur la terre.

Il est bien évident que je n'aurais pu oser inventer ces deux points fondamentaux du mythe rappelé ici.

La poésie épique primitive a cette singulière faculté qu'elle rapproche de nous, par une sorte de mirage merveilleux, les faits entassés sur les dernières limites de notre horizon.

J'ai déja fait remarquer que tous les poëmes cosmogoniques procèdent ainsi, car c'est le procédé même de la tradition.

Fabre-d'Olivet, sur je ne sais quels documents, a fondé toute l'histoire primitive du genre humain actuel sur les débris d'un empire universel, celui de Ram.

Dans le mythe grec, la race humaine succède aux Titans, lesquels ont préparé la demeure de l'homme.

Mais le Titan est l'homme cosmogonique, l'homme qui lutte contre les éléments.

Voilà ce qui justifie la transformation de Talaon, père d'Eurydice.

ARGUMENT

L'homme à mesure qu'il se crée un avenir se crée un passé; nous le verrons bien dans la Formule générale.

Dégagement successif de l'humanité; les mortels destinés à devenir des hommes.

Hercule voleur de la courtine d'Apollon. Débat qui suivit cette action, et qui fut jugé par Jupiter. Or Hercule fut, dit-on, le premier initié. La courtine d'Apollon se compose de réseaux dont les mailles expriment le partage du ciel en diverses régions.

La figurine d'Apollon et de Diane apportée tous les ans à Delphes, dans des faisceaux de bois, sans doute en commémoration du défrichement primitif.

L'arbre qui produit les pommes des Hespérides fut planté le jour du mariage de Jupiter et de Junon. Les nymphes, gardiennes du fruit, selon Servius, voulaient le manger; un serpent les en empêchait.

Vola, oppidum, asti, trois formes de villes primitives.

Orphée dans ce livre parcourt trois degrés : 1° l'intuition ou la révélation; 2° les enseignements de Talaon, c'est à-dire de l'homme cosmogonique; 3° les hautes prérogatives d'Eurydice, fille de l'homme cosmogonique.

Talaon explique à Orphée, 1° Dieu, 2° le mariage, 3° les sépultures.

Talaon tient à ce que les hommes restent partagés en initiables et initiateurs. Orphée ne saurait y consentir. Nous avons déja vu ailleurs qu'en effet il fut foudroyé pour avoir livré toute la science.

De tout cela, identité des races humaines, le genre

humain un tout continu et homogène; enfin solidarité et immortalité.

Le sentiment de la perpétuité n'a pu naître qu'avec le mariage légal, la famille certaine. La famille certaine produit la religion des tombeaux. Le passage du mariage vague au mariage religieux et légal est le passage de l'état brute à l'état humain, de l'état accidentel à l'état stable, de l'état passager à l'état perpétuel.

La propriété, c'est-à-dire l'assimilation de la terre à l'homme par le magnétisme de la culture, la propriété fondée dans le ciel et assise sur la terre.

Institution du langage, fait cosmogonique, examiné par Talaon et par Orphée. L'esprit de cette scène peut rappeler le Pymandre, livre pseudo-trimégiste.

Talaon unissant Orphée et Eurydice prononce des paroles restrictives. L'initiation n'est pas pour eux. Ils marchent ensuite par des lieux déserts et désolés : ce voyage mystique doit avoir quelque analogie avec la descente aux Enfers, racontée par la tradition. La tradition dit qu'ils devaient s'abstenir de se regarder.

La Providence s'occupe beaucoup des personnages qu'elle destine à une grande mission. La puissance qui leur est confiée est une puissance de sympathie, car il ne faut pas que la liberté humaine soit jamais blessée.

ORPHÉE.

LIVRE DEUXIÈME.

EUTERPE.

EURYDICE.

« Sur les bords du Pont-Euxin, nommé alors la mer des tempêtes, habitait dans un asile enchanté un personnage appartenant à l'ancien monde et au monde nouveau, et sur lequel la renommée a fait bien des récits divers. Quelquefois les peuples reculent dans le ciel l'origine des héros dont la gloire les éblouit; quelquefois aussi ils font descendre jusqu'à eux les vies éclatantes vers lesquelles ils ne peuvent s'élever. Ils ont un besoin égal, ou d'expliquer les effets et les causes, ou de les enfoncer tout-à-fait dans la profondeur divine. Nul n'éprouva plus ces incertitudes de la renommée que le personnage mystérieux dont j'ai à vous entretenir, sage Évandre. Laissons les bruits profanes et vulgaires, pour nous occuper seulement de ceux qui sont consacrés par de plus hauts témoignages. On compte dans les dyptiques sacrés trois âges successifs de Titans : ceux du troisième âge furent les bienfaiteurs des hommes, et leurs premiers initiateurs. Nous le savons à présent, les initiateurs doivent se retirer lorsque les initiés sont en possession de la science. La race puissante des Titans a donc dû finir. La nouvelle initiation, celle par qui commence l'humanité, cette nouvelle initiation vient d'être confiée aux castes : nous voyons sous nos yeux se former les hiérarchies sociales. Les initiateurs actuels sont les patriciats sévères devenus les Titans du monde civil, qui est le monde de l'humanité ; et ces patriciats doivent disparaître à leur tour, car tout est enchaîné et progressif dans l'univers.

« Un Titan du troisième âge avait survécu. Il fut long-temps à errer de contrées désertes en contrées désertes. Une femme appartenant à la même sphère de pensées et de puissance ne se rencontrant nulle part sur la terre, le mariage était interdit au Titan, et sa race devait inexorablement finir dans la solitude. Il ne put trouver de demeure fixe que lorsqu'il se fut opéré une transformation en lui, lorsqu'il eut consenti à reconnaître Jupiter roi du siècle qui vient d'être enfanté, lorsqu'enfin il voulut s'identifier aux institutions humaines naissantes, pour qu'elles se portassent héritières indépendantes des traditions et des enseignements primitifs. Comme

Titan, il savait la nature intime de tous les êtres, et il ne dédaigna point la nature humaine. Son nom cosmogonique, perdu à jamais dans la nuit des temps, s'est changé en un nom opique, pour désigner la sphère nouvelle à laquelle il devait rester désormais associé; c'est ainsi qu'il est devenu Talaon. Alors seulement il put habiter un lieu, et choisir une femme, pour couronner de fleurs sa verte vieillesse. Toutefois ses enfants ne sont point appelés à jouir d'une destinée complète, mais une fille seule naîtra de lui; encore ne sera-t-elle qu'une brillante apparition sur la terre.

« Non loin de la retraite charmante qu'avait choisie Talaon, vivait également dans la retraite un mortel qui eut toutes les grandes pensées, tous les nobles sentiments, et qui est mort inconnu comme le lis de la vallée, ou comme la bruyère élégante qui abandonne aux vents de la montagne les suaves parfums de ses fleurs modestes. Ses aventures sont ignorées, mais on croit qu'il avait autrefois vécu dans une douce familiarité avec les sages de l'Inde. Cet intérêt si tendre qu'il portait aux animaux souffrants, et qui ressemblait à une compassion sympathique; cette sorte de confraternité qui paraissait unir son existence à de beaux arbres; ce goût si vif pour un ciel sans nuage, pour la verdure, l'eau et les fleurs: tout annonçait en lui les habitudes et les mœurs d'un autre climat. Son nom qu'illustrèrent sans doute ses premières années, et que sans doute aussi avaient illustré ses aïeux, son nom même a péri.

« On raconte que dans les jours de sa jeunesse, il avait senti les atteintes de l'amour, mais il les avait toujours repoussées. La raison d'une telle rigueur serait difficile à pénétrer. Quoi qu'il en soit, il était doué d'une ame forte et calme, et c'est dans elle qu'était tout son conseil. L'âge l'avait donc surpris seul. Alors il connut tout l'ennui de la solitude, et il eut le desir de se choisir une épouse afin d'achever doucement le reste de sa vie. Cette épouse de son choix fut une prêtresse des religions farouches de l'ancien monde; et son nom, qu'aucun poëte n'a chanté, n'a point survécu non plus à l'oubli.

« Vola fut la fille admirable de ce couple ignoré. Ce nom, Évandre, a une signification que vous connaissez déja; c'est le nom d'une forme sociale, de la cité primitive. Vola fut initiée aux religions terribles de sa mère, mais elle refusa d'en revêtir le sacerdoce.

« Cette vierge modeste, belle, qui avait des goûts austères, apprenant que Talaon cherchait une épouse, fit connaître qu'elle mettrait son bonheur à venir partager la retraite obscure du sage mythocrate. Un Dieu sans doute lui avait inspiré ce desir.

Le père vénérable de la jeune inspirée, qu'on croit avoir été un héros lycien, se rendit auprès de Talaon. « L'éclat de vos vertus, lui dit-il, a séduit le
« cœur de ma fille Vola, et je crois qu'elle sera pour
« vous la récompense d'une vie exempte de tout
« reproche, si vous voulez l'accepter pour compa-
« gne de votre solitude. » Étonné d'un tel discours, Talaon voulut voir Vola. Il la trouva belle comme la fille la plus belle d'un Titan. Pour l'éprouver, il lui montra ses cheveux blanchis par l'âge. « Nym-
« phe sans égale, lui dit-il, pourquoi veux-tu sacri-
« fier à un vieillard les heures fortunées de ta bril-
« lante jeunesse ? » Vola, souriant avec une grace inexprimable, répondit : « Je ne sais qui tu es,
« mais je sais que tu es grand : ta renommée, obs-
« cure pour tous, éclatante pour moi ; ta renommée
« est comme un manteau magnifique dont je vou-
« drais me revêtir. J'envie ta gloire ignorée, noble
« vieillard, et tes entretiens feront toute ma joie.
« Ainsi donc si tu ne me trouves pas indigne de toi,
« je serai ton épouse bien-aimée. C'est moi, je le
« sens, c'est moi que les destins nouveaux ont dai-
« gné choisir pour une œuvre toute nouvelle. Quand
« je serais chargée seulement d'acquitter envers toi
« les dieux que tu as honorés, les hommes à qui
« tu as consacré les travaux de ta forte intelligence;
« quand je devrais faire seulement que la fin de ta

« vie sublime ressemble au soir d'un beau jour :
« une telle faveur du ciel me suffit. Va, ne sois
« point effrayé de ma jeunesse : mon père m'a ap-
« pris les pensées sérieuses, il m'a accoutumé à
« goûter les graves discours. Ma main n'est pas
« inhabile aux travaux de mon sexe, et la poésie
« m'a révélé quelques uns de ses secrets. Oui, lors-
« que tu me le permettras, lorsque ton esprit, lassé
« de hautes méditations, demandera quelque repos,
« je viendrai m'asseoir à tes pieds, et je ravirai ton
« ame par de charmants concerts. » Telles furent
les paroles de Vola ; et dès ce jour elle devint l'heureuse épouse de Talaon.

« Les dieux sourirent à cette union ; un an s'était à peine écoulé, qu'une nymphe merveilleuse, destinée à d'immortels souvenirs, naquit dans la maison du sage. Elle fut nommée Eurydice, c'est-à-dire, dans la langue maternelle, la fille de la vision, parceque Vola reconnut l'enfant qui s'était offert à elle dans un songe divin. »

Ici Thamyris, saisi d'un enthousiasme poétique, suspend son récit, et prenant sa lyre il se met à chanter « un roi détrôné et fugitif qui, exilé de ses
« antiques domaines, a pu créer une autre sorte de
« royauté, a pu remplacer par d'autres clients ses
« clients exterminés. Le chaos est apaisé. Les élé-

« ments, sortis de la confusion, deviennent dociles
« à l'harmonie. Les limites de la propriété et des
« héritages, marquées seulement dans le ciel, vont
« se dessiner sur la terre. Les facultés humaines
« entrent en partage de l'empire universel. Le vieux
« Titan, qui n'a plus à livrer une guerre terrible
« aux forces maintenant domptées de la nature,
« pourra égaler encore les héros de l'âge qui com-
« mence. Ni les Lapithes, ni les Centaures, ni les
« Telchines, ni les Cyclopes, ni les hardis naviga-
« teurs qui montèrent avec lui le navire Argo, ne
« le surpassèrent. Gloire au père d'Eurydice, de
« celle qui fut le vrai sourire de la bonté céleste.
« Viræ magnanimes du Latium, vous vous en alar-
« meriez en vain, Eurydice est le gage d'une vertu
« nouvelle, qui doit se développer successivement;
« cette vertu nouvelle est l'équité opposée à la force.
« L'isonomie, autre nom de l'équité, pénétrera gra-
« duellement au sein de toute ville, quel que soit
« son fondateur, qu'elle soit Vola, Oppidùm ou
« Asti. Dès que la lutte des éléments a été finie, la
« lutte des facultés humaines a dû commencer. »

Après ce coup d'œil de l'inspiration jeté sur l'avenir, Thamyris reprit son récit en ces mots :

« Il eût été difficile de trouver une beauté plus accomplie qu'Eurydice, lorsqu'elle fut parvenue à son quinzième printemps. Elle était la joie de son vieux père et de sa mère vertueuse; ils plaçaient l'un et l'autre sur elle leurs plus douces espérances, moins à cause de sa forme extérieure, qu'à cause de ses généreux sentiments. Ils n'ignoraient cependant pas que la beauté est une chose toute morale, et que c'est là son attrait le plus puissant, la raison de son véritable empire sur les cœurs. Il n'en a pas toujours été ainsi. Les dieux, vénérable Évandre, qui voulaient la perpétuité de notre race, destinée à se perfectionner elle-même, donnèrent d'abord à l'homme des sens grossiers, suffisants pour accomplir ce dessein de la Providence divine. Oui, il ne faut pas craindre de l'avouer, avant la naissance du monde civil, avant le règne des lois, nos ancêtres dispersés au hasard sur la surface de la terre non cultivée durent être presque réduits à la vile condition des animaux, condition malheureuse où ils ne pouvaient pas rester long-temps. Le moment est donc venu d'initier la race humaine au sentiment de la beauté et de la pudeur, initiation admirable à laquelle Eurydice doit bientôt contribuer. Eurydice en effet sera pour la Pélasgie barbare la prophétesse intacte de l'amour chaste et religieux. On ne sait quel avenir de prodiges était déjà sur le front ingénu de la jeune fille: ses songes lui révélaient une autre terre et d'autres cieux.

Élevée pour ainsi dire sur les genoux de sa mère, elle recélait dans son sein tous les enchantements de la poésie. Son berceau avait été placé parmi des fleurs, et son oreille n'avait encore connu que des sons harmonieux. Mais Talaon voulut faire comprendre à sa fille que l'homme ne repose pas toujours sur une couche molle et embaumée, que son oreille n'est point faite seulement pour le charme de la musique; il voulut lui apprendre enfin que la vie n'est pas un rêve sans terreur. Lorsqu'il voyait un violent orage menacer la nature, il prenait Eurydice dans ses bras, et la conduisait sur les arides sommets du Gargare; ou bien il gravissait avec elle un rocher qui dominait sur la mer retentissante. Là il lui montrait les vagues mutinées qui s'élevaient comme des montagnes. Eurydice s'inclinait avec effroi, et cachait son charmant visage dans les plis du manteau de son père. Talaon souriait en voyant la terreur naïve de sa fille chérie. Il la contemplait avec une sorte de ravissement, enveloppée ainsi dans les plis de son manteau; et, la serrant doucement contre sa poitrine, il baisait avec tendresse le front pur de la vierge innocente. « Eury-
« dice, lui disait-il, ces orages et ces tempêtes, qui
« bouleversent les éléments, sont une image, et une
« image affaiblie de ceux qui agitent quelquefois le
« cœur de l'homme. » De telles paroles étonnaient

et épouvantaient la nymphe incomparable; un jour elle les comprendra, mais elle ne les comprendra qu'à demi.

« Eh quoi! le sage Titan n'aura-t-il rien de plus à apprendre à sa fille? Je le sens, vénérable Évandre, vous ne pouvez savoir encore et ce qu'est Talaon, et ce que sera Eurydice, et ce qu'Orphée lui-même sera un jour. Vous ne pouvez savoir ce que l'humanité leur devra. Eussiez-vous donc voulu que le Titan vînt raconter à une jeune nymphe l'histoire de l'ancien monde, la lutte des éléments, les contrées habitables sortant peu à peu du chaos, comme des îles qui s'élèveraient du sein des tempêtes? Ah! si les destins eussent consenti à ce qu'un fils dût lui succéder, sans doute il aurait préparé d'une façon toute différente l'ame d'un fort. Mais, je vous l'ai déja dit, la race des Titans est finie; nul fils n'héritera des facultés éminentes de Talaon; et sa fille, doux reflet de si hautes facultés, n'aura rien à accomplir par elle-même.

«Cependant Talaon et Vola, plongés à cet égard dans la même ignorance que vous en ce moment, n'étaient point sans inquiétude sur le sort futur de leur fille chérie. Au sein de cette solitude profonde ils ne pouvaient concevoir l'espérance de lui voir former des liens qui dussent assurer à jamais son bonheur. Leur demeure était rarement visitée,

et ce n'était le plus souvent que par des hommes obscurs, voyageurs égarés, qui venaient implorer l'hospitalité, ou, pêcheurs indigents, qui manquaient de subsistance. « Hélas! disaient souvent
« les deux époux, notre fille ne connaîtra-t-elle
« jamais une félicité semblable à celle dont nous
« avons joui ensemble? Ne trouvera-t-elle jamais
« un époux selon son cœur? Ne verra-t-elle jamais
« des enfants se jouer autour d'elle? Une grande
« puissance d'aimer repose dans son ame déja sé-
« rieuse. Déja en effet elle se plaît moins à tresser
« en guirlandes les fleurs des prairies. Déja elle
« prend plus rarement sa harpe, ou bien elle la
« quitte pour se livrer à de vagues pensées. Elle
« écoute plus long-temps le murmure du ruisseau,
« et le souffle du vent qui agite les feuilles des ar-
« bres. Nous la surprenons toujours égarant vers
« le ciel de longs regards qui semblent chercher
« l'infini; elle rêve quelque chose d'inconnu et de
« mystérieux. Mais, il ne faut pas nous le dissi-
« muler, Eurydice est d'une nature trop élevée pour
« qu'il soit facile de lui trouver un époux digne de
« la protéger, digne de connaître toute son ame,
« digne d'être tout pour elle. Plusieurs princes, se
« disaient-ils encore, se tiendraient peut-être ho-
« norés de notre alliance; mais parmi les enfants
« nombreux qui croissent à l'ombre du chêne ma-

« jestueux d'Assaracus, il n'en est point à qui nous
« voulussions confier de si chères destinées. D'ail-
« leurs cette grande renommée n'est point assez
« pure, et de trop justes malheurs viendront sans
« doute bientôt assaillir et jeter sur la terre cet arbre
« qui nous paraît si puissamment enraciné dans le
« sol. La fille d'un roi dont le règne est fini trouve-
« rait un bien frêle appui dans le fils d'un roi dont
« le règne va finir. Ah! les jours où toutes les desti-
« nées se renouvellent sont des jours bien cruels!
« La douleur est la loi progressive de l'univers. »

« Ainsi parlaient entre eux les deux époux, et ils se détournaient pour pleurer, lorsqu'ils considéraient Eurydice. « Ma fille, lui disaient-ils quel-
« quefois, ouvre-nous ton cœur, avoue tes secrètes
« pensées et les desirs que tu formes. » « Je ne forme
« aucun desir, répondait la vierge innocente, et
« je n'ai point de secrète pensée. » La jeune fille croyait dire la vérité, et cependant elle pleurait comme ses parents vertueux. Elle pleurait, tout étonnée de sentir en elle quelque chose qui ressemblait à la tristesse de la solitude. Elle ne pouvait s'avouer que ses parents ne lui suffisaient plus. Mais sur-tout une faculté prophétique, qui s'éveillait obscurément en elle, venait aussi troubler tous les enchantements du premier âge, toutes les fêtes les plus riantes d'une jeune imagination. Alors le triste

pressentiment d'une mission dure à accomplir l'agitait profondément.

« Un jour Talaon et Eurydice erraient au hasard non loin de leur demeure. Ils s'étaient arrêtés sur la pointe d'un rocher battu par les vagues menaçantes. Le ciel tout-à-coup se couvrit de nuages. Une nuit anticipée s'étendit sur les eaux; et du sein de cette nuit sortaient des éclairs terribles; à la lueur sinistre de météores affreux, ils virent un frêle esquif ballotté sur l'abyme mugissant. Dieux immortels! dans l'esquif si misérablement perdu parmi les flots en courroux, sauverez-vous ce mortel intrépide qui seul lutte contre la tempête? Talaon d'une voix forte appela ses serviteurs, et se fit apporter des torches de pins résineux. Il mit aussitôt le feu à un chêne touffu qui dominait sur le rivage, arbre antique, retraite accoutumée de mille oiseaux divers, arbre sacré, fatidique comme ceux de Dodone, et que le Titan affectionnait entre tous les autres. Ainsi le vieillard obéit contre son gré à une soudaine inspiration : l'arbre condamné par le destin ne rendra plus les oracles de l'ancien monde; l'homme nouveau échappera au naufrage. Bientôt le chêne embrasé, petillant avec un murmure tout semblable à des voix tumultueuses, jette au loin une grande lumière; et l'infortuné, qui était suspendu sur tant de gouffres prêts à l'engloutir, put diriger ses efforts du côté de la clarté secourable. En effet, l'esquif approchait; il roulait, se précipitant de vague en vague, et criait dans ses ais désunis. On put distinguer alors la noble figure d'un jeune héros qui agitait avec force et calme ses rames à demi brisées. Son ame, restée paisible au milieu de ce redoutable chaos, son ame semblait dominer les éléments et commander aux flots. Une lyre était à ses pieds. Enfin la tempête s'apaise, et en quelques instants l'étranger courageux touche au rivage. Du geste il salue le vieillard vénérable qui avait dirigé sa course sur la mer orageuse, et prenant sa lyre il l'offre en souriant à Eurydice mille fois émue. Avant de quitter la barque rompue par la violence des vagues, il veut mériter le don de l'hospitalité.

« Eurydice, qui avait passé par toutes les anxiétés de l'inquiétude, et qui était à peine rassurée, laisse tomber un doux regard sur le hardi navigateur, tout éclatant de jeunesse et de beauté. Lui, sans autre émotion que l'inspiration poétique qui goufle sa poitrine généreuse, qui enflamme tous ses sens, qui est son ame et sa vie, il promène avec rapidité ses doigts sur sa lyre divine, et en fait sortir des sons ravissants, des flots d'harmonie. Il semble en quelque sorte ajouter à la tranquillité des vagues, qui viennent d'être rendues au calme.

« Puissance infinie qui gouvernes le monde,
« chante le vainqueur de la tempête; amour qui
« fécondas le chaos des éléments; amour qui fé-
« condes le chaos de l'humanité, recevez avant
« tout ma prière! Les sept cordes primitives de la
« lyre sont pour les hymnes de la reconnaissance
« envers les dieux immortels; deux cordes ajou-
« tées sont pour les lois des sociétés humaines,
« lois qui doivent être consonnantes aux accords
« des sphères célestes. Que toutes soient ébranlées
« à-la-fois! Salut, rivage hospitalier! salut, vieil-
« lard auguste qui m'as sauvé d'un naufrage cer-
« tain! car mes forces étaient épuisées, et j'allais
« périr sans le chêne embrasé qui m'as montré un
« asile. Salut, vierge merveilleuse, qui m'e appa-
« rue comme une divinité dans un nuage de feu,
« comme une divinité bienfaisante qui veillait sur
« moi! Mais, ô vieillard auguste, et vous, vierge
« merveilleuse, savez-vous celui que vous venez
« d'arracher à la mort? Je suis un malheureux sans
« demeure et sans patrie. Je ne puis cueillir les
« fruits d'aucun arbre, et dire : Ces fruits sont à
« moi. Je ne puis enclore le plus petit espace de
« terre, et dire : Ce champ m'appartient; c'est là
« que sera mon tombeau. Je suis comme les ani-
« maux sauvages; je n'ai d'autre jardin que les fo-
« rêts inhabitées; la solitude est mon domaine, le

« ciel est mon pavillon. Encore des hommes, mes
« semblables, ont-ils voulu m'arracher la vie. N'y
« avait-il pas assez de place pour eux et pour moi
« sous le soleil? Mon seul refuge a donc été la mer
« orageuse. Ma route tracée dans le firmament tout-à-
« coup s'est obscurcie, et la tempête m'a secouru.
« On me nomme Orphée; je n'ai connu jamais ni
« le père qui m'engendra, ni la mère qui me donna
« le jour. Si je puis en croire les songes qui se rap-
« portent à mon enfance, j'ai été trouvé dans les
« bocages sacrés de Rhéa. Les abeilles de la Piérie
« me nourrirent de leur miel, qu'elles venaient dé-
« poser sur mes lèvres. Plus tard d'autres songes
« m'ont révélé que j'étais né dans les déserts de la
« Scythie. Non, je ne sais rien sur ma naissance; je
« ne sais si c'est le sang d'un Scythe barbare ou
« d'une glorieuse divinité qui coule dans mes vei-
« nes. Quoi qu'il en soit, cette lyre fut mon seul
« héritage, et c'est la lyre qui civilise les hommes.
« J'ai cru à l'instinct qui était en moi, j'ai cru à la
« puissance fatidique de ma lyre, et j'ai été égale-
« ment trompé par mon génie et par ma lyre. Jus-
« qu'à présent je n'ai trouvé que des hommes en-
« traînés par une puissance ennemie à refuser les
« bienfaits de la civilisation, des hommes qui, dé-
« daignant l'harmonie, préfèrent la nourriture
« grossière du chêne au blé, aliment nouveau que

« je venais leur offrir. Ils ne veulent ni de la reli-
« gion des tombeaux ni de la sainteté des mariages.
« Vieillard auguste, j'en dirais davantage sans la
« vierge innocente qui est à vos côtés. Ces hommes
« indomptables sont sortis de leurs forêts pour bri-
« ser ma lyre, pour m'immoler sur l'autel de divi-
« nités sans nom. Et je dois marcher désarmé au
« milieu des hommes, puisque mon père m'est in-
« connu. Puissance infinie qui gouvernes le monde,
« amour qui fécondas le chaos des éléments, amour
« qui fécondes le chaos de l'humanité, recevez avant
« tout ma prière! Les sept cordes primitives sont
« pour les hymnes de la reconnaissance envers les
« dieux immortels; deux cordes ajoutées sont pour
« les lois des sociétés humaines, lois qui doivent être
« consonnantes aux accords des sphères célestes.
« Que toutes soient ébranlées à-la-fois! »

« Ainsi chanta Orphée; et le vieillard, qui fut un
Titan, toujours appuyé sur Eurydice, encouragea
d'un signe le chantre mélodieux. Aussitôt, tenant
sa lyre dans ses mains, il sauta légèrement sur le
rivage. Talaon et sa fille le conduisirent dans leur
demeure, où il fut accueilli avec une douce cor-
dialité par Vola, belle et irréprochable épouse.

« Vénérable Évandre, ne soyez point étonné si
les coutumes ordinaires de l'hospitalité n'ont pas
été exactement accomplies dans cette circonstance.

Une aventure d'un genre tout-à-fait merveilleux pouvait-elle être soumise aux lois qui règlent toutes les communications des hommes entre eux ? Ce sont ici des apparitions, et non des voyages et des rencontres. Les Muses seules sauraient bien raconter de telles histoires; seules elles sauraient les bien entendre : il faudrait donc être également inspiré par elles, et pour écouter, et pour dire.

« Orphée demeurait inconnu à ses hôtes. Il aimait à errer au loin dans la solitude, et rarement il se trouvait avec le vieillard. Talaon, assouplissant sa voix austère, lui disait : « Noble étranger, serais-tu
« donc soumis à la loi du silence ? » « Non, répondait
« Orphée, je ne suis point soumis à la loi du silence;
« mais je n'ai que des pensées confuses auxquelles je
« puis difficilement donner de la réalité, et sur-tout
« la réalité de la parole. Je ne sais d'ailleurs, père
« auguste, si vous et moi sommes nés dans la même
« sphère d'idées et de sentiments ; et ma bouche se
« refuse à tout langage qui n'est pas le vêtement
« même de la pensée. Vieillard, si je vous disais ce
« qui se passe en moi, vous me regarderiez peut-
« être comme un insensé. Toutefois j'ai conçu un
« dessein que je dois exécuter avant toutes choses.
« Le génie des ancêtres habite le promontoire de
« Leucade. Celui qui ignore à quel père il doit le
« jour, et qui est animé du vif desir de le connaître,

« afin de pouvoir transmettre des facultés transmis-
« sibles elles-mêmes, celui qui veut avoir à-la-fois
« des ancêtres, un tombeau, une postérité, celui-là,
« après avoir observé les cérémonies prescrites, se
« précipite du haut du promontoire dans la mer.
« Ou son ame éphémère s'éteint dans les flots, ou le
« père immortel qui vit en lui sauve une race im-
« périssable, en révélant le nom de l'auteur primitif.
« Un simple mortel ne doit pas craindre d'affronter
« une telle épreuve, puisqu'il est des dieux, dit-on,
« qui n'ont pas dédaigné de la subir. C'est ainsi que
« plusieurs ont conquis une place dans le ciel, et
« je ne veux en conquérir une que sur la terre. »

« Ton ame, dit Talaon, n'est point de celles qui
« s'éteignent dans l'eau; car elle n'est pas de ces
« ames vulgaires qui, semblables au sel, sont des-
« tinées seulement à garantir de la dissolution le
« corps dont elles sont la vie incomplète; ton ame
« est une flamme éthérée descendue de Sphaïros, et
« qui ne peut mourir. Je t'ai entendu te plaindre
« aussi de ce que tu n'as point une portion de terre
« identifiée avec toi. Apprends, Orphée, que la lyre
« est le signe incommunicable de la propriété aux
« confins célestes, type et gage de la propriété aux
« confins terrestres. Ainsi tu es doué de la propriété
« éminente, sans laquelle l'autre n'existerait pas.
« C'est donc l'ame d'un Ops qui vit en toi. De Titan

« je suis devenu héros; toi, tu ne veux pas de héros
« devenir plébéien? »

« Y aurait-il donc deux sortes de vies, disait Or-
« phée, y aurait-il donc deux sortes de vies pour la
« race extérieurement semblable des hommes; l'une
« passagère et périssable comme toutes les produc-
« tions de la nature, l'autre immortelle comme le
« feu de Vesta? »

« Oui, répondait Talaon, et même il y a deux
« sortes de vies parmi les quadrupèdes et parmi les
« oiseaux : c'est sur cette différence qu'est fondée
« toute la science des sacrifices et de l'augurat. »

« Des paroles si extraordinaires excitaient profondément l'attention d'Orphée, qui sans doute les
trouvait peu d'accord avec ses propres inspirations.
Dès-lors il fut porté à rechercher moins curieuse-
ment quel fut son père. Il voulut rester un héros,
mais un héros initiateur, revêtu d'un sacerdoce mi-
séricordieux et progressif.

« Cependant le réfugié des tempêtes ne pouvait
s'empêcher de trouver bien longues les paisibles
journées qu'il passait dans cet asile solitaire. Le
temps pesait de toute sa durée sur chacune de ses
pensées, qu'il n'osait dévoiler à son hôte, personnage si mystérieux lui-même; le temps pesait de
toute sa durée sur chacune, car toutes n'avaient
d'autre limite que l'infini; et sa lyre, symbole et

gage de la propriété aux confins célestes, sa lyre
fatidique, devenue impuissante à prophétiser, pendait inutile sur sa large poitrine, ou demeurait
muette dans ses mains oisives. Il s'accoutumait néanmoins peu à peu à goûter la société du vieillard et
de son incomparable épouse; et ses regards distraits
commençaient à s'arrêter avec quelque émotion sur
Eurydice : plus souvent elle lui apparaissait comme
un beau songe impossible à saisir. Mais il éprouvait
toute l'inquiétude d'une existence qui semblait flotter sur un abyme. Les dieux avaient placé dans
son cœur généreux la magnanime ambition de
faire du bien à tous ses semblables, et il avait peine
à reconnaître deux natures humaines; de répandre
chez les peuples barbares les bienfaits de la civilisation, et le mot barbare ne renfermait point pour
lui une idée de mépris ou de dédain. Il savait bien
qu'une telle expression désigne aussi les origines
insaisissables et sacrées. Portant avec un chagrin
superbe le long ennui d'être sans famille, de n'avoir point de patrie connue, il voulait se créer une
famille adoptive, et faire sortir de sa propre intelligence une patrie. Il se croyait né avec toute l'autorité d'un législateur, cette force de volonté qui finit
par maîtriser les volontés les plus rebelles, l'influence qui agit inévitablement sur tous, l'heureuse
fascination qui s'approprie et réunit les forces iso-

lées. Enfin il se croyait appelé à créer les irrésistibles harmonies qui groupent les hommes, qui font d'un grand nombre une seule unité morale. Quelquefois son ame était partagée entre de hautes théories et le sentiment confus du bonheur, qui se mêle toujours, plus ou moins, dans le cœur des mortels les plus sublimes. Il se demandait s'il ne pouvait pas sans erreur chercher à être heureux, en rendant heureuse une aimable compagne de ses destinées obscures. Il se demandait encore si cette faculté expansive, qui le portait ainsi à vivre dans les autres, ne pouvait pas se concentrer sur un seul objet. Il en venait bientôt à se persuader que le besoin de bien mériter des hommes n'était peut-être en lui autre chose que l'instinct égaré de l'amour.

« Il ne faut point vous étonner, sage Évandre, de cette incertitude dans les pensées qui agitent l'ame d'Orphée. C'est un homme nouveau, qui ne peut dire le nom de son père; c'est un héros plébéien. Bientôt il voudra s'élever plus haut, pour découvrir dans le ciel le dieu qui doit succéder à Jupiter. Jupiter, dieu opique, a remplacé Saturne, dieu des Titans; Bacchus, brillant Phanès du principe actif rendu accessible à tous, dieu inconnu de l'émancipation plébéienne, viendra à son tour détrôner les redoutables patriciats à qui, selon les lois immuables du progrès, a été livré l'empire pacifié des Titans.

« Se retirant au fond des forêts, ou sur les bords de la mer, pour ne pas succomber à de si vastes méditations, le poëte pieux essayait sur sa lyre créatrice et plaintive de plus puissants accords; et son ame rêveuse se perdait sans fruit dans l'immensité du spectacle de la nature. Seul, il cherchait les rapports des êtres entre eux, les lois de la Providence, les types de la beauté, le secret de l'homme. Ainsi la pensée incertaine qui s'était à son insu reposée sur Eurydice, devenait déja pour lui le lien harmonieux de toutes ses pensées. Lorsqu'il le comprit, ce fut comme une révélation positive de tout ce qu'il n'avait jusqu'alors senti que confusément. Toutefois il craignait de s'abandonner à une illusion dangereuse, et le devoir qu'il s'était fait à lui-même poussait, au fond de sa conscience, un cri austère. « Hélas! disait-il non sans douleur, « qu'ai-je à offrir à la fille de Talaon? une vie vul- « gaire et l'exil. Ah! soyons seul malheureux. »

« Cependant il s'était aperçu qu'Eurydice avait deviné un secret qu'il s'efforçait de cacher dans son sein : tant il était impossible de se soustraire à ces attraits d'une sympathie en quelque sorte idéale, charme indicible de l'imagination et du cœur, devenue la forme enchanteresse dont veulent se couvrir les destinées nouvelles de l'humanité. Lorsque avec sa lyre Orphée accompagnait la douce voix de la vierge innocente, les chants d'Eurydice prenaient une expression divine, et l'ame de l'un et de l'autre, ne faisant qu'une ame, s'égarait éperdue comme dans une région fantastique, toute peuplée de contemplations délicieuses. Il disait alors à la prophétesse qui s'ignorait elle-même : « Vois ces « nuages sur l'azur du ciel; telles sont les pensées « incertaines de l'homme. Vois ton image si belle, « souriant dans le cristal des fontaines; les espé- « rances de l'homme sont aussi aimables, mais elles « n'ont pas plus de réalité. » Eurydice lui répondait en souriant : « N'es-tu donc plus sensible à la lu- « mière d'un beau jour, à la clarté de la lune se « reposant sur le feuillage des arbres? Ton oreille « ne sait donc plus connaître les heures successives « de la journée à l'impression différente produite « par les sons qui s'échappent de la solitude? Les « parfums de l'air ne te font-ils aucun plaisir, et les « aliments que tu trouves avec nous sur notre table « frugale ont-ils perdu toute leur saveur? Que parles- « tu d'espérances vaines et trompeuses à l'égal de « l'image réfléchie dans l'eau des fontaines, de pen- « sées aussi fugitives que les nuages errants sur nos « têtes? Tu te trompes, Orphée; tout se passe au « fond de notre cœur; et c'est notre cœur seul qui « donne à tout l'existence et la réalité. » « Et l'ave- « nir! disait-il avec une inquiétude pleine d'amour

« et de tristesse, l'avenir est-il aussi en nous? » « Oui,
« répliquait en hésitant la vierge inspirée, éblouie
« de mille clartés confuses, oui, puisqu'à tous les
« instants de notre vie nous sommes mus par une
« ame immortelle. » Puis ils restaient plongés l'un et
l'autre dans le silence.

« Éclairé par de tels entretiens, Orphée comprit
qu'il devait quitter la maison de Talaon. Ne pouvant offrir à Eurydice tout ce qu'un époux desire
offrir à l'épouse de son choix, il voulut partir malgré les dangers dont ce départ devait encore l'environner. Ce n'est point pour tenter l'épreuve de
Leucade : il s'est intimement associé à la classe immense de ceux pour qui n'existe pas encore la capacité du bien et du mal, des mortels qu'il faut élever
au rang des hommes; mais son cœur généreux se refuse en même temps à faire partager une telle destinée à Eurydice. Il parle ainsi au sage Titan qui
l'a si favorablement accueilli, et dont il ne voudrait
pas trahir les plus chers intérêts : « Noble vieillard,
« les dieux auraient-ils placé vainement dans mon
« ame un desir immense d'arracher des hordes sau-
« vages à la barbarie où je les vois enfoncées comme
« dans un limon? Pallas armée, moitié serpent,
« est le symbole admirable de l'humanité naissante.
« Elle est accompagnée des Dioscures, enfants de
« Jupiter, et elle joue de la flûte. Lorsque le déve-

« loppement de l'humanité sera plus avancé, alors
« cette moitié de serpent, qui rampe à présent sur
« la terre féconde, marchera dans sa dignité et son
« indépendance. C'est en vain que des Titans ja-
« loux ont voulu arracher le cœur de la forte poi-
« trine de Bacchus; et le cœur est le siége de l'ame
« civile. Je n'ai recueilli, il est vrai, aucun fruit de
« mes premières tentatives; mais à quoi servirait
« le courage, si l'on n'avait à agir que dans la voie
« facile du succès? Je veux aller dans la savante
« Égypte : là j'apprendrai toutes les hautes mer-
« veilles de la morale et de la poésie; là j'appren-
« drai la nature différente des ames, si toutefois il y
« a une nature différente des ames; et je me ferai
« initier aux mystères d'Isis; saints mystères où la
« pensée humaine cherche à s'unir avec la pensée
« divine. C'est là, dans cette terre heureuse, qu'ha-
« bite le génie religieux de la civilisation. »

« Tu es bien jeune encore, dit le vieillard, pour
« de si hardis desseins. Néanmoins je ne puis te
« blâmer; je le sais, les dieux mettent en nous la
« connaissance anticipée des choses que nous de-
« vons accomplir, ou qu'ils veulent accomplir par
« nous. Mais la saison est peu favorable, les tristes
« hyades règnent dans le ciel; attends que la lune
« ait renouvelé deux fois son croissant. » « Non,
« répond le poëte, je partirai demain. » « Je t'ai

« compris, reprend Talaon : cette portion de l'ame
« universelle, qu'on nomme l'amour, à tes yeux,
« fait briller Eurydice d'un doux éclat, et tu veux
« fuir pour ne pas jeter le trouble dans le cœur de
« la vierge innocente. Mais, si je ne me trompe,
« déja elle aime autant qu'elle peut aimer. Ainsi
« demeure avec nous jusqu'à ce que la saison des
« orages soit passée. Pourquoi voudrais-tu bannir
« l'amour de ton cœur? » « Hélas! dit Orphée, je
« n'ai rien à offrir à Eurydice, sinon toutes les pei-
« nes de l'exil, et peut-être les vains pressentiments
« de je ne sais quelle gloire, dont je crains qu'elle-
« même ne soit séduite. Et, après la saison des ora-
« ges, comme à présent, je n'aurai rien à offrir à
« Eurydice. » « Ne t'inquiète point, répond le vieil-
« lard; va, ce n'est pas Talaon qui te conseillera
« une vie oisive, quand les dieux ont mis en toi de
« généreux desseins. Eurydice, si tu le veux, sera
« ton épouse, et te suivra par-tout où tu porteras
« tes pas errants. Elle habitera avec toi la solitude;
« elle marchera avec toi sous le soleil; le ciel sera
« votre pavillon à tous les deux. Mais attends que la
« saison des orages soit passée. » « Dieux! s'écrie
« Orphée, qui peut croire à peine ce qu'il entend,
« dieux! et votre Eurydice, où reposera-t-elle sa
« tête? » « Sur ton sein, » dit le magnanime vieillard.

« Orphée mit son front dans ses mains, et des larmes abondantes coulaient le long de ses joues : il sentit en même temps une joie inexprimable et une anxiété terrible. Pour la première fois il connut la faiblesse; et, caressant avec respect le menton et la barbe de Talaon, il lui demandait grace pour sa fille bien-aimée; il le conjurait de prendre pitié de son unique enfant, de ne pas livrer aux aquilons une fleur si tendre et si belle. Le vieillard attendri presse avec bonté contre sa poitrine le fils de la lyre, et lui dit : « Tu ne connais donc pas la
« puissance de l'amour sur un cœur innocent et
« pur? Lorsque, enveloppée de sa chaste ignorance,
« la vierge a conçu la grande pensée d'aimer, elle
« ne peut plus se séparer de cette pensée, devenue
« la seule, devenue celle qui absorbe toutes les au-
« tres. Désormais la vie d'Eurydice est ta propre
« vie; tes projets seront ses projets, tes vertus se-
« ront ses vertus, tes dangers, noble héros, seront
« ses dangers. » « Et sa mère? » dit à voix basse Orphée suffoqué de sanglots. « Sa mère! reprend Ta-
« laon; éclairée par le sentiment maternel et par
« l'expérience des choses du cœur, elle vous a sans
« doute connus l'un et l'autre avant que vous vous
« connussiez vous-mêmes; elle préfèrera le bonheur
« de sa fille au sien; le bonheur de sa fille, car il ne
« peut se trouver qu'avec toi. »

Après un moment de silence, le vieillard, prêtre et prophète d'une religion inconnue, ajouta ces mots : « Orphée, nous avons été assez faibles, re-
« levons nos courages. J'aurais à te peindre à présent
« la noblesse et la rigueur des destinées humaines;
« j'aurais à te parler de cette lutte sans fin que nous
« sommes obligés de soutenir, tantôt contre les élé-
« ments, tantôt contre nos semblables, tantôt contre
« nous-mêmes. Orphée, ce n'est point un travail
« doux et facile que celui de réunir les mortels
« épars pour en faire des hommes par la société,
« que de leur imposer le joug salutaire de l'ordre et
« des lois. J'aurais à te dire les traditions cosmogo-
« niques sur lesquelles reposent le mariage et la
« propriété. J'aurais à te signaler en même temps
« la puissance paternelle, origine et symbole de
« toute puissance. Et sur-tout j'aurais à t'expliquer
« ce qu'est Eurydice pour Orphée. Il nous reste si
« peu de jours; que ces jours ne soient point
« perdus! »

« Orphée, s'inclinant avec respect, dit seulement :
« Vieillard auguste, je me confie en votre sagesse et
« en votre prudence; je le sais, vous connaissez des
« oracles que j'ignore. »

« Vous commencez sans doute à comprendre, fils de la Thyade devenue vira magnanime, vous commencez à comprendre combien la Providence des dieux s'occupe des personnages qu'elle destine à une grande mission. Vous-même, vénérable Évandre, n'en êtes-vous pas une preuve certaine? Ce sont, par-dessus tout, les facultés de sympathie qui sont développées dans ces êtres de choix; car c'est par l'assentiment qu'ils doivent gouverner les esprits. Vous le savez, Évandre, nul ne peut être élevé dans l'initiation malgré lui; et la loi de l'asile, tout exigeante, toute rigoureuse qu'elle pourrait être, n'impose aucune contrainte à celui qui en réclame le bienfait. Enfin nul ne peut s'élever dans les hiérarchies sociales s'il ne l'a d'abord demandé, et ensuite mérité. Cette loi est celle des races, des castes, des classes.

« Dès que Vola eut connu l'entretien de Talaon et d'Orphée, elle versa des larmes amères. Elle s'étonna de ce que son époux, qui fut un austère Titan, avait si vite oublié ce que l'on doit au génie des races; de ce qu'il livrait sa fille à un mortel qui ne pouvait nommer son père, ni parmi les dieux ni parmi les hommes. Elle interrogea pour la dernière fois les oracles des religions terribles, mais ces oracles se turent. Dès-lors elle résolut de n'apporter aucun obstacle à la volonté de son époux. Elle ne considérait plus sa fille qu'avec douleur, et Eurydice elle-même ne jouissait qu'avec trouble des embrassements de sa mère, de ces embrasse-

LIVRE DEUXIÈME.

ments devenus de douloureuses étreintes, parcequ'ils semblaient toujours devoir être les derniers.

« Le courage élevé du vieillard ne le mettait pas à l'abri de toute inquiétude. Son front calme déguisait des soucis cuisants. Sans doute une raison, qui est restée mystérieuse, dirigeait sa conduite. Lorsqu'il était seul avec Orphée, il cherchait à pénétrer dans les profondeurs de cette ame formée pour de si grandes choses; il cherchait à y pénétrer par les analogies de ses propres pensées, par l'identité de ses propres sentiments. « Orphée, lui disait-il
« un jour, je ne sais quel secret est dans ton nom;
« c'est comme un secret de mort. Tu as appris à me
« connaître, poëte inspiré, et tu dois savoir que je
« ne suis point de ces mortels pusillanimes qui re-
« culent devant le malheur; mais je suis père, et
« j'ai besoin de m'éclairer sur l'avenir de ma fille.
« Dis-moi tout ce que tu sais de ton origine; peut-
« être parviendrons-nous à expliquer ce qu'il y a
« d'obscur dans tes destinées. J'ai cru lire sur ton
« front le sacré caractère dont les dieux marquent
« ceux qui sont nés pour commander aux hommes,
« pour leur donner des lois, pour fonder parmi
« eux des institutions durables. La lyre est la pro-
« priété aux confins célestes; les cordes de la lyre
« sont les lois religieuses et civiles; le serment par la
« corde de la lyre lie les hommes entre eux, et les

« lie à la divinité. Les traits de ton visage portent
« tous l'empreinte d'une race divine. »

« Ô mon père, dit Orphée, car je n'ai point d'au-
« tre père que vous, je vous l'ai déja fait connaître;
« j'ignore entièrement ce que vous me demandez;
« je ne sais pas même le lieu de ma naissance; et
« ce n'est pas sans une vive douleur que j'en fais
« l'aveu : l'homme aime à se glorifier de ses ancêtres.
« J'ai renoncé volontairement, vous le savez, à con-
« sulter la voix de Leucade; je n'ai pas voulu me
« séparer de la grande famille qui est encore sans
« aïeux, et à qui je viens promettre une postérité.
« Prométhée souffrit d'immenses douleurs pour
« avoir donné aux mortels la capacité du bien et du
« mal. Quoique je ne sois pas un Titan, j'ose braver
« ce danger. Le sang qui coule dans mes veines est-
« il la cause inconnue de ce courage, ou bien est-ce
« le génie tout seul de la poésie qui trouble tous
« mes sens ? Enfin j'ai remarqué comme vous, il-
« lustre vieillard, ce mystère d'abandon et de dé-
« laissement qui repose dans mon nom, dans ce nom
« que j'ai entendu résonner autour de moi sitôt que
« j'ai pu entendre, et qui ne m'a été imposé ni par
« un père chéri ni par une mère adorée. Cette si-
« gnification privative n'est peut-être due qu'au
« dénuement de mon enfance; mais peut-être aussi
« est-elle une triste prophétie du peu qu'il me sera

« donné d'accomplir. Je crains souvent, je l'avoue,
« que ma destinée tout entière ne puisse se déve-
« lopper, et que ce ne soit là le triste mystère que
« nous cherchons mal-à-propos à pénétrer. Mais,
« s'il faut vous dire ma pensée, ô mon père, le nom
« d'Eurydice doit nous rassurer tous les deux. Eu-
« rydice sera sans doute pour Orphée la vision
« merveilleuse qui désormais éclairera toute ma vie.
« Sans elle, ce qui doit me distinguer des autres
« hommes n'eût jamais pu être réalisé. »

« Le vieillard sourit à un tel présage, qui aurait
été bien loin de satisfaire à sa prudence, si d'ailleurs il n'eût pas eu d'autres inspirations ; puis il
parla en ces mots au poëte divin :

« Les dieux ne nous doivent aucun compte des
« présages qu'ils nous envoient, ou qu'ils font naître
« en nous. Qu'Eurydice soit donc pour le délaissé
« la fille de la vision, le songe vivant de Jupiter.
« Sans elle, je le veux, tu ne serais qu'un flambeau
« éteint ; eh bien ! avec elle puisses-tu être un flam-
« beau éclatant pour le monde ! Par toi, tu as la pro-
« priété aux confins célestes ; par elle, tu auras un
« père, puisqu'elle en a un. Ton nom désormais si-
« gnifiera aussi lumière et guérison ; et le sien vou-
« dra dire justice, mais justice dans un sens étendu,
« dans le sens opposé au droit qui s'explique seu-
« lement par la force ; car le Jupiter qui opprima

« Prométhée n'est autre chose que la force. Ainsi
« vous ferez pénétrer dans le monde d'abord l'isopo-
« litie et ensuite l'isonomie. Orphée, souffre encore
« une question de ma part. En écoutant la voix
« intime qui te porte à faire du bien aux hommes,
« as-tu mûri les conseils secrets de ce dieu qui est
« en toi? »

« Non, dit Orphée, je n'ai point mûri par la ré-
« flexion les conseils secrets de ce dieu qui repose
« en moi; car ces conseils ressemblent à des ordres,
« et il ne me reste qu'à agir. Écoute à ton tour, ô
« mon père, écoute le récit de ma première inspi-
« ration. La lyre a toujours réveillé dans mon ame
« mille idées confuses, que, dans mon enfance mer-
« veilleuse, je n'avais point la force de saisir et d'em-
« brasser. N'y a-t-il pas une voix dans les choses?
« Ces nuages errants sur nos têtes, lorsqu'ils nous
« cachent la vue des astres, nous les représentent
« encore par leurs vives couleurs. Nos langues sont-
« elles un reflet de la pensée humaine? La pensée
« humaine est-elle un reflet de la pensée divine? ou
« plutôt, la parole, qui est l'homme même, n'est-
« elle pas l'inspiration toujours subsistante de Dieu?
« Les objets de la nature, les arbres, les fleurs, les
« nuages, les parfums, la lumière, les vents, sont-
« ils des emblèmes dont l'homme cherche l'explica-
« tion après l'avoir perdue? Et cette explication ne

« doit-il pas la trouver dans la parole, révélation
« qui ne finit point, chaîne éternelle, dont tous les
« anneaux, attachés entre eux, sont d'indestructi-
« bles traditions? Les bruits confus de la vallée, de
« la forêt, des eaux, le bourdonnement des insectes,
« les cris et les chants de tous les êtres vivants, ont-
« ils un sens unanime de prière et de gémissement?
« Y a-t-il une harmonie universelle dont l'homme
« puisse sentir tous les accords, deviner toutes les
« lois? Les instincts de ma lyre, comme les blanches
« ailes de la colombe, me soulevaient de dessus la
« terre, et me tenaient suspendu dans les hautes
« régions que le corps ne peut habiter. Mais mon
« ame, un instant éperdue, retombait bientôt dans
« sa prison terrestre. Un jour, durant mon voyage
« dans les hautes régions de l'esprit, il me sembla
« voir une grande lumière qui enveloppait la nature
« immense, et éclairait profondément toutes choses.
« Ma vue n'était point assez rapide, ni ma pensée
« assez active pour être par-tout à-la-fois dans un
« instant indivisible. J'eus néanmoins un sentiment
« réel mais obscur et indéfinissable de l'essence et
« de l'ensemble de tout ce qui existe. J'entendis
« alors un son, mais un son intellectuel, et ce son
« me parut être la parole de la lumière. J'inter-
« rogeais en moi, et la parole en même temps ré-
« pondait en moi. Je ne puis dire la suite et la forme

« d'un tel entretien; mais tout est resté dans le
« fond de mon ame, comme le feu demeure caché
« dans les veines d'un caillou jusqu'au moment où
« un choc l'en fera jaillir. Chaque fois que j'aurai
« besoin de consulter l'oracle, j'en suis certain, je le
« retrouverai; il ne refusera pas de me répondre, il
« ne me trompera point. »

« Je ne suis point né du chêne, dit Talaon, je ne
« suis point né du rocher, mon corps fut un airain
« embrasé; trois fois en un jour je pouvais faire le
« tour entier de l'île de Crête. Je fus ainsi autrefois.
« Alors je n'aurais pas eu l'intelligence de tes dis-
« cours. Mais pour échapper à la destinée qui me
« menaçait, puisque ma vie était toute contenue par
« un clou fatal qui pouvait m'être enlevé, j'ai re-
« connu l'empire de Jupiter, et j'ai changé de na-
« ture. Maintenant il m'est donné de te compren-
« dre. Tu te confies en l'inspiration même de la
« parole : cette belle et inconcevable doctrine qui
« t'est venue comme le souffle de la vie, comme la
« lumière par laquelle tes yeux voient, parcequ'en
« effet ton origine est céleste; cette belle et incon-
« cevable doctrine, je l'ai apprise déja parmi les sa-
« ges de l'Inde. Qu'elle soit quelques instants le sujet,
« non plus de nos méditations solitaires, mais de
« nos méditations communiquées. Ainsi que toi je
« suis un homme vivant des fruits de la terre, et

« les pensées des hommes sont faites pour se fécon-
« der mutuellement. Toutefois, avant tout, je veux
« te dire une seule chose : Tu te confies en la parole ;
« refuse la parole à ceux qui ne doivent pas l'avoir.
« Enveloppe la loi de mystère pour la rendre inscru-
« table aux profanes. »

« Ainsi Talaon et Orphée s'entretenaient ensemble, et trompaient par de tels entretiens l'approche
d'une séparation qui devait être si douloureuse
pour tous. Celui qui pourrait savoir les discours
qu'ils tenaient entre eux serait bien avancé dans les
secrets dont le temps a épaissi les voiles. Il saurait
ce qu'ont cru les sages des âges primitifs sur l'insondable unité de Dieu, sur la création, sur la matière, sur l'origine du mal, sur les différents ordres
d'intelligences émanées de l'intelligence suprême,
sur les immortelles destinées de l'homme. Il saurait
ce qu'il nous est permis de savoir sur les causes de
l'univers. Ce serait assister en quelque sorte aux entretiens du passé et de l'avenir.

« Quelquefois le vieillard disait à Orphée : « Mon
« fils, tu devrais aller avec Eurydice sur des ro-
« chers inaccessibles, et dans le fond des forêts,
« car il faut qu'elle s'accoutume à supporter les tra-
« vaux qui te seront imposés, comme il faut que sa
« mère s'accoutume à chercher autour d'elle sa fille
« chérie, sans la trouver. Nous avons dû l'aban-

« donner à ses propres inspirations ; nous savions
« qu'elle ne nous appartenait pas. » Le poëte inspiré
obéissait volontiers aux conseils de Talaon.

« Lorsque Orphée et Eurydice étaient seuls, ils
s'entretenaient de la vertu et de la poésie. Orphée
parlait de la beauté, qui est elle-même une poésie
tout entière. Eurydice disait le bonheur, pour un
être faible, de s'appuyer sur un être revêtu de force
et de bonté. Elle demandait au fils de la lyre le récit
de ses aventures, qui étaient de véritables symboles,
et elle les lui faisait raconter de nouveau quand il
avait fini. Les siennes, à elle, n'étaient ni longues
ni variées. Elles s'étaient toujours passées autour
d'un rosier, ou sur les bords d'une fontaine. Tous
les événements de sa vie étaient la naissance d'une
fleur, ou le chant d'un oiseau, ou les gracieuses al-
lures de sa biche favorite. Il aimait à l'entendre
parler de ses rêveries, et du jour où, pour la première fois, il parut devant elle au sein de la tempête. Il souriait toujours de nouveau en apprenant
combien une telle apparition avait ému le cœur de
la nymphe charmante, combien elle avait desiré
se trouver à ses côtés, car elle ne croyait pas qu'un
être si calme et si beau dût périr ; et cependant
l'inquiétude la troublait dans tout son être. Il l'é-
coutait avec ravissement, et lorsqu'elle avait fini de
parler, il lui disait : « O ma bien-aimée, tu as un

« père, tu as une mère; ces jeunes plantes qui sont
« si belles, mais qui sont moins belles que toi, tu
« les a vues naître; cette terre seule a reçu l'empreinte
« de tes pas légers; tu n'as connu jamais d'autre
« ciel que celui qui couvre notre tête; et pour moi,
« qui t'étais naguère si inconnu, tu vas quitter ton
« père vénérable, la mère qui t'a nourrie de son lait,
« les jeunes plantes que tu as vues croître, la terre
« qui seule a reçu l'empreinte de tes pas, le ciel qui
« a vu les jeux de ton enfance. O ma bien-aimée,
« bientôt je serai seul pour toi. Je ne sais si je pour-
« rai t'offrir au moins de temps en temps quelque
« ombrage frais, ou le repos auprès d'une claire
« fontaine. Il faut que je sois tout pour toi. Trop
« souvent peut-être encore la tempête qui m'a ame-
« né sur tes rivages, sera tout l'asile que j'offrirai à
« mon épouse chérie, à celle qui n'aura que moi
« sur la terre. » Eurydice alors versait quelques larmes, mais ces larmes étaient pour ses parents augustes, et non point pour elle-même; la douce sé-
rénité de son regard exprimait toute sa confiance.

« Cependant la saison des orages était passée; le
roi des tempêtes ne régnait plus dans le ciel. Talaon prépare la tendre Vola au départ de sa fille.
Et quand le jour du départ fut arrivé, l'auguste
vieillard ordonna à Orphée et à Eurydice de s'asseoir à ses pieds; puis, étendant sur leurs têtes ses

mains vénérables, il prononça les paroles initiatives, sans toutefois prononcer les paroles époptiques, car les jours consacrés à la pudeur ne doivent point finir pour eux : ils resteront néophytes. Redoutables mystères de la vie et de la mort, vous ne pouviez leur être complètement révélés; le génie des ancêtres était demeuré voilé dans le ciel.

« Allez ensemble dans le même exil, dit Talaon ;
« le monde est ouvert devant vous, votre destinée
« est entre vos mains. Souvenez-vous que les dieux
« immortels couvrent de leurs regards l'homme
« voyageur, comme le ciel inonde la nature de sa
« bienfaisante lumière. Voici des grains précieux
« qui doivent tant améliorer la race malheureuse
« des mortels. Ils les ont refusés jusqu'à présent,
« mais sans doute les temps n'étaient pas venus.
« Ainsi la terre deviendra leur héritage; ainsi ils
« apprendront le travail et la prévoyance. Ces grains,
« emblèmes de tant de biens, gages de tant d'espé-
« rances, vous les réserverez pour en faire présent
« aux hommes qui les méconnaissent encore, car
« le blé doit devenir également la nourriture de
« toutes les familles humaines, toutes appelées aux
« mêmes progrès par les mêmes labeurs. Vous,
« bannis volontaires, vous, librement voués à tou-
« tes les indigences, vous mangerez les fruits des
« forêts et les racines sauvages. Orphée, tu pourras

« enseigner à-la-fois et la religion des funérailles et
« la religion des mariages, qui sont une seule et
« même chose. La société ne peut se créer qu'en
« formant le lien domestique; la propriété, sorte
« d'identification de l'homme avec la terre par la
« culture, devient sacrée par les tombeaux; et c'est
« ainsi que le genre humain tout entier peut par-
« venir un jour à n'offrir qu'une seule et grande
« famille. Mais le joug des lois, pour être salutaire,
« doit être librement accepté. Allez, mes enfants,
« bientôt orphelins délaissés, allez, mais vivez l'un
« et l'autre comme un frère et une sœur, jusqu'à ce
« que vous ayez trouvé un lieu où vous puissiez fixer
« votre demeure. Imitez les oiseaux voyageurs qui
« s'abstiennent de l'amour tant qu'ils ne sont pas
« arrivés dans une contrée où les dieux les instrui-
« sent à construire un nid pour leur postérité future.
« Orphée, je te confie la pudeur d'Eurydice; que la
« certitude de l'avoir pour épouse te suffise. Les
« hommes que tu formeras auront des ancêtres par
« la foi de tombeaux; ils auront des descendants
« par la sainteté des mariages; toi, tu ne peux point
« avoir d'ancêtres; et qui sait s'il te sera jamais
« donné d'avoir des enfants? Que Jupiter et Métis
« te tiennent lieu d'ancêtres; que la race améliorée
« des hommes soit ta noble postérité! Orphée, Eu-
« rydice, couple divin, consentez à être misérables

« pour diminuer la misère du genre humain ; faites
« comprendre aux autres la sainteté du lien con-
« jugal avant de le former pour vous-mêmes. Satis-
« faites à la Némésis des noces solennelles ! Écoutez
« ceci, c'est une parole des anciens oracles, c'est
« une parole d'en haut: L'homme est un être in-
« complet, destiné à se compléter successivement
« par sa propre intelligence, par sa propre volonté;
« il ne peut rien pour l'avancement et la perfection
« de sa nature, tant qu'il est dépourvu du senti-
« ment religieux ou du sentiment social, c'est-à-dire
« du sentiment qui le met en rapport avec Dieu, et
« de celui qui le met en sympathie avec ses sem-
« blables. Ceux par qui la Providence veut créer de
« tels sentiments doivent être d'une merveilleuse
« pureté. Orphée, toutes les fois que j'invoque la
« puissance suprême, j'emploie une expression va-
« gue, qui n'affirme rien sur le sexe; les mystères
« de la Samothrace ou de l'Égypte t'apprendront-ils
« les sexes des dieux ? »

« Vola versait des larmes abondantes. « Pourquoi
« pleures-tu, lui dit le vieillard, aimable clarté du
« soir de ma vie, pourquoi pleures-tu? que man-
« quera-t-il à nos enfants? Ne jouiront-ils pas comme
« nous de la protection des dieux? Déja ils ont ce
« que l'abondance et le repos ne donnent point : ils
« ont cette affection réciproque qui a fait notre

« bonheur, et qui rend tout aisé. Ils s'aimeront
« mieux dans la solitude, la détresse, les privations,
« et même le malheur. Puisse néanmoins le ciel
« l'éloigner de leurs têtes! » Alors il bénit de nouveau Orphée et Eurydice, qui se relevèrent pour
s'asseoir aux pieds de Vola. Vola les bénit à son
tour en sanglotant. Ensuite elle tira de son sein
un voile qu'elle remit à Orphée, pour être un jour
le pudique voile nuptial d'Eurydice. Sur ce tissu,
ouvrage de l'épouse d'un Titan, se voyaient re-
tracés les confins célestes dont la lyre du poëte
était l'harmonieux symbole. Elle remit en même
temps à la nymphe éplorée une pomme de grenade, cueillie dans le jardin des Hespérides : cette
pomme de Koré, gardienne jalouse de la légalité
des mariages, ne pouvait être ouverte, pour en savourer les fruits, que lorsque le voile serait dé-
ployé. Talaon gémit en lui-même; il sait trop que
ces derniers présents de l'amour maternel doivent
être inutiles, puisqu'il ne peut y joindre la glèbe,
emblème du sol, gage de la propriété aux confins
terrestres. Toutefois les augures avaient été favo-
rables.

« Les deux exilés sortirent de la maison paternelle, qu'ils ne devaient plus revoir. La biche, douce
compagne de la nymphe, voulut en vain la suivre;
elle fut retenue par Vola, qui lui destinait les ca-

resses de l'absence. Aucune route n'était tracée aux deux exilés, et ils se mirent à marcher sur la terre comme l'homme égaré dans le sein d'une vaste forêt. Eurydice s'appuyait sur le bras d'Orphée, et soupirait en silence. De temps en temps elle se retournait pour jeter encore un coup d'œil sur le lieu où s'écoulèrent si paisiblement les jours fugitifs de son enfance fortunée; puis elle ne se retourna plus, et elle pleura.

« Lorsque les magnanimes orphelins furent partis, Talaon ne contraignit plus ses larmes; et les deux époux, délaissés à leur tour, et restés seuls, pleuraient ensemble pour se consoler dans leur affliction mutuelle. Ils pleuraient en caressant la biche, qui elle-même versait des larmes. Pendant qu'ils pleuraient ainsi, un envoyé céleste vint leur annoncer, dit-on, que dès ce moment Orphée et Eurydice pouvaient prétendre au rang des demidieux. Les poëtes ont raconté de mille manières ce voyage, qui fut une suite de prodiges. Le couple initiateur n'avait que la lyre pour vaincre tous les obstacles, pour surmonter tous les dangers, pour conjurer toutes les terreurs. Initiation sublime, tu étais bien digne d'être chantée par les poëtes! »

Tel fut le premier récit de Thamyris. Il ajouta

en le terminant: « Roi de la colline carrée, l'his-
« toire de Talaon et de Vola m'est entièrement in-
« connue avant et après les circonstances que je
« viens de vous retracer; on ne sait ni leur origine,
« ni les autres évènements de leur vie, ni les détails
« de leur mort. Toutefois rien n'est plus célèbre
« dans la Crète que l'homme au corps d'airain en-
« flammé, qui dans une journée faisait trois fois le
« tour de l'île; rien n'est plus célèbre que les combats
« livrés par lui aux étrangers; rien n'est plus cé-
« lèbre que le clou fatal qui, arraché à son talon,
« devait laisser échapper sa vie avec son sang ; rien
« n'est plus célèbre et plus inexplicable. Quant à
« Vola, prêtresse des religions cruelles, qu'il lui fut
« défendu de communiquer à sa fille, quant à
« Vola, son nom même doit périr.

« Je vais continuer de vous instruire, vénérable
« Évandre, de ce que je sais d'Orphée et d'Eury-
« dice. »

FIN DU LIVRE DEUXIÈME.

ORPHÉE.

LIVRE TROISIÈME.

ARGUMENT

DU LIVRE TROISIÈME.

Les Pélasges primitifs, habitants des péninsules grecques et italiotes. L'expédition de Sésostris, synchronique avec l'évolution sociale des Pélasges.

Peuples réunis par des prêtres. Peuples barbares et sacrés.

Peuples marins, aventuriers. Aborigènes fixés, laboureurs méditerranés.

Je prends ici les Pélasges pour un cycle social, pour une zone de l'horizon historique, pour une époque générale, qui précède et produit les époques locales.

L'hellénisme ne fut point une religion. La Grèce fut à l'Orient ce qu'est le génie critique au génie original.

Il ne sera peut-être pas inutile de donner un exemple du partage de tout ordre de choses en trois temps, et qui paraît être une loi générale, primitive.

D'après Platon, les Cyclopes sont les premiers pères de la race humaine.

De là trois âges de Cyclopes.

Cyclopes mythologiques : ceux d'Hésiode, fils du Ciel et de la Terre; ils fournirent à Jupiter les armes pour vaincre Saturne et les Titans.

Cyclopes héroïques : ceux d'Homère, géants anthropophages dans la Sicile. Eustathe ne connaît pas le Polyphème de l'Iliade, lequel, en effet, est différent de celui de l'Odyssée.

Cyclopes historiques : les forteresses de Tyrinthe, 186 ans avant la guerre de Troie, d'après Strabon, avaient été bâties, sous Arcisius, aïeul de Persée, et sous Prœtus, par sept Cyclopes, tous originaires de Lycie. Ces forteresses étaient de roches brutes. D'après le même Strabon, les Cyclopes chassèrent les Phéaciens.

Remarquons à ce sujet que la confusion des âges a souvent lieu par la lutte de l'épopée et de l'histoire, lutte qui devra tant attirer notre attention.

Enfin Cyclopes de Virgile, de Callimaque, de Théocrite : poésie d'imitation à étudier avec réserve.

D'après Homère, Saturne est confiné aux extrémités de la terre et des mers : le scoliaste dit que Saturne fut nommé roi des géants vaincus.

Le règne de Saturne fut regretté sous le nom d'âge d'or, et cela peut s'expliquer par la pensée qui porta l'homme à regretter son berceau cosmogonique.

Les Dactyles phrygiens, ou venus de la Crète, propagateurs du culte nouveau de Jupiter, inventeurs ou propagateurs de l'art de forger. Médecins enchanteurs.

L'expression mythique *avaler son doigt* pour accomplir l'expiation veut dire *immoler un client*.

Boucolion qu'en secret enfanta sa mère. (Il., z. 24.) Le poëte appelle *ténébreux* celui que le scoliaste Villoison croit être né de mariages célébrés sans flambeaux.

On portait cinq flambeaux pour la célébration des noces ; et le nombre de jours de la cosmogonie d'Hésiode est de cinq.

La sibylle de Samothrace représente tout l'ordre de choses qu'Orphée venait abolir.

Le monde des substances succédant au monde des essences : système cabirique. Il est dans la Bible.

Les mystères du christianisme sont cachés dans toutes les cosmogonies.

Les noces d'Orphée et d'Eurydice sont une sorte de théophanie.

Il est un moment où le phanès, la lumière qui produit l'initiation, devient trop éclatante : alors on reste aveugle comme Thamyris, ou on meurt comme Sémélé et Eurydice.

ORPHÉE.

LIVRE TROISIÈME.

THALIE.

LA SAMOTHRACE.

« Le poëte et sa généreuse compagne, perdus au sein d'un monde barbare, parmi des solitudes terribles, avaient besoin de tout leur courage. Providence des dieux, tu fus leur seul appui.

« Sur les côtes de la Thrace, vis-à-vis l'embouchure de l'Hèbre, s'élève une île qui était sans renommée lorsque vous quittâtes la Grèce, vénérable Évandre, mais qui depuis a exercé une grande influence sur les peuples. De cette île alors inculte, et peuplée seulement par quelques hommes sauvages, sans gouvernement et sans loi, la vue s'étend au loin sur les archipels de la Grèce. C'est la haute Samos de Thrace, à qui je donnerai désormais le nom de Samothrace. Lorsque je la visitai, elle sortait à peine de la barbarie, et déja elle commençait à s'illustrer par un collége de prêtres, pères puissants, où j'ai appris l'histoire que je vous raconte, et dont vous allez entendre la suite.

« Orphée, croyant avec raison qu'une telle position géographique, à l'entrée d'un autre monde, pourrait être favorable à ses desseins, avait tourné ses regards prophétiques sur cette île destinée à une si grande célébrité. Il voyait par la pensée s'avancer graduellement, de rivage en rivage, depuis les montagnes acrocéroniennes de l'Hémus jusque dans la Crète, les doctrines harmonieuses qui réunissent les hommes en corps de société. Il vous serait impossible de comprendre, roi pasteur, l'état de misère et d'abrutissement où serait plongée l'espèce humaine, si elle n'était soumise au joug salutaire de la religion et des lois. Les morts, restés sans sépulture, deviendraient la proie des oiseaux du ciel et des animaux qui peuplent les forêts impénétrables. Non seulement on ne contracterait point de saints mariages, mais même l'union éphémère des sexes serait fort rare, et ne serait due qu'à des rencontres fortuites. Telle n'est point la condition naturelle de l'homme; si quelquefois il est descendu à cet état de dégradation, c'est toujours par la suite d'une catastrophe qui a fait périr ses institutions primitives. Néanmoins les traditions les plus anciennes, conservées dans les vieux sanctuaires, assignent toutes ce commencement aux destinées humaines : c'est qu'en effet il semble que sans cesse l'homme serait menacé d'y revenir, s'il ne luttait pas sans cesse, si la tutéle sévère des sacerdoces et des patriciats lui était retirée. De ce que l'homme est obligé de combattre contre lui-même pour ne pas retomber dans la barbarie, de ce qu'il a besoin d'être puissamment aidé pour ne pas succomber dans ces combats de tous les jours, il était facile d'arriver à la pensée qu'il obéit à ses vrais instincts, qu'il est dominé par les souvenirs de son berceau, lorsqu'il oppose une résistance opiniâtre aux enseignements. Il fallait donc lui peindre ce berceau comme peu digne de ses regrets, ces instincts comme devant être réformés. Les initiés savent que les histoires mystagogiques sont des leçons, des emblèmes, des mystères, pour faire mieux comprendre la loi du progrès à la condition du labeur, loi primordiale et sacrée. Les hiérophantes savent de plus ce que sont les différentes tutéles imposées à l'enfance de l'homme social. Mais, Évandre, ce n'est point ici le lieu de nous entretenir de la science du bien et du mal, de chercher à surprendre les secrets de cette sagesse qui réside dans les sanctuaires.

« Long-temps Orphée et Eurydice avaient erré au sein de contrées désertes, égarés dans de vastes forêts, domaine antique des bêtes féroces, séjour des épouvantes et des fantômes de la nuit. Heureusement ils avaient été instruits l'un et l'autre dans cette science profonde qui marque la correspondance des régions du ciel et des régions de la terre, et ils cherchaient le plus souvent leur route bornée et obscure, parmi les éclatantes merveilles de l'espace sans limites. Plus d'une fois, pour rassurer Eurydice, Orphée interrogea les sirènes mélodieuses assises à l'extrémité de chaque sphère céleste, d'où elles dirigent avec des harpes immortelles, selon la mesure, le rhythme et le nombre, le mouvement harmonieux de l'univers.

« On ignore et la durée de ce voyage aventureux, et les dangers qu'ils coururent, et les obstacles qu'ils surmontèrent. Enfin ils arrivent sur les rochers qui bordent la mer orageuse de Thrace. Lorsque la tempête brise un navire, quelquefois de hardis matelots se font de leur mât, rompu par l'effort des vagues, une dernière ressource pour sauver leur vie. Cette dernière ressource des naufragés fut le moyen qu'Orphée imagina pour traverser le détroit. Un vieux chêne, que l'orage avait déraciné, que la foudre avait creusé et dépouillé de ses branches, devint le grossier et fragile vaisseau où il ne craignit pas de faire asseoir à ses côtés la douce fille de Talaon. Poussés par un vent favorable, ils viennent échouer sur les arides plages

de la Samothrace. « Aux hommes épars, qui errent
« sur la surface de cette île, sans demeure et sans
« loi, il faut, dit Orphée, un nom collectif qui les
« fasse être un peuple, et qui ensuite les distingue
« des autres peuples, lorsqu'ils seront réunis par le
« même lien social, par le même lien religieux. Qu'ils
« soient dès à présent les Pélasges! race puissante et
« civilisatrice, dont l'unité forte et typique se trans-
« mettra bientôt à des nations nombreuses, toutes
« semblables entre elles! » Ce nom de Pélasges, roi
pasteur, est déjà un nom illustre pour vous. Les
Pélasges n'ont-ils pas laissé d'ineffaçables empreintes sur le Palatin où nous sommes à présent? N'ont-ils pas habité l'Arcadie, votre ancienne demeure?
Ainsi leurs brillants essaims dès l'origine semblent
se confondre avec l'origine des choses. On dirait
qu'ils sont un peuple cosmogonique comme les Titans.

« Orphée voulut commencer sa paisible conquête
par les doux accents de la musique. Aussitôt donc
il prit sa lyre, et se mit à en tirer les accords les
plus propres à émouvoir. Eurydice y joignit les
sons de sa voix ravissante. Elle chantait les bienfaits des dieux immortels, l'ordre naissant du chaos,
l'harmonie des cieux et de la terre, l'homme destiné à sentir et à reproduire cette harmonie, le
charme des affections domestiques, des sympathies

sociales. Les Pélasges, rassemblés sur une grève tumultueuse, étaient groupés autour d'Orphée et d'Eurydice. Ils écoutèrent d'abord avec un étonnement stupide; un instant après ils furent entraînés par la force magnétique, intime, irrésistible de la musique. Cette puissance inconnue réveillait leurs facultés assoupies, et faisait pénétrer la pensée dans leur ame encore brute. Ils ne pouvaient comprendre les paroles mélodieuses de la vierge magnanime, mais ils éprouvaient mille sentiments nouveaux. Un monde entier semblait se dessiner pour eux derrière un nuage. Ils croyaient que ces deux créatures merveilleuses étaient des génies bienfaisants, des êtres d'une nature plus élevée, et ils se prosternaient pour les adorer. Eurydice sur-tout leur offrait tous les traits d'une divinité compatissante. Je ne sais quel pressentiment les avertissait qu'ils allaient enfin sortir de cette vie dure et sans avenir, à laquelle ils avaient été condamnés jusqu'alors. Enfin leurs cœurs commençaient à être susceptibles de recevoir toutes les émotions progressives et généreuses. « Je comprends
« bien à présent, disait Orphée en lui-même, pour-
« quoi je n'ai point réussi dans mes premières ten-
« tatives. Sans doute il fallait que je fusse avec la
« fille de la vision. L'autorité vient non seulement
« du génie, elle vient aussi de la grace. La force et

« le courage ne suffisent point pour dompter les
« hommes; et les secrets de la poésie ne sont pas
« tous dans les hautes pensées. »

« Ici, Évandre, je ne puis m'abstenir de m'arrêter encore pour vous communiquer une observation importante. Plusieurs peuples se disent nés du sol qu'ils habitent. Il n'en est point ainsi. La race humaine est une; elle est par-tout la même. Les muses antiques de la Piérie en racontent l'origine. Mais avant d'avoir des lois, ne peut-on pas se représenter l'homme semblable à cette belle statue d'argile que façonna Prométhée? L'homme né du sol n'est donc que l'hypothèse de l'homme avant la société. Toutefois, sage Évandre, ne nous laissons pas éblouir par de tels récits, et cherchons toujours la vérité qu'ils contiennent. J'insiste sur ces choses en ce moment, parceque souvent elles doivent être présentes à notre esprit. Les Pélasges donc n'étaient pas nés du sol; les chants d'Orphée et d'Eurydice évoquèrent l'ame des ancêtres ignorés de ces peuples : la race exista pour eux.

« Alors ils s'empressèrent d'offrir à leurs hôtes des fruits et des racines. Orphée leur donna en échange une poignée de ce grain, le far fécond, qui est destiné par les dieux à être la nourriture de l'homme, bienfait pour lequel ces peuples reconnaissants ne tardèrent pas d'instituer les mystères de Cérès et de sa fille Perséphone. Le don du blé, comme vous le savez, roi pasteur, et comme l'avait dit le puissant Talaon, c'est le don même de la prévoyance, c'est le don de cette faculté qui porte la pensée dans l'avenir; car il faut ensemencer dans une année et recueillir dans l'autre. L'homme apprend aussi, par le retour périodique des moissons, à distinguer les météores, à connaître ainsi la succession de la vie. Chez vous, illustres Latins, Saturne est à-la-fois le dieu du temps et le dieu de l'agriculture. Sans doute que les phénomènes du ciel et les phénomènes de la terre ont été unis ensemble dès le commencement. Les prérogatives de la propriété ont été transportées du ciel sur la terre; la propriété a eu des confins dans le ciel avant d'avoir des limites sur la terre. Le droit se forme dans le ciel avant d'apparaître sur la terre. Telle est la raison des attributs éminents de la lyre.

« C'est, je crois, le moment, modeste Évandre, de vous dire une aventure d'Orphée, qui sera pleine pour vous d'une instruction infinie.

« Un jour, à l'heure du soir, le poëte divin errait avec Eurydice sur les bords de cette mer agitée, qui n'était célèbre encore par aucun naufrage. Le temps était calme, la mer entrait dans le majestueux repos de la force indomptable, repos plein de charme et de puissance. Le poëte et sa noble compagne s'assirent sur un rocher que les vagues venaient caresser en murmurant; quelquefois l'écume blanche s'élevait jusqu'à eux comme en se jouant, et venait légèrement mouiller leurs pieds. Le soleil avait disparu dans les abymes resplendissants de la mer, une nuit transparente s'avançait en silence sur les flots. Orphée, ému par la solennité d'un tel spectacle, prit sa lyre et chanta. Eurydice, tout occupée des chants inspirés de son glorieux époux, ne vit pas d'abord une apparition qui se montrait, non loin de là, sur une cime la plus escarpée et la plus sauvage de l'île. C'était une femme d'une taille toute divine. Une longue robe blanche, serrée au-dessous du sein par une ceinture bleue que fermait une agrafe d'or, dessinait les contours nobles et gracieux de cette taille surhumaine. Ses cheveux flottaient sur ses épaules, une couronne de chêne entourait son front. Un air mâle, sévère et profondément triste, respirait dans tous ses traits. Il eût été impossible d'assigner son âge; car le temps n'avait fait aucun outrage à sa figure imposante, et cependant il était facile de voir que les heures de la jeunesse avaient cessé de verser sur elle leur doux éclat; ou plutôt elle donnait l'idée d'une beauté immortelle, étrangère à la succession des années. Et pourtant je ne sais quelle douleur immense, qui tempérait sans l'éteindre le feu de ses regards, disait trop qu'elle appartenait par quelques liens à l'humanité. Elle était debout, immobile, un de ses coudes appuyé sur le rocher, et sa tête inclinée reposait sur sa main gauche. Dans cette attitude, elle paraissait respirer de loin les chants d'Orphée, comme on respire un parfum enivrant.

« Orphée s'arrête, et Eurydice voyant qu'une méditation nouvelle agite l'ame du poëte, en cherche la cause autour d'elle; la nymphe ne cherche pas long-temps. Étonnée, elle interroge son époux. « Je ne sais, dit-il, ce qui se passe en moi. Cette « femme sans doute n'est point une femme de l'île; « ce n'est point non plus une divinité. Je ne puis « contenir mon envie de savoir quel est cet être mys- « térieux, d'apprendre pourquoi il me domine par « la puissance inconnue de son attention toute fas- « cinatrice. Il faut que j'aille auprès de cette femme, « si toutefois c'est une mortelle; Eurydice, retire- « toi, pendant que j'essaierai de la vaincre par mes « chants; car, je le sens bien, d'étranges pensées « sont en elle. » Eurydice, qui ne savait qu'obéir, se retira, non sans une vive inquiétude, parcequ'elle craignait quelque maléfice. Elle avait souvent entendu parler de magiciennes, qui, par la force de leurs enchantements, triomphent des plus fiers courages.

LIVRE TROISIÈME.

« Orphée s'élance de rocher en rocher; il marche au milieu d'un chaos de ruines entassées. L'apparition s'éloigne à mesure qu'il avance. Enfin elle se glisse au travers des ombres, comme si elle eût été elle-même une ombre, et disparaît dans une grotte profonde. Orphée s'y précipite après elle, et se perd dans les détours d'un vaste et silencieux souterrain, où il n'entend plus d'autre bruit que le retentissement de ses pas. Il est entouré d'épaisses ténèbres, il ne sait comment il retrouvera sa route; enfin il se met à jouer de sa lyre et à chanter. Lorsqu'il s'arrête, une voix part des profondeurs de la grotte, et murmure le long des voûtes du souterrain; cette voix était pleine de douceur et de tristesse, comme seraient les derniers accents de la fille la plus belle d'un héros, qui, toute pleine encore de vie et de jeunesse, lutterait en vain contre une mort lente et douloureuse; ou plutôt comme serait l'hymne funèbre d'une vierge résignée, douce et tendre victime, dont le sang innocent va tout-à-l'heure arroser un autel funeste.

« Poëte divin, disait-elle, que veux-tu de moi?
« Laisse, laisse en repos une sibylle inspirée comme
« toi, mais à qui tu viens ravir sa puissance. Ah!
« ne crois point que je sois un être malfaisant. J'a-
« vais reçu le don de l'avenir, mais c'est dans un
« ordre de choses qui finit, et le don de l'avenir se

« retire de moi. Plus d'une fois les Titans, dont
« le règne alors paraissait devoir être immuable,
« m'ont menacée de me revêtir d'une tunique de
« pierres, parceque, par mes oracles, je les troublais
« dans leur force. Je prédisais le siècle nouveau
« qui me tue. Orphée, il faut que je te le dise, j'ai
« résisté, autant que j'ai pu, à ton ascendant; c'est
« moi qui ai rendu vaines tes premières tentatives :
« tel était mon destin. Je suis vaincue par toi et
« par la fille de l'homme d'airain. Je n'ai aucun
« ressentiment contre vous; je veux te le redire, je
« ne suis point un être malfaisant. Écoute, poëte
« divin, écoute le peu de paroles qu'il m'est donné
« de prononcer encore, et qui sont les dernières; tu
« peux les écouter sans crainte, car maintenant mes
« paroles sont sans puissance. Écoute donc, j'ai vu
« un monde périr, et ce spectacle ne peut sortir de
« ma pensée. Des races florissantes existaient où
« sont à présent les abymes des mers. La grotte où
« tu m'as suivie, et dont tu ne peux voir les tristes
« merveilles, est un mélange confus de débris de
« rochers, de fortes citadelles, de grands tombeaux.
« Tout a été confusément entassé par le génie de la
« mort. C'est au sein d'un si lamentable chaos que
« j'ai fixé ma demeure, comme les oiseaux de sinistre
« augure qui bâtissent leurs nids parmi les ruines.
« Les pères de la race humaine actuelle ont vu

« détruire les monuments qu'ils avaient élevés pour
« égaler la durée des siècles; ils les ont vu détruire
« avec autant de facilité que seraient effacés par une
« esclave diligente les faibles réseaux d'un vil in-
« secte. Les enfants dégénérés vaincront-ils le des-
« tin qui a vaincu leurs pères, géants si long-temps
« indomptés? Les dieux m'avaient donné une dou-
« ble vue; elle devient confuse, mais elle suffit
« pour entrevoir des calamités sans nombre. Pour-
« quoi, malheureux humains, pourquoi donneriez-
« vous sans cesse de nouvelles proies à la mort?
« Pourquoi vous donneriez-vous des enfants qui
« dégénèreront comme vous avez dégénéré de vos
« pères? Pourquoi voudriez-vous ensevelir ceux à
« qui vous devez une cruelle et fragile existence?
« Vos demeures, les tombeaux de vos pères, les
« travaux de votre intelligence, tout doit subir le
« même sort. La destruction est le grand dieu de ce
« monde, où la vie n'est produite que par la mort.
« N'ayez aucun avenir. Traînez, comme vous pour-
« rez, votre misérable vie, jusqu'au moment où un
« trépas non prévu viendra vous saisir. Du moins
« vous n'aurez pas les vains tourments de l'inquié-
« tude qui attend d'inévitables douleurs. Voyez tout
« ce qu'a fait l'homme pour désarmer d'inflexibles
« divinités! Ce n'est pas assez de sacrifices d'animaux
« innocents, il a voulu supplier par son propre

« sang, par le sang de ses enfants! Et peut-être
« encore a-t-il été trop économe de ces sacrifices
« barbares! et peut-être la rançon a-t-elle été trou-
« vée trop chétive! Les fléaux sous lesquels vous
« avez été broyés ne sont-ils pas en effet un signe de
« colère? Toutefois je ne suis point prêtresse, mes
« mains sont pures; elles resteront pures! Je le sais,
« de nouvelles destinées commencent, et je ne puis
« y lire. Jupiter, le jeune destin, vient de naître
« dans la Crète. Saturne, l'ancien destin, le vieil-
« lard qui se nourrit de ses propres enfants, vient
« d'être détrôné dans le ciel. Je le sais, mais je ne
« puis prédire; et les terreurs continuent d'habiter
« mon sein. Tu veux abolir les sacrifices de victimes
« humaines! Je t'admire, poëte divin, mais où trou-
« veras-tu une autre rançon, puisque celle-ci n'a
« pas même été jugée suffisante? Crois-moi, tu ne
« fais que hâter la fin de cette race éphémère que tu
« crois secourir! Oui, tu dois la secourir puisque
« tu la livres sans défense à l'ennemi implacable qui
« veut sa mort. Lorsqu'elle n'existera plus, elle ne
« souffrira plus. Sans doute ce n'est point là ce que
« tu croyais. Orphée, tu voudras aller en Crète vi-
« siter le berceau du jeune Jupiter; ce qui ailleurs
« est la science mystérieuse, en Crète est la science
« vulgaire: n'est-ce point une science méprisable
« celle qui est ainsi abandonnée à tous? Le jeune Ju-

« piter, tu l'espères, sera un dieu plus clément. Je ne
« veux pas te retenir. L'avenir t'est promis. Quant à
« moi, mon règne est fini. D'autres sibylles, en sym-
« pathie avec les cycles nouveaux, vont s'emparer
« des croyances humaines, et gouverner les peuples
« par des superstitions moins sinistres que les mien-
« nes. Une d'elles, la Phémonoé de Riéti, vient d'é-
« tablir son prophétique trépied dans le Latium,
« d'où elle gouvernera les peuples auxoniens. Une
« autre erre déja sur les bords de lacs symboliques,
« qui furent autrefois des bouches de volcans, con-
« trée où la nature couvre d'anciens ravages par
« d'admirables beautés; lorsqu'elle aura choisi un
« lieu, elle sera connue dans tout l'univers sous le
« nom de sibylle de Cumes. Une autre va s'emparer
« de Delphes, séjour consacré à Apollon, et qui de-
« viendra la ville sacrée d'un peuple tout poétique.
« Une autre encore, sous le nom de sibylle d'Éry-
« trée, portera par-tout la puissance du trépied fa-
« tidique. Elles le croient ainsi, elles croient en-
« tendre les voix du nouvel avenir. Heureuses si
« elles ne se trompent point, heureuses de pouvoir
« être les amies des hommes! Je les aimais aussi,
« moi qui vais mourir! Oui, je vais mourir, ainsi
« que mes compagnes du vieux monde. Tu seras à
« peine hors de cette grotte, que tout sera fini pour
« moi, infortunée! Telle est la loi de notre nature

« prophétique, consacrée par la plus inviolable vir-
« ginité, de périr sitôt que le sentiment de l'avenir
« cesse d'habiter en nous. C'est là le souffle de notre
« vie : notre ame s'éteint lorsqu'elle est dans les té-
« nèbres de la vision pour les choses futures. Ma
« mort sera ignorée, nul ne me pleurera; je n'ai
« point de famille, je suis seule sur la terre. Cepen-
« dant quelques Pélasges indomptés, restes malheu-
« reux qui échapperont à tes lois harmonieuses,
« viendront encore ici quand ils ne me verront plus
« parmi eux; ils viendront consulter l'oracle muet;
« ils y viendront avec des flambeaux, qui, allumés
« aux autels élevés par toi, m'éblouiraient sans m'é-
« clairer; ils voudront du moins donner une sépul-
« ture honorable à la vierge intacte dont ils rediront
« les oracles anciens; mais je veux moi-même aupa-
« ravant me soustraire à la sépulture que je leur ai si
« souvent interdite. Je veux que ma cendre soit
« tout de suite confondue avec les éléments. Je ca-
« cherai ma dépouille mortelle, de manière à ce
« que nul ne pourra la retrouver. Adieu; mon ré-
« gne est fini, et ma vie finit en même temps.
« Étrange destinée! le nouvel ordre de choses que
« j'ai annoncé, mais auquel je n'ai point été initiée,
« auquel je n'ai initié nul être, ce nouvel ordre de
« choses me tue; il te tuera, Orphée, par cette loi
« qui ordonne à l'initiateur de recevoir la mort des

« mains mêmes de l'initié. Quels sont ces cris inarti-
« culés dont tu auras voulu en vain faire une langue?
« Ce sont les cris des Ménades. Leur sera-t-il permis
« de déchirer ton corps, de dépecer tes membres
« sanglants; et verra-t-on ta tête glorieuse rouler
« dans les ondes glacées de l'Hèbre? Du moins, d'a-
« près une loi immuable et sacrée, l'initié est tenu
« de tuer l'initiateur; sans cela, l'initiation reste in-
« complète. Cruel emblème! c'est la mort qui pro-
« duit la vie.

« Toutefois, avant de te retirer, sache encore une
« vérité, la seule qui m'apparaisse à mon heure su-
« prême. Eurydice ne pourra savourer les grains de la
« pomme de grenade que lorsqu'elle sera parvenue
« dans les sombres régions du Tartare. Les êtres
« comme elle, comme toi, comme j'étais, ne doivent
« point connaître chez les vivants le mystère de la
« transmission des âmes. Comment invoquerais-tu
« le génie impérissable de la famille, l'auteur auguste
« de la race, le lare que tu ne peux nommer? Adieu;
« garde le souvenir de la sibylle de l'ancien monde,
« qui ne fut point un être malfaisant. »

« Le silence le plus profond suivit des paroles si
extraordinaires. Orphée interrogea encore plusieurs
fois, et nulle voix ne répondit. Il joua encore de la
lyre, et tout resta muet autour de lui. Il entendit
seulement un léger bruit, comme est sans doute

celui du serpent rajeuni, qui laisse parmi les feuilles desséchées de la forêt l'enveloppe dont il vient de se dépouiller. Le poëte chercha son chemin, et ce ne fut pas sans peine qu'il parvint à sortir de l'antre. Héros pieux, il disait en lui-même : « Est-ce « à moi d'envisager la destinée qui m'attend? Qui « suis-je, pour m'opposer à l'ordre immuable des « choses? Que je sache ou que j'ignore l'avenir, n'ai- « je pas la même conduite à tenir? L'homme ne « doit-il pas accepter l'épreuve, sous quelque forme « qu'elle se présente? Ne faut-il pas qu'il l'accepte « pour qu'elle lui soit profitable? » L'esprit accablé de mille pensées amères, il retourna auprès d'Eurydice, mais il tut la fin de sa vision.

« Dès ce jour cependant Orphée croit avoir accompli le devoir dont les dieux avaient caché le projet dans son sein. L'entretien de la sibylle, tout en lui causant une tristesse infinie, qui subsistera toujours, lui inspire une sorte de confiance, et le décide à porter ailleurs les trésors dont il est dépositaire. Il construit donc une nacelle semblable à l'esquif qui l'avait déjà porté une fois sur la mer des orages; mais lorsqu'il voulut s'embarquer avec Eurydice, les Pélasges, comprenant leur dessein, brisèrent la chétive nacelle, et en dispersèrent les débris sur les flots; ensuite, pour témoigner le desir qu'ils avaient de conserver les deux époux au milieu d'eux, ils leur fermèrent l'issue du rivage par des dansés. A cette vue, le visage d'Eurydice fut inondé de larmes. Orphée lui dit avec tendresse : « Fille de « Talaon, pourquoi pleures-tu ainsi ? Ne t'ai-je pas « promis la destinée la moins paisible ? Nous avons « abordé cette île par la volonté des dieux. Les peu- « ples qui l'habitent ne veulent pas nous laisser par- « tir, mais c'est parceque déja ils nous aiment; et « les dieux leur ont inspiré cet amour, commen- « cement et présage de toutes les sympathies qui « forment l'unité sociale. Achevons notre ouvrage « en prolongeant notre séjour parmi eux. Je voulais « revenir pour leur apprendre à recueillir la mois- « son; eh bien, attendons ici que la moisson ait « couvert les verdoyantes novales, et notre temps « ne sera point inutilement employé. Bientôt nous « pourrons converser avec nos hôtes, eux-mêmes « nous fourniront le moyen de recommencer notre « pénible navigation; car, tu le sais, nos jours ne « doivent pas se perdre dans une molle oisiveté. » Tel fut son discours, mais il souffrait toutes les peines de l'ame. Son courage domptait à-la-fois ses sentiments et ses inquiétudes.

« Orphée, après avoir enseigné aux Pélasges de la Samothrace à semer le blé, leur enseigna l'art de la parole organisée en langage régulier; puis il leur apprit à répéter les chants inspirés par Mnémosyne. Les langues sont le lien des intelligences humaines, et créent à leur tour l'intelligence dans l'homme. La musique ébranle toutes les facultés pour leur donner la vie, et leur imprimer le mouvement. Ne croyez pas néanmoins, roi pasteur, que les Samiens fussent entièrement dépourvus de langage; ils avaient conservé, avec une langue sacrée toute mystérieuse, toute composée de formules inconnues à eux-mêmes, puissantes et terribles, quelques restes informes d'une langue primitive qui avait péri, et dont Orphée retrouva les éléments; car, ainsi que vous venez de l'apprendre par l'entretien de la sibylle, à une époque fort reculée dans la nuit des âges, la Samothrace avait éprouvé d'horribles catastrophes, dont le souvenir encore vivant dans de sombres traditions était la seule trace de culte que l'on pût reconnaître. Sur notre malheureuse terre, l'homme est souvent obligé de recommencer le travail de son avancement; souvent il croit apprendre pour la première fois, et il ne fait que se souvenir. Mais le bienfait des instituteurs des peuples est toujours aussi grand. Toujours ils en sont récompensés par l'apothéose; et les dieux, dont ils furent inspirés, confirment les suffrages des peuples.

« Lorsque le blé fut parvenu à la maturité, Orphée montra aux Pélasges l'art de le recueillir, de le réduire en poudre, de le pétrir, d'en faire le pain, aliment nouveau qu'ils savouraient avec délices. Il dirigea ensuite leurs travaux pour augmenter la fertilité de la terre. Par lui, ces peuples surent bientôt construire des charrues semblables à celle de Triptolème. Il leur fit façonner des coutres armés d'un fer aigu, en employant le feu que Prométhée avait donné aux hommes. Le bœuf, utile compagnon du laboureur, fut dompté et soumis au joug, et la précieuse semence fut jetée dans de profonds sillons, pour produire au centuple. Dans des hymnes sublimes, qui alors commencèrent à retentir parmi les campagnes agrestes, et qui plus tard feront résonner la voûte des temples magnifiques, le poëte divin disait l'influence des signes célestes, la succession des saisons, les préceptes de l'agriculture, les œuvres et les jours. Les oreilles, naguère si ignorantes, de ces peuples étaient devenues dociles à une telle harmonie. Ne vous étonnez point, Évandre, de progrès obtenus en si peu de temps; et vous-même vous l'avez vu, car lorsque vous avez quitté l'Arcadie l'art de Triptolème y était à peine connu; et cet art venait, à ce qu'on m'a dit, de la Samos de Thrace. Dans le premier âge des sociétés humaines, il est des années qui valent des siècles, ainsi que dans l'enfance de l'homme il est des jours qui valent des années :

tant les limites de notre intelligence sont rapidement atteintes. D'ailleurs, vous le savez, roi pasteur, nos facultés existent toujours en nous; les circonstances et les enseignements ne les créent point, ils ne font que les manifester. L'homme, avant d'avoir reçu tous ses développements, montre d'avance ses instincts sublimes, et prédit sa gloire future. Ainsi le jeune taureau, dont le front n'est point armé de puissantes défenses, s'essaie déja aux combats qu'il livrera un jour, déja il menace de ses cornes qu'il n'a pas encore. Tel est l'homme, tels sont les peuples, tels furent les Pélasges. N'oublions pas surtout qu'Orphée était inspiré des dieux, et que les temps étaient arrivés.

« Alors le lien mystérieux de la société fut réellement tissu; alors la terre, rendue, par la culture, identique à celui qui la cultive, produisit la propriété, base et origine de tous les droits; alors furent tracées les limites des champs, correspondantes aux limites de la propriété céleste, don de la lyre; alors fut placée la pierre irréfragable du témoignage; alors fut connue la sainteté de l'union conjugale; alors furent instituées les cérémonies funèbres; alors l'homme eut une famille dans le passé et dans l'avenir, et le dogme de l'immortalité naquit en même temps que le sentiment de l'humanité; alors la justice et la morale eurent des organes, et l'autorité descendit du ciel; alors la vie fut un bienfait, et la reconnaissance pour l'auteur de la vie se manifesta sous la forme d'un culte. Traditions primitives du genre humain, vous reparûtes sur la terre, vous sortîtes des débris épars de l'ancien monde. Génie des peuples, vous renouvelâtes votre pacte éternel avec la pensée divine, religion impérissable du genre humain. Tous ces prodiges furent opérés en un instant, car le cœur de l'homme ne refuse jamais de répondre à l'instant même, lorsqu'il est interrogé par la voix toute-puissante de la vérité, lorsque toutes ses facultés sont interrogées à-la-fois. Les passions seules, ou de funestes préjugés, peuvent nous arrêter dans l'ignorance, ou nous retarder dans les voies du perfectionnement, et les Pélasges étaient des hommes simples.

« Que pourrais-je vous dire, sage Évandre, des institutions diverses qui furent créées par le poëte divin, ou dont il puisa la science dans les traditions primordiales? Soit le souvenir de ses entretiens secrets avec Talaon, soit les institutions inconnues qu'il puisa dans les grottes cosmogoniques de la Samothrace, île sacrée dès l'origine des choses, soit le brillant Phanès qu'il consultait dans la solitude: tels furent les éléments de cette merveilleuse législation sacerdotale dont il ne m'a point été donné d'étudier les profondeurs. Par elle, une noce et une sépulture furent environnées des mêmes mystères redoutables, des mêmes cérémonies tristes et sévères; et Eurydice, la douce fille de la vision, en avait l'ame éperdue et épouvantée. Vous le savez, Évandre, et c'est ainsi dans le vieux Latium, dans l'antique contrée religieuse, l'invocation des ancêtres qui habitent au sein des hautes sphères, les prérogatives de la propriété céleste unies à celles de la propriété sur la terre, la naissance et la mort, la stabilité du mariage, toutes ces choses augustes se confondent dans une seule grande pensée, donnent lieu à des initiations semblables, à des épreuves également terribles, à force d'être imposantes et solennelles.

« Ces peuples, afin de retenir plus long-temps des hôtes qui les ont comblés de tant d'inappréciables bienfaits, et leur faire chérir une demeure fixe, avaient construit aux deux époux une cabane ornée de feuillage. Les sublimes orphelins n'habiteront point la cabane hospitalière qui leur est destinée, car ils ne peuvent y placer la glèbe, gage et symbole du pouvoir domestique; et le numèn des manifestations successives, la Victoire Thalamopolos n'y a point profondément enraciné dans le sol le lit immuable, la couche féconde et sainte qu'aiment à visiter les ancêtres. Orphée considé-

rait un aigle planant dans les airs: « C'est peut-être,
« disait-il, l'ame de mon père qui veut finir mon
« opprobre en m'éclairant sur mon origine. Auteur
« inconnu de ma vie passagère, disait-il encore,
« viens-tu verser sur moi les génies de ta race im-
« mortelle? Ah! si j'ai refusé d'aller te consulter à
« l'oracle de Leucade, pardonne-moi ; tu sais ce
« qui m'a détourné de ce dessein. » Mais l'aigle au-
gural s'enfuyait, et allait se perdre dans le vague
azuré du ciel. Eurydice à ce moment douloureux
était pleine d'une tristesse infinie.

« Toutefois, lorsque Orphée et Eurydice étaient
retirés, ils passaient dans d'aimables entretiens les
heures de l'exil. Ils parlaient du puissant Talaon
et de la charmante Vola. Ils se rappelaient les graves
leçons de l'un, les douloureuses inquiétudes de
l'autre. Ils ne savaient s'ils devaient continuer de
vivre ensemble comme un frère et une sœur, ou
s'ils pouvaient entrer dans la société conjugale,
après y avoir fait entrer les habitants de l'île. Hélas! leurs courses n'étaient point finies, et ils res-
semblaient toujours aux oiseaux voyageurs. Cette
incertitude de l'avenir, qui existait pour eux seuls,
mêlée aux douces alarmes de l'amour, faisait que
leur vie mystérieuse ne s'écoulait pas sans de vives
agitations au fond du cœur. Cette tristesse intime
incessamment s'augmentait pour Eurydice : c'était

une belle plante dévorée par le soleil du midi. Elle n'avait d'autres pensées que celles dont Orphée était l'objet; et elle s'épanouissait en sa présence; mais sitôt qu'il s'éloignait, ou pour se livrer à d'utiles travaux, ou pour instruire les peuples, elle languissait à l'égal de la fleur du lotos, lorsqu'elle cesse d'être baignée par la rosée du matin, ou par l'eau de la fontaine. Elle s'étonnait de ce que la musique, qui peut civiliser les hommes, ne connait aucun prestige pour tromper les ennuis du cœur. Lorsque Orphée était auprès d'elle, c'était comme une joie douloureuse qui lui donnait une sorte d'effroi tout semblable au malheur de l'absence. La lyre elle-même n'avait plus pour la fille de la vision qu'un charme difficile à soutenir. Elle demandait l'air de la tempête; mais l'orage était dans son cœur. Elle demandait les baisers de l'amitié fraternelle; mais il n'était plus au pouvoir d'Orphée de lui donner les baisers de l'amitié fraternelle. Dieux! rendez-lui les anciennes rêveries du premier âge! Faites-lui retrouver les images fantastiques qui naguère se jouaient de sa jeune imagination, et qui du moins ne la troublaient qu'à son insu.

« Orphée, tout occupé de mille grandes pensées, était cependant loin d'être insensible à l'état où il voyait Eurydice. « Ma bien-aimée, lui disait-il, je
« me reproche maintenant de t'avoir arrachée à ton

« sol natal. Tu croissais parmi les plantes emban-
« mées de ton héritage, et ta vie silencieuse s'écou-
« lait dans une douce innocence. Pour toute nour-
« riture, avec moi, tu n'as le plus souvent que des
« fruits sauvages; j'abreuve ton ame de tristes sou-
« venirs, et je te laisse en proie aux fantômes de la
« nuit. Être aérien, mystérieux, sacré, qui es toute
« une poésie, nymphe charmante, en quelque sorte
« délaissée, ne fais-tu point de plainte contre moi? »
« Non, répondait Eurydice, non, je ne me plains
« point d'Orphée. Mais, puissant héros, tu es ma
« vie même; et moi je suis loin de te suffire. J'envie
« et les travaux que tu accomplis, et le bonheur
« que tu dispenses à ces peuples; j'envie les accords
« de cette lyre qui peuvent changer en hommes les
« animaux des forêts, et qui ne peuvent qu'agiter
« en vain le cœur de la pauvre jeune fille. Oui, je
« voudrais être seule avec toi, être tout pour toi,
« être l'objet de toutes tes pensées, être ton unique
« avenir. Je ne puis me le dissimuler, Orphée, il
« me semble que je ne suis point assez toi-même.
« Ah! je ne suis plus la nymphe simplement asso-
« ciée à tes hauts desseins, je suis une mortelle in-
« fortunée, perdue dans mille délires nouveaux et
« inconnus. L'initiation incomplète de mon père
« Talaon pèse sur moi. Une soif dévorante me con-

« sume; les grains rafraîchissants qui sont enfermés
« dans la grenade généreuse de Koré pourraient
« peut-être étancher ma soif. »

« Ainsi parlait Eurydice en rougissant avec les charmes les plus touchants de l'amour et de l'innocence : dans son regard étaient toutes les inquiétudes et toutes les félicités de la vie, toutes les craintes et toutes les espérances qu'il nous est donné de concevoir. Ainsi parlait Eurydice, et je ne sais quelle terreur secrète, je ne sais quel besoin d'une transformation d'elle-même, anéantissaient le repos de son cœur, détruisaient l'harmonie de ses facultés. Les fêtes riantes et sérieuses de l'hymen enchantaient à-la-fois et attristaient son imagination. Orphée, qui venait de les instituer, atteint à son tour par cette fascination invincible, et sur-tout ému par les discours d'Eurydice, lui répondait :
« Ame de ma vie, sois-en assurée, tu es tout pour
« moi. Non seulement tu es ma sœur chérie, tu es
« encore mon épouse bien-aimée. Si les dieux m'ont
« inspiré de hauts desseins, ce n'est point une telle
« pensée qui peut me séparer de toi. Ah! s'il le
« faut, finissons ici nos courses aventureuses. Je vais
« chercher sur ma lyre les accords qui peignent
« l'amour, car ils y sont aussi bien que ceux de
« l'inspiration sociale : et la société conjugale n'est-
« elle pas la première de toutes les sociétés humai-

« nes? Je vais donc faire entendre à Eurydice le
« chant nuptial. Ma vie néanmoins ne s'écoulera
« pas dans l'oisiveté. Vois ces rivages immenses qui
« se déploient devant nous; vois ces îles nombreu-
« ses qui s'élèvent du sein des mers; ces rivages et
« ces îles seront encore ma conquête. Le blé de
« Cérès, la charrue de Triptolème, l'art de façon-
« ner les métaux avec le feu ravi au ciel par Pro-
« méthée, toutes ces choses ne tarderont pas d'être
« de proche en proche le patrimoine de tant de
« nations naissantes. Les Pélasges, instruits par moi,
« feront luire par-tout le flambeau de la parole; et
« la Samothrace sera comme un phare brillant qui
« éclairera au loin les îles et les mers. Oui, bornons
« ici nos voyages; et que la fille de la vision de-
« vienne enfin l'épouse véritable de l'orphelin, du
« délaissé, du naufragé échappé par elle aux tem-
« pêtes. »

« A ces mots, un rayon d'une joie pure vint environner le front d'Eurydice; mais, hélas! ce rayon
trompeur était le bandeau de la victime, et non le
bandeau de l'épouse. Un grand sacrifice était ré-
clamé par la Providence, dispensatrice des biens
et des maux; et l'antique Némésis, cette divinité
jalouse, gardienne sévère des plus secrètes pensées, des mouvements les plus involontaires du
cœur, Némésis venait de se réveiller. Le mystère

de mort qui reposait dans le nom d'Orphée étend ses noires ailes sur la fille merveilleuse de la vision, vision véritable, qui ne parut qu'un instant sur la terre.

« D'une main tremblante, celle qui veut être initiée reçoit des mains du poëte le voile tissu par l'épouse d'un Titan : ce voile, emblème d'une science cosmogonique, descend à longs plis sur le visage de la vierge ; et ses yeux ont peine encore à soutenir la clarté du jour. Elle ouvre en frémissant la pomme de grenade ; les grains vermeils qu'elle renferme brillent à ses yeux d'un doux éclat.

« Orphée, l'ame oppressée à-la-fois par de funestes pressentiments et par une incomparable tendresse, Orphée, prenant sa lyre, se mit à chanter l'Amour vainqueur du chaos, le lien conjugal, premier lien de toutes les associations humaines, et ces chants disaient avec une sorte de tristesse pleine de charme : « Nous sommes étrangers au milieu de ces
« peuples naguère obscurs. Eurydice n'a point de
« nobles compagnes qui aient partagé les jeux de
« son enfance, qui s'empressent autour d'elle, qui
« aillent pour la vierge pure cueillir des fleurs dans
« la prairie. Aucune fille de son âge ne viendra en
« folâtrant tresser des guirlandes et des couronnes
« pour parer la nouvelle épouse. Nulle femme véné-
« rable, instruite dans l'austère palingénésie de

« l'hymen, n'est à ses côtés pour la révéler à la
« jeune fille innocente, pour y préparer l'épouse
« pudique. Les fêtes dont il est si doux d'envelopper
« les soucis d'un changement de destinée, ces fêtes
« ne sauraient exister pour nous. Noces où les Par-
« ques absentes sont remplacées par les Muses, pour
« clore le passé, pour inaugurer l'avenir, noces soli-
« taires de deux exilés, soyez notre joie et notre es-
« pérance. Ma lyre qui sut vaincre la barbarie, ma
« lyre qui put adoucir les mœurs sauvages des hom-
« mes sans loi, ma lyre toute seule suffira pour en-
« seigner ce que les mères vénérables auraient en-
« seigné; elle suffira pour célébrer et pour voiler les
« ravissantes merveilles de l'amour, de la beauté,
« de la pudeur; et les airs qui exhaleront leurs mille
« parfums, et les voix harmonieuses des sphères
« étoilées qui veillent sur nous, seront toute notre
« pompe nuptiale. Rosées fécondes du ciel, tombez
« sur les jeunes guérets; et vous, trésors de l'immor-
« talité, soyez confiés au chaste sein de la nouvelle
« épouse. Hélas! hélas! les félicités sont-elles faites
« pour l'homme? La douleur ne sort-elle pas de la
« source même des plaisirs? Quel trouble vient obs-
« curcir de trop enivrantes espérances? Le bon-
« heur accablerait-il donc aussi le cœur de l'homme?
« Pourquoi ce moment est-il à-la-fois si plein de
« délices et si plein d'amertume? Eurydice, nous

« serions-nous trompés? Hélas! hélas! j'avais oublié
« les funestes paroles de la sibylle! et voilà qu'elles
« se représentent à ma mémoire! Repose-toi, ma
« lyre, puisque tu ne veux plus que répéter les pa-
« roles de la sibylle mourante! »

« Et pendant qu'Orphée chantait, égaré encore
dans les régions de l'enthousiasme, pendant que sa
lyre, à son insu, prophétisait les larmes, un nuage
funeste commençait à peser sur les yeux d'Eurydice; la pâleur de la mort s'avançait graduellement
sur le visage touchant de la vierge étonnée, et peu
à peu l'incarnat de la pudeur s'enfuyait. D'abord
elle crut que les mystères de l'amour devaient sans
doute avoir quelque ressemblance avec les mystères
de la mort: tant elle avait déja compris ce qu'il y a
de terrible dans les destinées humaines! Mais bientôt elle fut plus éclairée sur les causes de cette anxiété
croissante qui s'emparait de tout son être; elle sentit
que la vie se retirait d'elle, que sa belle existence
s'évanouissait comme le songe d'une radieuse aurore
de printemps. Elle essaya de porter à sa bouche
altérée quelques grains de la pomme de grenade;
mais ils touchèrent à peine ses lèvres décolorées.
Alors elle écarta de sa tête le voile mystique de
l'initiation. « Orphée, dit-elle d'une voix affaiblie,
« j'ai voulu te distraire de tes grandes pensées, au
« lieu de me borner à les embellir, et à leur donner

« du charme; et voilà que les dieux m'en punissent.
« Le châtiment n'a pas tardé de suivre la faute; et
« la faute peut-être était bien pardonnable. Con-
« tinue d'obéir à tes hautes destinées, que je voulais
« concentrer sur moi seule; marche à ton noble
« but, sans te détourner ni à droite ni à gauche, et
« que la douleur ne fasse pas ce qu'allaient faire les
« condescendances de l'amour. Pour moi, infor-
« tunée, pour moi qui fus trop jalouse de tes affec-
« tions, la mort est dans mon sein : j'ai été soudaine-
« ment pénétrée de son trait fatal; et déja je ne suis
« plus ton Eurydice, je ne suis plus ni ta sœur
« chérie, ni ton épouse sacrée. Hâte-toi, mon bien-
« aimé, de donner le dernier baiser du frère, le
« premier et dernier baiser de l'époux à la vierge
« qui ne pouvait savoir de toi les secrets divins de
« l'épouse. » Eurydice finit de parler, et ses derniers
mots n'étaient plus qu'un harmonieux murmure,
et elle mourut en recevant le baiser fraternel sur
son front virginal, le baiser de l'époux sur ses lèvres
intactes. Tel fut, sur les bords d'un fleuve enchanté,
un cygne tout éclatant de blancheur; telle est la
mort mélodieuse de l'oiseau sans tache, parmi les
herbes embaumées du rivage.

« Orphée reste muet d'étonnement et de douleur;
son esprit s'abyme dans les profondeurs de ce funeste prodige, et son ame interroge avec une im-

mense tristesse les cieux qui n'ont rien changé à leur immortelle splendeur.

« Ainsi les chants de l'hymen devinrent à l'instant même des chants de deuil. Le lit nuptial de la vierge fut un tombeau. Les Pélasges assistèrent en pleurant aux funérailles d'Eurydice; mais Orphée qui voulut chercher sur sa lyre inspirée les sons d'un vain désespoir n'y trouva que les sons extatiques de l'immortalité et de l'apothéose.

« Ouvrez-vous, barrières éternelles, ouvrez-vous
« devant celle que la mort a frappée en vain! Une
« créature qui aima, dont la pensée subsiste après
« elle, une telle créature peut-elle cesser d'être? Cette
« vie de ma vie pourrait-elle être éteinte, et moi con-
« tinuer d'exister? Intelligences, ses sœurs, préparez
« un trône de gloire à votre compagne immortelle,
« qui apparut un instant sur la terre, qui apparut
« sous une forme périssable, devenue par elle une
« forme divine! Elle est restée pure comme l'une de
« vous! Qu'elle entre de suite avec vous dans les
« chœurs des danses célestes! Elle est sans tache, et
« le beau vêtement qu'elle vient de quitter est sans
« tache comme elle! Les hommes ont entendu sa
« voix, mais sa voix seulement, cette voix qui savait
« leur faire comprendre une autre patrie, la patrie
« d'où cette divine étrangère était venue, et où elle
« devait sitôt retourner! Ah! plus que les autres

« hommes j'ai connu la divine étrangère, et son re-
« gard n'a daigné tomber que sur moi! Ne pleurez
« pas! c'est à moi seul de pleurer, encore comme on
« pleure une absence qui doit finir, comme on se
« plaint d'un exil qui touche à son terme, comme
« on regrette un hôte ami qui est venu nous conso-
« ler dans notre exil, et que nous devons retrouver!
« Lumière du soleil, lumière des astres de la nuit,
« vous voulez encore éclairer mes pas comme vous
« avez éclairé les siens! D'autres astres versent une
« autre lumière pour éclairer maintenant ses pas,
« pour éclairer bientôt les miens! Astres inconnus,
« je vous salue d'avance! Hôtes passagers, qu'étions-
« nous avant d'être ici-bas? que serons-nous après?
« Pensée de l'homme, qu'étais-tu avant d'être la
« pensée de l'homme? n'étais-tu pas déja une pen-
« sée éternelle? La mort est-elle autre chose qu'une
« initiation douloureuse? et la vie elle-même n'est-
« elle pas une initiation? Eurydice! Eurydice! tu
« es toujours la fille de la vision, mais de la vision
« éternelle! Tu es l'inspiration de la justice! Pompe
« nuptiale! emblème cher et cruel d'une union
« éphémère, qui devait précéder l'union sans fin,
« voilà donc ce que tu voulais me révéler! Oh! que
« je me presse d'aller où elle est allée! Dieux! dai-
« gnez me dire comment je puis me hâter pour ac-
« complir plus tôt ce que vous exigez de moi, et,

« libre, arriver enfin à elle, arriver à l'union sans
« trouble et sans fin ! Quand un autre pourra-t-il
« chanter pour moi : Barrières éternelles, ouvrez-
« vous devant celui qui ne peut cesser d'être, de-
« vant celui qui est attendu ! Aigle un instant cap-
« tif, tes chaînes sont tombées, étends tes puissantes
« ailes, et envole-toi dans les plaines du ciel, va te
« désaltérer dans la coupe du souverain des dieux !
« Et toi qui fus la vision du temps, quand seras-tu
« pour moi la vision éternelle ? »

« Telles étaient les paroles sans suite contenues dans les chants inspirés du poëte ; elles se mariaient lentement aux sons entrecoupés de sa lyre fatidique, et plongeaient son ame dans d'inexprimables et douloureuses extases. L'enfantement de l'ame immortelle ne se fait pas sans de cruelles angoisses. Pour la première fois Orphée comprit ce qu'était son épouse mystérieuse ; pour la première fois aussi les Pélasges eurent, quoique d'une manière confuse, le sentiment de la vie à venir. Le deuil de l'orphelin désolé était destiné par les dieux à adoucir l'amertume de tous les autres deuils. A mesure que l'homme s'élève dans la sphère de l'intelligence, il augmente en lui les facultés de la douleur ; mais il lui est donné de rallumer au flambeau d'une existence sans fin le flambeau d'une existence passagère tout près de lui échapper. Dès qu'il s'élève à l'appréciation du temps, dès que son esprit conçoit l'avenir, il entrerait dans le désespoir, si l'immortalité ne lui était pas révélée en même temps. Charmante image de la nymphe malheureuse, vous sortirez quelquefois des bosquets de l'Élysée, pour visiter votre époux dans ses songes, pour lui être une vision lorsqu'il méditera dans la solitude, une vision éternelle.

« Cependant le poëte inconsolable passait ses jours à pleurer et à gémir, ses nuits à pleurer et à gémir encore. Il disait : « Qu'ai-je fait aux dieux, « pour qu'ils m'envoient de si cruelles souffrances? « En quoi ai-je mérité de rester seul sur la terre? » Il disait : « Être charmant, fait pour l'amour, et que « l'amour a détruit, vis toujours dans mon ame ; « que nulle autre femme ne règne sur mon cœur! « Demeure mon épouse sacrée! Je n'aurai plus ni « joie ni espérance. Ma vie tout entière sera con- « sacrée désormais à réaliser la pensée qui, sans l'ap- « parition d'Eurydice, eût reposé inutile dans mon « sein. La douleur sera le second génie qui m'expli- « quera les destinées humaines. »

« Les Pélasges ne retinrent plus Orphée; ils lui construisirent une autre barque sur laquelle il courut au travers de nouveaux orages conquérir une nouvelle contrée; il n'emporta pour tout trésor qu'une poignée de ce grain précieux qu'il avait fait croître dans les sillons de l'île.

« La barque qui vient de recevoir Orphée est une barque grossière, ouvrage informe d'un peuple sans art; elle n'est ni peinte, ni ornée de sculptures; aucun simulacre ne la protége, ne la décore; elle ne présentera point aux vents une voile tissue' de lin ou de soie; ses ais ne sont pas réunis ensemble par une poutre prophétesse : le poëte porte en lui toute sa destinée, toutes ses inspirations. Orages et tempêtes, respectez cette fois l'espérance d'un si grand avenir; le héros magnanime ne pourrait plus être sauvé par la fille merveilleuse de la vision.

« Long-temps les Pélasges restèrent immobiles et en silence sur le bord de la mer, à considérer le lieu où ils avaient vu, spectacle merveilleux! la fragile nacelle d'Orphée d'abord fendre les flots comme une navette qui court le long de la trame du tisserand, ensuite se perdre au sein des vapeurs resplendissantes de l'horizon. Alors ils jetèrent de grands cris, et versèrent des larmes abondantes.

« Le récit que vous venez d'entendre, roi de la colline carrée, je le tiens, comme je vous l'ai dit, des prêtres de la Samothrace. On ne s'explique point sur l'institution des mystères cabiriques; ils sont austères et sérieux; ils retracent les créations d'une civilisation antérieure, qui précéda, dit-on, les désastres de cette contrée, alors qu'elle fut séparée du continent par la violence des eaux, alors que le Pont-Euxin, brisant de puissantes digues, s'ouvrit le passage de la mer nommée depuis Hellespont, pour verser une partie de ses eaux dans la Méditerranée. Ces créations d'une civilisation antérieure sont-elles une histoire vraie tirée d'anciennes traditions, ou sont-elles une savante allégorie pour exprimer par de belles images le noble but des sociétés humaines? La sibylle dont je vous ai dit la mort ne faisait que des récits de désolation, qu'elle a emportés avec elle dans les ténèbres où elle a enfoui ses derniers instants. Si nous avions, noble Évandre, à nous occuper de la plus noble science des temps primitifs, j'aurais à vous entretenir de certaines doctrines des sanctuaires cabiriques; selon eux le monde des essences a précédé le monde des substances, et ce fut là le commencement des choses. Quoi qu'il en soit, ces prêtres disaient beaucoup, et savaient plus encore qu'ils ne disaient. Dardanus, assure-t-on, subit l'expiation des mystères cabiriques; et c'est à ce prix que sa race n'a pas été abolie. Orphée adoucit la rigueur des épreuves, ou peut-être les institua, car toujours les voiles s'épaississent sur les origines. On se réfugie à l'ombre d'un grand chêne, et nul n'a vu le gland ignoré qui l'a produit: quelquefois un orage déracine le chêne altier, quelquefois il grandit plus lentement que les institutions humaines, et il leur survit. Roi de la colline carrée, je ne puis rien affirmer; je n'ai assisté qu'à une sorte de théophanie, où sont rappelées les tristes aventures de Perséphone et celles d'Eurydice, traduites en langage symbolique. Moissons dorées, n'êtes-vous pas l'emblème de la vie à venir? Dans ce lieu tout rappelle la douleur et les bienfaits d'Orphée.

« Toutefois il est permis de penser que s'il eût pu rendre la science vulgaire, comme on croit qu'elle l'est en Crète, le héros magnanime n'aurait point hésité à promulguer les mêmes lois pour tous. Une haute prévision lui avait appris que l'humanité, la poésie, la philosophie, les arts, ainsi que la gloire, noble prix du génie, sont choses plébéiennes : cette prévision, Évandre, est fondée sur la connaissance de la nature intime de notre être, sur la contemplation de l'ordre et de l'enchaînement des destinées de ce monde sublunaire.

« Les prêtres de la Samothrace me firent aussi part de leurs conjectures sur l'origine inconnue d'Orphée. Les uns le disent fils de la muse Calliope; d'autres le font naître d'un fils d'Atlas. Quelques uns le croient né dans la Scythie, région de l'exil et du silence, et pensent que son berceau fut merveilleusement apporté à Lébethra, dans la Thrace, où il devait instruire les hommes. On dit aussi que le père de Vola ne peut être autre qu'Olen de Lycie, Olen, chantre célèbre des calamités de l'ancien monde; et la Lycie est la région de la lumière. Orphée ne parla jamais de sa vie, ni d'aucun des siens; il laissa toujours la renommée raconter à son gré.

« Après avoir su des prêtres de la Samothrace tout ce qu'il m'était donné de savoir, je les quittai pour aller dans la Thrace chercher de nouvelles lumières. Fils de la Thyade, ce sera le sujet d'un autre entretien. »

FIN DU LIVRE TROISIÈME.

ORPHÉE.

LIVRE QUATRIÈME.

ARGUMENT

DU LIVRE QUATRIÈME.

Je me suis assez expliqué ailleurs sur ce qu'est la Thrace relativement à la Grèce, dans l'ordre de choses où nous nous sommes transportés.

Il est évident que la poésie épique a succédé à la poésie cosmogonique, perpétuée dans les Mystères, et perdue avec eux. Les débris de cette poésie cosmogonique se reproduisent sous la forme lyrique.

Platon (Lois, liv. IV) établit que l'origine du pouvoir est la force. Oui, mais la force considérée comme signe.

La candidature chez les Celtes était tout héroïque : celui qui avait en lui le sentiment de sa force se présentait pour chef; c'était un défi, et l'élection résultait d'un duel. Dans le moyen âge ce fut une des formes du jugement de Dieu.

Le mot dynastie, tel que l'emploie Platon (Lois, liv. III), a un sens primitif qui fait remonter l'idée au gouvernement patriarcal. Alors les Cyclopes seraient une transformation de la tradition primitive. Le gouvernement patriarcal n'est bien marqué que dans la Bible.

A Athènes comme à Rome, après l'expulsion des rois, on conserva le nom de roi pour les choses de la religion. Ainsi la dignité royale avait un caractère et des prérogatives que rien ne pouvait abolir, et qui subsistèrent toujours. Les races royales et les races sacerdotales étaient dotées d'attributions qui tenaient en quelque sorte à leur essence même. On sait encore que le culte de certaines divinités fut exclusif dans de certaines familles où il se perpétuait. Cette croyance était de l'ordre des choses fatales. Tel fait, tel acte ne pouvait s'accomplir que par le descendant ou par les armes de tel.

L'attrait primitif de la guerre, les combats entre les multitudes, sont les moyens de développer le tout aux dépens des parties qui le composent; toute évolution devient plus rapide.

Une loi providentielle fait que la civilisation est indifférente à l'issue de ces sortes de combats de la force; elle passe toujours du côté du vainqueur.

ORPHÉE.

LIVRE QUATRIÈME.
MELPOMÈNE.

LA THRACE.

« OEagrius, roi des Odrysiens, m'accueillit avec bonté dans sa cour barbare, et composée de guerriers, ses égaux, dont il était le chef redouté. La pensée du poëte divin que je m'étais imposé la tâche de suivre en quelque sorte sur la trace de ses pas, cette pensée fut le lien qui nous réunit dès le moment où je fus admis à son foyer hospitalier. Je racontai à ce roi sans sceptre héréditaire, sans souveraineté sur le sol, je lui racontai l'histoire des premières années, des premiers travaux, des premières douleurs d'Orphée, telle que je l'avais apprise des prêtres de la Samothrace, et telle que je viens de vous la dire, vénérable Évandre. Ce récit fut pour OEagrius une source d'étonnement et d'instruction; il ne savait que les prodiges dont il avait été témoin, les bienfaits qu'il avait reçus. « Jamais,

« me disait-il, jamais dans ses entretiens les plus
« intimes le poëte inspiré ne m'a rien appris sur lui-
« même; je n'ai point cherché non plus à pénétrer
« les secrets de son ame sublime. Je le sentais trop
« élevé au-dessus de moi pour que je me crusse
« permis de l'interroger sur les choses qu'il croyait
« devoir me taire. J'ai aperçu en lui une tristesse
« profonde, mais j'en ai toujours ignoré la cause,
« et je ne l'attribuais qu'à son génie sérieux, ou
« plutôt il était un demi-dieu pour moi. Je ne lui
« ai point entendu prononcer le nom d'Eurydice;
« sans doute ce nom sacré ne venait sur ses lèvres
« que lorsqu'il se réfugiait dans la solitude, soit
« pour se livrer à de graves méditations, soit pour
« s'abandonner en liberté à sa douleur. Vous avez
« pu voir, Thamyris, me disait-il encore, vous avez
« pu voir combien est florissant l'empire étroit que
« les dieux m'ont donné à gouverner. Cette contrée
« aride et montagneuse, en un instant a changé
« d'aspect. Tout est dû à Orphée. C'est lui qui a
« civilisé mes peuples, qui a courbé leurs fronts
« sous le joug des lois. Auparavant je n'avais d'autre
« empire sur eux que celui de la force et du cou-
« rage. Mon ascendant était dans mon bras, dans
« mon dédain pour tous les obstacles, dans mon
« regard inflexible. Ma voix les faisait trembler; ils
« m'obéissaient, parceque je les surpassais en mœurs

« farouches et féroces; ils me suivaient au sein des
« dangers, parceque je m'y précipitais aveuglément
« le premier; dans la guerre, si toutefois on peut
« appeler guerre de tels combats, ils reconnais-
« saient leur chef à ses fureurs et à la sûreté de ses
« coups. D'ailleurs, vous le savez, et je l'ai compris
« à mesure que mes facultés se développaient, il y
« a dans les hommes une disposition à l'ordre so-
« cial, un goût inné d'harmonie qui les fait se
« soumettre au pouvoir dès que le pouvoir se pré-
« sente avec la confiance en lui-même, et cette con-
« fiance vient des dieux. L'autorité est une inspi-
« ration. Ainsi les peuples m'obéissaient, mais ils
« m'obéissaient en frémissant. Le fait n'était point
« sanctionné par le droit, ni l'obéissance par l'as-
« sentiment; le lien qui unit les peuples et leurs
« chefs n'était point formé, et les chefs, aussi bien
« que les peuples, en ignoraient le mystérieux tissu.
« Du moins c'est ainsi qu'Orphée m'a depuis expli-
« qué la nature de mon empire. Je n'étais donc
« point roi; le pouvoir que j'exerçais était un pou-
« voir sans nom, sans signe, sans limite, sans du-
« rée. J'ai été fait roi par Orphée en même temps
« que les Odrysiens sont devenus réellement un
« peuple, car le pouvoir et l'obéissance ont une
« même origine. C'est la contrée la plus âpre qui
« a produit tous les enchantements de la musique;

« c'est la langue barbare qui est la langue reli-
« gieuse.

« Apprenez maintenant, ô Thamyris, comment
« les choses se sont passées. Vous m'avez dit que le
« poëte divin était apparu à Eurydice du sein de
« la tempête; à moi, c'est au sein de la bataille,
« orage bien plus terrible, et la bataille n'avait
« d'autre motif que celui de nous disputer la terre
« où nous étions trop pressés. Nous étions tous en-
« gagés dans la forêt de Dodone. Les arbres pro-
« phétiques poussaient de sinistres gémissements.
« Les dieux du silence et de l'effroi semblaient pro-
« férer de menaçantes imprécations. Le fer nous
« était inconnu; les rochers et les troncs des arbres
« étaient toutes nos armes, et nous n'avions d'au-
« tres vêtements que les peaux des bêtes tuées par
« nous. Des nuées de vautours étendaient leurs
« noires ailes sur nos têtes nues; des troupes de
« loups affamés nous entouraient. Vous eussiez dit
« le combat des géants, ébauches grandes et in-
« formes de l'homme, et nés spontanément de la
« terre. Mais voici un autre spectacle, spectacle
« épouvantable, dont vous ne pouvez vous faire au-
« cune idée. Un instinct féroce nous porte à nous
« servir du feu qui venait de nous être révélé. Était-
« ce pour un tel usage que le sage Titan l'avait
« donné à la race mortelle? Mais aussi n'était-ce

« pas déja un acte de l'intelligence humaine, en-
« core si grossière? Des brandons jetés par nous au
« milieu de l'antique forêt allument tout-à-coup un
« vaste incendie. Les loups se retirent en hurlant,
« les vautours épouvantés s'enfuient dans leurs ai-
« res. Nous restons seuls avec notre rage, et lorsque
« la nuit descendit sur la terre, nous continuâmes
« de nous écraser à la lueur des flammes. Nos fem-
« mes, nos enfants, les femmes, les enfants de ceux
« contre qui nous combattions, chassés de leurs re-
« traites par le feu dévorateur, cherchent un refuge
« au milieu de cette scène de désolation, et se pré-
« cipitent pêle-mêle sous les pieds des combattants.
« Je sentais une terreur intime et profonde, je crai-
« gnais que cette race, âpre comme la contrée, et
« issue de cette race forte qui avait dompté les élé-
« ments, ne fût destinée à périr. L'homme n'aurait
« donc fait que paraître sur la terre, et il n'aurait
« paru que pour s'exterminer! non, disais-je en
« moi-même, une si cruelle destinée ne s'accom-
« plira pas! Dieux qui avez fait l'homme, sauvez-le
« de ses propres aveuglements!

« Il est impossible de prévoir ce qu'eût été l'issue
« de cette horrible bataille, si le carnage aveugle
« n'eût été subitement suspendu par un prodige.
« Des sons d'une harmonie irrésistible vinrent se
« mêler aux cris inarticulés de la fureur, aux hur-

« lements du désespoir, et les calmèrent comme par
« enchantement. On eût dit que les nuées ouvraient
« leurs rideaux d'azur pour verser sur nous la paix
« des cieux. Notre oreille, à peine façonnée, n'avait
« jamais entendu de tels sons; nous n'étions que des
« animaux sans frein, mais l'homme futur était en
« nous. Nous levons les yeux vers la colline escarpée
« d'où partait le concert, vers la colline où la paix
« des cieux s'était abaissée. Nous apercevons un dieu
« revêtu d'une longue robe de lin, il tenait une lyre
« d'or dans ses mains inspirées. Une couronne de
« laurier entourait le front de l'immortel.

« A ce moment, une femme sort du milieu de
« la foule, et fait entendre quelques syllabes d'une
« harmonie étrange. On avait cru d'abord la voir
« surgir de la terre, comme une de ces émanations
« insaisissables qui quelquefois le soir se traînent
« sur les rivages des fleuves, puis se condenser et
« prendre la forme humaine. C'est une femme d'une
« haute stature, une femme inconnue à tous. Ses
« cheveux flottent en désordre sur sa tête singuliè-
« rement belle, la dépouille d'une panthère couvre
« ses épaules admirables, ses yeux brillent d'un
« éclat extraordinaire. Toutefois elle conserve quel-
« que chose de fantastique, et ses traits ne paraissent
« pas avoir été complétement réalisés. Ses discours
« peu à peu deviennent compréhensibles. L'ouïe

« chez nous s'éveille en même temps que se déve-
« loppent en elle la forme et la parole. « Écoutez,
« s'écria-t-elle, écoutez une femme à qui la musique
« a donné toute une existence, la vie même. Écou-
« tez la Voluspa des contrées du Nord, la sibylle
« du siècle nouveau! Je sais toutes choses. Les si-
« bylles du siècle qui vient de finir, je les ai con-
« nues. Elles disaient: « Comment les hommes pour-
« raient-ils espérer de durer, lorsque les Titans ont
« passé?» Elles ont dit en vain! Il ne s'agit plus de
« combats contre les éléments, contre les forces cos-
« mogoniques, contre le chaos. Voilà que la lutte
« est entre les hommes. Celui qui vous apparaît là
« haut, semblable à un dieu, c'est celui que les
« destins ont promis. Il a un nom dans les sphères
« célestes, et un autre nom sur la terre. Il est Or-
« phée pour nous. Il nous apporte la guérison,
« c'est-à-dire qu'il vient relever les natures infimes,
« les rendre égales aux natures fortes. Que l'homme
« succède au Titan! son tour est venu. Celui-là,
« Orphée, l'envoyé des dieux, nous dira les paroles
« sacrées qui font la famille. » A ces mots, elle s'é-
« lance pour gravir la colline; mais à mesure qu'elle
« s'élève, il semble qu'en elle la forme humaine va
« s'évanouissant, et elle finit par se perdre dans les
« flots de lumière dont le sommet de la colline est
« couronné.

« On ignorait d'où elle était venue; on n'a point
« appris depuis où elle était allée; elle ne fut pas
« même aperçue du plus grand nombre. Il ne resta
« donc plus qu'Orphée. Nous nous approchons tous,
« confondus les uns avec les autres, sans songer
« à nous attaquer, ni à nous défendre. Je ne sais
« quel lien de confraternité nous tenait enchaî-
« nés au pied de la colline des merveilles. Les hom-
« mes étaient stupides d'étonnement; les femmes et
« les enfants manifestaient les signes de l'enthou-
« siasme et de l'exaltation, par l'enivrement de leurs
« regards et l'adoration de leurs attitudes. « Un dieu!
« un dieu! » criait cette multitude confuse. Des fa-
« cultés nouvelles étaient créées dans tous. Orphée
« avait suspendu ses concerts, et nous écoutions
« encore. Nous attendions, et le silence le plus pro-
« fond régnait : ce silence n'était interrompu que
« par le bruissement de la forêt que les flammes
« continuaient de dévorer, et par les terribles ru-
« gissements des bêtes féroces, chassées de leurs ta-
« nières. Une lueur affreuse éclairait nos visages
« tout-à-l'heure si menaçants, et projetait en haut,
« sur le poëte divin, une lumière éclatante, mais
« adoucie; arrivée à lui, elle ne paraissait être que
« la lumière même de sa gloire. Bientôt il recom-
« mença ses chants, et nous continuâmes de l'écou-
« ter avec ravissement, jusqu'au moment où le soleil

« parut sur l'horizon. Tout le calme qui avait pé-
« nétré nos ames ne peut s'exprimer; nous restions
« immobiles de surprise et d'admiration. Telle fut,
« pour nous, l'aurore de l'humanité.

« Moi, plus hardi que tous, ou peut-être plus
« doué des desirs féconds de l'intelligence, je vou-
« lus monter sur la colline, pour m'approcher de la
« divinité qui avait eu la puissance de suspendre
« nos fureurs, et qui avait empêché deux multitudes
« destinées à devenir deux peuples de s'exterminer
« brutalement. Je restai la plus grande partie du
« jour avec Orphée. Il m'enseigna les hautes doc-
« trines sociales, les fondements des lois sur les-
« quelles reposent les institutions humaines. Il
« m'apprit que le premier moyen de civiliser les
« hommes était de placer leur vie dans l'avenir, de
« leur faire goûter les charmes de l'espérance. « Ils
« sont misérables, me disait-il, tant qu'ils n'ont pas
« conçu la pensée du lendemain, celle de l'année
« suivante, puis enfin celle de la postérité, car
« toutes les pensées d'avenir se tiennent; pour croire
« à la vie qui doit suivre celle-ci, il faut commencer
« par croire à cette vie elle-même, à cette vie pas-
« sagère. Les races n'existent qu'à ce prix, et les
« races sont une forme de l'éternité; l'éternité, c'est
« le temps non mesurable. Ceux qu'à présent vous
« appelez Odrysiens, et qui naguère étaient sans

« nom, désormais se distingueront les uns des au-
« tres par la diversité des noms. Ils égorgent les
« animaux, pour en dévorer la chair, pour en boire
« le sang. Ils ne savent qu'arracher les racines de
« la terre, et dépouiller de leurs fruits sauvages les
« arbres des forêts. Sitôt que leur faim est apaisée,
« ils se livrent au repos. Leur intelligence ne peut
« se développer. Ainsi le premier moyen de civiliser
« les hommes est de leur enseigner à semer le blé.
« Ils sont alors obligés de prévoir et d'attendre.
« Toute la société est dans ces rudiments grossiers;
« car seulement alors il peut y avoir de saints
« mariages, fondement de toutes les associations :
« la culture du blé, cette lutte pénible contre la
« réalité de chaque jour qui passe, conduit à la pro-
« priété, autre lien moral des hommes, second fon-
« dement de la société. » Il m'apprit aussi que la
« terre n'était pas au premier occupant, qu'elle était
« le prix du travail, qu'elle était une chose divine;
« que, par la culture, elle devient portion de l'hu-
« manité, que l'homme et le sol s'identifient, et que
« la culture est une religion. Les défrichements
« sont donc le culte des dieux de l'humanité, et
« c'est par ce culte qu'il faut tout commencer. « OEa-
« grius, disait-il, sois le pontife de ce culte initia-
« teur! Les formidables travaux des Titans ont pré-
« paré la demeure de l'homme; avec des travaux

« plus faciles, l'homme doit s'assujettir la terre. Parmi
« cette multitude confuse, née fortuitement d'une
« honteuse promiscuité, toi seul, OEagrius, as connu
« celui qui fut ton père. Tharops a quitté la vie, mais
« je t'apprendrai où gît sa dépouille mortelle. Bac-
« chus, dont il lui a été donné de connaitre quel-
« ques révélations, Bacchus a pris soin de le faire
« ensevelir par ses Ménades. Avant toutes choses, tu
« éléveras un tombeau solennel à celui par qui tu
« jouis de la lumière du jour. Toutefois, ajoutait-il,
« ce n'est pas le bonheur que j'apporte aux hommes,
« c'est la puissance du progrès. Au reste, qu'im-
« porte que l'homme soit heureux, pourvu qu'il soit
« grand?

« Fils vaillant de Tharops, je dois te l'apprendre
« pour ton instruction, j'ai voyagé dans les royau-
« mes de la solitude, dans les lieux où l'homme,
« avant moi, n'avait jamais imprimé ses pas. J'ai
« traversé des forêts immenses dont les animaux
« sont en pleine possession, sans doute depuis l'ori-
« gine du monde. Oui, la terre, il est permis de
« le croire d'après d'irrécusables témoignages, la
« terre, durant bien des siécles, fut tout entière
« habitée par les animaux : alors c'était vraiment
« une vaste solitude, puisque l'homme n'y était pas;
« c'est sur les animaux muets que l'homme, doué
« de la parole, a dû conquérir son domaine.

« Ainsi, OEagrius, j'ai voulu savoir ce qu'était la « terre lorsque l'homme ne l'habitait pas encore, « lorsqu'il ne l'avait pas encore façonnée à ses be-« soins.

« Sitôt que l'homme, à peine sorti de la pensée « de Dieu, a voulu visiter l'empire qui lui a été « donné, sitôt qu'il a voulu faire pénétrer la lu-« mière du jour dans une forêt, asile de l'antique « obscurité, tous les génies de l'air, du sol, de l'eau, « des éléments, se sont conjurés pour résister à « l'audace de l'homme naissant.

« Mais le décret divin était rendu.

« Crois-tu, OEagrius, que l'homme ait été placé « debout sur la terre, seulement pour faire fuir « les animaux devant lui, pour essarter pénible-« ment les vastes forêts? Non, c'est pour qu'il y eût « un contemplateur des merveilles de la nature, « c'est pour qu'il y eût une intelligence qui comprît « ces merveilles. Enfin si Dieu a fait sortir l'homme « de sa pensée, c'est pour avoir un adorateur.

« Il faut donc que l'homme adore les dieux, s'il « veut accomplir sa destinée.

« Les bienfaits des dieux à l'égard de l'homme « sont donc au prix de ses sueurs et de sa reconnais-« sance.

« Achevons notre conquête sur la solitude; mais « tous les animaux ne doivent pas fuir la présence

LIVRE QUATRIÈME.

« de l'homme; quelques uns d'entre eux sont desti-
« nés à devenir ses serviteurs, et presque ses com-
« pagnons.

« Fils de Tharops, tu as bien des choses à ap-
« prendre. »

« En parlant ainsi, Orphée me donna quelques
« grains de cette semence précieuse dont il venait
« de me vanter les innombrables bienfaits, et, pour
« mieux graver dans ma mémoire l'art d'ensemen-
« cer la terre, il chanta les préceptes de cet art si
« nouveau et si utile. Il chanta les siècles à venir,
« l'ame immortelle, Dieu créateur de l'homme. Je
« sentais le prodige de la transformation s'opérer
« en moi; mon intelligence entrevoyait déjà un ho-
« rizon sans bornes.

« Il me dit encore ces mots que j'ai peine à com-
« prendre : « Les peuples qui refuseront le bienfait
« du blé seront dits les mangeurs de tortue, pour
« exprimer qu'ils se nourrissent seulement de chair.
« Ils se nommeront amazones, c'est-à-dire privés du
« pain. Ces peuples d'amazones, sans passé, sans
« avenir, sans terre identifiée à eux par la culture,
« ces peuples éphémères, qui auront repoussé le
« principe actif et progressif, seront considérés
« comme des peuples de femmes par ceux qui au-
« ront acquis le blé; et le pain, qui est la force de
« l'homme, recevra par la suite des formes diffé-

« rentes, selon la nature différente de l'homme à
« qui il sera destiné. Le pain sera donc une nourri-
« ture, et la forme qu'il recevra, un symbole. »

« Après avoir demeuré une partie du jour sur la
« colline des merveilles, écoutant alternativement
« les préceptes et les chants des muses, je descendis
« tenant Orphée par la main. Les peuples se pro-
« sternèrent à nos pieds. Lui, le héros pacifique,
« fit entendre quelques accords harmonieux; puis,
« détachant le léger et riche tissu de soie et d'or qui
« flottait autour de la lyre civilisatrice, il en fit le
« bandeau royal dont il ceignit ma tête, dont il
« entoura mon front. Il me salua roi des Odrysiens,
« et les peuples à leur tour me saluèrent de leurs
« acclamations.

« Cependant l'incendie continuait ses ravages
« dans la forêt. Mille cris confus, mille gémisse-
« ments plaintifs en sortaient à-la-fois. « Ne vous in-
« quiétez point, disait avec calme le divin Orphée.
« Parmi tous ces cris, parmi tous ces gémissements,
« nous ne distinguons aucune voix humaine. J'en
« jure la puissance qui m'est donnée, nul de nos
« semblables n'est dans la détresse en ce moment.
« Qu'importe donc que les bêtes féroces soient sans
« tanières? Il faut que le domaine de l'homme s'a-
« grandisse. Cette terre, ravagée par le feu, sera
« plus facilement défrichée; de verdoyantes no-

« vales, des moissons jaunissantes, des prairies em-
« baumées, remplaceront ces tristes forêts, ces bois
« terribles que l'incendie dévore. Les dieux de la
« superstition et de la peur fuiront aussi ces retraites
« profondes, restées jusqu'à présent inaccessibles
« aux regards du jour. Les dieux sans nom doivent
« être remplacés par des divinités qui auront un
« nom. La sombre horreur, l'obscurité immense,
« n'auront plus d'asile. »

« Ainsi me parlait Orphée, et la multitude in-
« quiète se pressait autour de nous, en poussant de
« plaintives clameurs. Elle ne put être, encore une
« fois, calmée que par la lyre divine. Nous mar-
« chons quelques instants au milieu d'elle, et nous
« ne la quittons que pour lui laisser le soin de cher-
« cher sa subsistance ordinaire, nourriture misé-
« rable dont elle se contentera jusqu'à l'accomplisse-
« ment des promesses.

« Ensuite Orphée m'entraîna de nouveau sur la
« colline. J'y demeurai trois jours livré à ses doctes
« entretiens, à ses sublimes instructions. De temps
« en temps d'harmonieux concerts calmaient l'agi-
« tation des peuples, en leur apprenant que nous
« ne les avions pas délaissés.

« Orphée prolongea son séjour parmi nous une
« année tout entière; et cette année ne fut qu'une
« suite non interrompue de prodiges. Il nous apprit

« successivement l'art de se vêtir, celui de se mettre
« à l'abri contre l'intempérie des saisons, celui en-
« fin d'apprivoiser les animaux domestiques. Puis
« il nous enseigna peu à peu cette langue des Hel-
« lènes qui devait remplacer le langage grossier et
« inarticulé des Pélasges, reste imparfait d'une lan-
« gue antérieure qui ne pouvait plus suffire à nos
« nouveaux besoins, aux libres développements de
« l'intelligence.

« Il fonda les institutions qui nous régissent. Il
« marqua les signes dans le ciel, et leurs rapports
« avec nos travaux sur la terre. Il nous raconta
« l'histoire des anciens jours. Il nous donna en
« même temps la religion des tombeaux, la reli-
« gion des mariages, la famille, le passé et l'a-
« venir. »

« Ici, vénérable Évandre, OEagrius ne craignit
pas d'entrer avec moi dans tous les détails d'une
législation rude et restreinte, qui ne pourrait vous
offrir aucun enseignement profitable; je m'abstien-
drai de vous les faire connaître. On vous a dit sans
doute qu'Orphée avait apporté dans cette contrée
le culte de Bacchus, c'est-à-dire le culte du principe
actif de l'univers, comme Cérès en est le principe
passif. Bacchus est le dieu de l'émancipation plébéienne; dans ses courses civilisatrices il allait pro-
mettant à tous l'isopolitie et l'isonomie. Je pourrais

vous dire plus, Évandre, si Œagrius, qui s'est expliqué sans réserve avec moi sur toutes les choses de la société civile, n'avait mis une défiance extrême dans la communication des choses de la société religieuse; il m'a montré le faisceau, mais il m'a caché le lien sacré qui fait le faisceau. Il craignait de trahir les mystères des barbares, mystères si profonds et si primitifs. Je ne puis donc que former des conjectures à cet égard. Je crois qu'Orphée fonda seulement un culte secret pour dispenser avec mesure l'instruction des peuples. Il avait cru peut-être que la pensée de Dieu avait besoin d'être divisée pour être comprise; et d'ailleurs la pensée de l'homme étant successive, la pensée de Dieu, pour s'assimiler à la pensée de l'homme, devint successive elle-même : Dieu fut dispersé dans ses attributs. Le culte secret fut le gardien de la pensée première, l'insondable unité. Le culte public ensuite s'est enté lui-même sur le culte secret; bientôt se sont formées les orgies sacrées; des ménades vinrent d'Argos pour ajouter, par la grace et la vivacité de leurs danses légères, à la pompe des cérémonies; et Orphée lui-même, qui plus tard a vu des changements si rapides, a porté tous ses soins à conserver la pureté du culte secret, et à tempérer les accroissements du culte public. Et cependant remarquons pour notre instruction que les peuples de la Thrace, sortis tout-à-coup de leur abrutissement, ne furent point partagés en plusieurs classes: chez eux le dépôt des dogmes et des doctrines fut confié à des prêtres, et non à un patriciat sévère. D'autres trouveront une telle initiation incomplète; et je crains qu'un développement trop rapide ne puisse porter tous ses fruits. N'en accusons point Orphée; il ne pouvait établir des limites et des grades au sein d'une multitude égale dans ses ignorances, ou plutôt il ne le voulut pas. Quoi qu'il en soit, il ne faut pas croire que tout fût à créer autour de lui; nulle race n'est sur la terre dans un dénuement absolu de traditions. Pour les peuples, ainsi que pour les hommes, imprimer un mouvement à l'intelligence, c'est ébranler la mémoire. Revenons maintenant, sage Évandre, aux discours que me tenait OEagrius.

« Mon grand âge, me disait le roi des Odrysiens,
« la barbe blanche qui couvrait ma forte poitrine,
« me défendaient de donner le nom de père à Or-
« phée, tout brillant de jeunesse, et ce nom de
« père, sans doute il l'avait bien mérité; j'osai donc
« l'appeler mon fils. Un jour que je lui adressais des
« actions de graces pour la paix profonde où nous
« vivions, il me dit: « Roi d'un peuple nouveau, je
« dois vous apprendre que la guerre est une des
« plaies inévitables de l'humanité. Ces combats af-

« freux, où je vous ai surpris, étaient-ils autre
« chose qu'une première secousse donnée à vos fa-
« cultés jusqu'alors ignorées de vous-mêmes? Vous
« ne tarderez pas de savoir que le commerce et la
« guerre sont des voies de civilisation. L'état social
« manifestant les besoins de l'homme, et partageant
« les moyens de les satisfaire entre ceux qui sont
« réunis dans l'association, il en résulte un échange
« nécessaire pour répartir les fruits des travaux di-
« vers dans la même contrée. De là le commerce
« dans l'intérieur d'un pays. Cette cause, et celle qui
« résulte de la variété des productions qu'offrent les
« différents climats de la terre, formeront bientôt le
« commerce extérieur. L'Asie et l'Europe commen-
« cent à se mêler. Il viendra un temps où nul cli-
« mat ne sera étranger l'un à l'autre, où toutes les
« mers se communiqueront entre elles. La guerre
« elle-même, qui semble être le résultat de la bar-
« barie d'où vous sortez, est quelquefois un effet
« terrible de la civilisation, et sert à ses progrès. Elle
« produit des circonstances qui obligent l'homme à
« connaître, à déployer des sentiments d'un autre
« ordre, à braver les dangers, à faire le généreux
« sacrifice de sa vie, non par dédain pour l'existence,
« mais par vertu. La guerre aussi est un échange de
« facultés et de sentiments. Mais il sortira de la
« guerre une autre sorte de justice; elle sera sou-

« mise à des règles; les dieux seront pris à témoin
« avant de la commencer; elle se déclarera par des
« hérauts inviolables; la paix qui la suivra sera ci-
« mentée par des alliances, par la foi jurée; l'huma-
« nité triomphera d'un courage brutal; le vaincu ne
« sera point misérablement égorgé; enfin il y aura
« un droit de paix et de guerre, un droit qui régira
« les peuples entre eux, comme dans chaque peu-
« ple il y aura un droit qui régira les rapports des
« hommes d'une même association; et cette asso-
« ciation sera la patrie. La propriété, la famille, la
« patrie, le pouvoir, l'obéissance, sont créés en
« même temps; et toutes ces choses contiennent à-la-
« fois mille douceurs et mille amertumes, sont des
« gages tour-à-tour d'agitation et de tranquillité.
« Ceci, je vous le dis dès à présent, pour ne pas vous
« laisser ignorer que le calme dont vous vous ré-
« jouissez avec raison ne peut être durable. L'état
« social n'est point un état de repos; c'est le plus
« souvent un état d'orage et de grande souffrance;
« c'est un moyen employé par la providence des
« dieux pour perfectionner l'homme. Le bonheur
« n'est pas le but de la race humaine. »

« Pendant que le poëte prophète me dévoilait de
« telles destinées, il ne me semblait point qu'il me
« racontât des choses nouvelles, mais bien plutôt
« qu'il réveillât en moi des souvenirs profonds qui

« étaient la portion la plus intime de mon être. La
« puissance de dynastie fut ma vertu humaine.
« Toutefois, je dois le dire avec le sentiment mo-
« deste de mon infériorité, je n'ai point deviné l'é-
« nigme du Sphinx, qui est le secret perpétuel des
« races royales; elle m'a été apprise. Le sceptre, sym-
« bole éclatant, fut remis en mes mains; mais il m'a
« été confié, et, quoique je connaisse le nom de mon
« père, ma race commence à moi.

« Lorsque Orphée se retira du milieu de nous, il
« ne nous abandonna pas entièrement. Il allait vi-
« siter tantôt sa chère Samos, dont vous m'avez dit
« les poétiques créations, tantôt les sages de Per-
« game, tantôt ceux de la Créte; tantôt il allait étu-
« dier les phénomènes de l'île, naguère flottante, de
« Délos; ensuite il revenait sur nos rivages pour
« surveiller, diriger, encourager les progrès de l'état
« social, et pour envoyer des colonies de civilisa-
« teurs dans le reste de l'Archipel. On croit qu'un
« de ces voyages fut consacré, dans les souterrains
« de l'Égypte, à approfondir les sciences les plus re-
« levées qu'il soit donné à l'homme de comprendre.
« Durant son dernier séjour dans la Thrace, il a,
« sans l'avoir prévu, jeté dans le cœur d'une jeune
« et belle ménade le funeste poison d'un amour
« qui doit la conduire au tombeau. Elle ne peut
« manquer de paraître devant vos yeux, cette vierge

« malheureuse, qui fut trop éprise des prodiges
« opérés par Orphée, et qui compta trop sur le pou-
« voir de la beauté. Enfin le poëte divin a disparu
« tout-à-fait pour nous; il ne nous a laissé que sa
« lyre, dont personne encore après lui n'a osé tirer
« des sons. Sans doute que depuis il a continué
« ses voyages qui doivent avoir une si grande in-
« fluence dans le monde; et j'ignore à présent la
« suite de ses aventures. Peut-être le reverrons-nous
« un jour. »

« Tel fut, dit Thamyris en se reprenant, tel fut
« le récit du roi de Thrace, de ce roi nouvellement
« investi de la puissance du sceptre, nouvellement
« éclairé sur le sens de l'énigme du Sphinx; vous
« comprendrez facilement, ô Évandre, à quel point
« ce récit agitait toutes mes pensées. Et vous, roi
« pasteur, je vois par l'attention que vous prêtez
« à mon discours que je puis continuer ces entre-
« tiens. »

« Vous ne devez point douter, poëte illustre, dit
« Évandre, du charme que j'éprouve à vous enten-
« dre. Ceux qui ont prétendu que votre lyre avait été
« brisée, sans doute ont été trompés par des bruits
« mensongers. Mais souffrez, Thamyris, que je vous
« témoigne mon étonnement. La religion, les lan-
« gues, les plus augustes mystères, viennent des

« barbares; c'est ainsi du moins que j'en ai toujours
« entendu raconter l'origine inscrutable; nous leur
« devons les expressions voilées, les mots qui ont un
« sens inconnu, les formules puissantes et irrésis-
« tibles; nous leur devons enfin tout ce qui annonce
« les communications de l'homme avec la Divinité,
« tout ce qui mérite le respect ou commande la
« terreur. Ma curiosité sur des sujets si importants
« est loin d'être satisfaite par tout ce que vous me
« dites de la Thrace. »

« Vous avez raison, irréprochable Évandre, ré-
« pond Thamyris, de trouver insuffisantes les choses
« qu'OEagrius a consenti à me dévoiler. Toutefois
« n'ayez point trop d'impatience; plus tard vous
« recevrez la lumière que vous desirez. Qu'il me
« suffise quant à présent de vous répéter que nul
« coin de terre ne fut jamais sans tradition, et qu'é-
« veiller l'intelligence, c'est réveiller la mémoire.
« D'ailleurs Orphée n'avait point vu les pyramides
« lorsqu'il institua la Thrace. Je vais donc continuer
« mon récit. »

« Pendant que j'étais chez OEagrius, un peuple
voisin se jeta sur les moissons, et les ravagea; c'é-
tait comme un peuple de bêtes féroces. Il dévorait
encore la chair crue, et se nourrissait de gland. Il
venait des forêts de la Chaonie. Les Thraces désolés

d'une calamité si cruelle, qui menaçait d'anéantir les fruits de leurs travaux, la longue attente d'une année, se réunirent autour de leur roi en poussant des cris de vengeance et d'extermination. « Trai-
« tons-les, disaient-ils, à l'égal des animaux dont ils
« ont conservé toutes les mœurs farouches. » « Sans
« doute, répondit Œagrius, il faut mettre un terme
« à de telles calamités; sans doute il faut que les
« sueurs du travail n'arrosent pas inutilement la
« terre : c'est bien assez de l'incertitude des saisons.
« Orphée m'a enseigné la nécessité de la guerre,
« mais il m'a enseigné en même temps l'humanité.
« Souvenez-vous donc, souvenez-vous que naguère
« vous ressembliez à ces hommes : comme eux, vous
« déchiriez la chair crue; comme eux, vous tiriez
« votre nourriture du fruit du chêne. Vous aussi,
« vous avez été amazones, et vous n'êtes encore
« qu'arimaspes, puisque vous ne savez voir qu'avec
« un œil : veuillent les dieux que vous deveniez un
« peuple complet, un peuple doué de tous ses or-
« ganes! Souvenez-vous enfin depuis combien peu
« d'années vous avez recueilli votre première mois-
« son. Souvenez-vous encore d'un événement bien
« plus récent. Les fléaux du ciel, les débordements
« des fleuves, n'ont-ils pas anéanti l'année dernière
« la moisson qui faisait votre espoir? On eût dit que
« les éléments conjurés voulaient reconquérir leur

« ancien empire, et les Titans n'existaient plus pour
« de tels combats. Les bornes si récentes de vos
« héritages furent déplacées par la violence des
« eaux. Vous ignoriez que les véritables confins de
« la propriété ont dans le ciel des bornes qui ne
« peuvent se déplacer. Alors, veuillez vous en sou-
« venir, rien n'égala votre fureur. Vous demandiez
« à retourner à vos forêts; vous maudissiez la sain-
« teté des mariages, qui vous donnait des enfants à
« nourrir; vous maudissiez la religion des tom-
« beaux, qui vous faisait une terre natale. Il ne
« s'agit donc point d'exterminer ces malheureux
« qui sont ce que vous avez été avant que vous vous
« connussiez, ce que vous vouliez être lorsque vous
« vous êtes connus. Il faut les vaincre, les soumettre
« au joug des lois, et leur faire aimer l'ordre social
« que nous leur imposerons. Pourquoi n'auraient-
« ils pas à leur tour la connaissance d'eux-mêmes,
« la capacité du bien et du mal? Les dieux nous les
« envoient pour qu'ils entrent avec nous dans les
« voies de l'avancement progressif. Ils ont voulu
« que la guerre fût aussi un moyen de civilisation
« et de sympathie, car tout est souffrance dans la
« condition humaine. Ces mortels sont comme des
« animaux; soufflons sur eux le souffle créateur qui
« fait les hommes. Si Orphée était au milieu de
« nous, peut-être il les vaincrait par le seul charme

« de l'harmonie; et, vous ne pouvez en avoir perdu
« la mémoire, c'est ainsi que nous avons été sub-
« jugués. Nous avons été plus favorablement traités
« par les dieux. »

« Œagrius parlait avec calme et autorité, mais ses peuples, dépouillés, depuis si peu de temps, de leur barbarie, l'écoutaient à peine. Aveuglés par la rage, ils étaient tout près encore de revenir à leur instinct féroce. C'est ainsi que la passion ramène souvent l'homme à sa brutalité primitive. « Sommes-
« nous donc réduits, criaient-ils de toutes parts, à
« laisser ravager nos moissons, égorger nos trou-
« peaux? Que nous servira de nous être façonnés à
« des arts nouveaux, propres seulement à affaiblir
« le courage? Ah! retournons à l'indépendance des
« forêts. Du moins nous ne craindrons pas de nous
« voir ravir notre subsistance. Nous serons en sûreté,
« car nous veillerons toujours. Nous ne nous repo-
« serons plus sur les haies de nos champs, sur les
« seuils inviolables de nos maisons. Nous ne serons
« plus obligés d'attendre que la terre nous donne, à
« force de sueurs, des moissons incertaines; nous
« savons à présent qu'elles peuvent être détruites
« par tous les fléaux du ciel, et par les déprédations
« de nos voisins. Le chêne jamais ne refuse son fruit;
« et si la foudre le frappe, la forêt n'est pas frappée
« tout entière. Malheur! malheur à qui a voulu

« armer de la hache fatale nos mains téméraires!
« Bois vénérables de l'Hémus et du Rhodope, que
« ne subsistez-vous encore! Vous n'avez pu être ga-
« rantis par le respect et la terreur qui habitaient
« dans vos retraites jusqu'alors inaccessibles. Ah!
« ces gémissements que nous entendions, et qui
« semblaient des plaintes funèbres, n'auraient-ils
« pas dû être pour nous un avertissement salutaire?
« Les dieux de l'obscurité et du silence nous pu-
« nissent, et nous mourons de faim dans nos sillons
« impies. »

« OEagrius leur laissa exhaler leur fureur; puis
me donnant la lyre d'Orphée, il me conjura d'en
tirer quelques uns des sons que m'avaient enseignés les Muses. J'obéis, et le souvenir seul du poëte
divin, réveillé par mes chants, fut comme une vive
apparition pour cette multitude. Toutes les facultés
de l'imagination furent ébranlées à-la-fois par la
lyre aux confins célestes; les murmures confus se
perdirent dans l'harmonie civilisatrice.

« Cependant le roi fit comme des dispositions mi-
litaires. Il réunit les hommes, il choisit les plus
jeunes et les plus forts; il n'avait pas besoin de tous.
Pour la première fois, on vit une armée.

« Le vénérable OEagrius monta sur un char traîné
par de puissants taureaux, qui n'étaient point encore accoutumés au joug, emblèmes vivants de ces

peuples. Il me fait placer à côté de lui sur ce char informe, dont le fer presque brut faisait toute la solidité. Le roi avait une longue lance, armée d'un fer aigu. Une peau d'ours couvrait ses larges épaules, et enveloppait ses reins vigoureux. Sa longue barbe descendait rudement sur sa poitrine velue, siège de la force; sa chevelure terrible flottait au gré des vents; ses yeux lançaient des éclairs, son sourcil faisait trembler. J'étais assis à ses côtés, et je tenais la lyre d'Orphée. Je n'étais point aveugle, je n'étais point cassé par la vieillesse, mon âge était celui d'une séve ardente et généreuse, et mes yeux, comme ceux de l'aigle, s'abreuvant avec joie des rayons du soleil, voyaient jusqu'au bout de l'horizon. De jeunes hommes, forts et nerveux, armés de javelots longs et durcis au feu, tenaient de leurs mains imployables les cornes recourbées des taureaux qui obéissaient avec révolte. Tantôt ils les piquaient de leurs javelots, pour les faire avancer; tantôt ils les saisissaient par leurs naseaux fumants, pour les contenir.

« D'autres hommes étaient montés sur des chevaux sauvages, car les Centaures venaient de parvenir à dompter ce noble animal, qui jusqu'alors avait vécu libre au fond des forêts. Les cavaliers étaient en petit nombre, parceque l'art était nouveau; et Œagrius, trop vieux pour l'apprendre, avait été obligé de se contenter du char grossier que je viens de décrire. Les cavaliers avaient des piques brutes; leurs têtes n'étaient point protégées par des casques. Les armes défensives n'étaient point connues, et ces peuples ne songeaient qu'à donner la mort, sans s'occuper du soin de ménager leur propre vie. Après cette petite troupe de cavaliers, marchait sans ordre la multitude des fantassins avec d'énormes massues, de lourdes haches et les flèches légères, qui n'avaient encore servi que pour percer les oiseaux dans les airs. Je parvins cependant à régulariser les mouvements de cette troupe confuse, par les sons mesurés que je tirais de ma lyre. Plus tard l'hymne fraternel conduira aux combats meurtriers les différents peuples de la Grèce, et leur fera également affronter la fureur des flots.

« La bataille innommée à laquelle j'assistai en frémissant, et qui est restée inconnue aux Muses, cette bataille présentait quelque chose de fantastique et d'affreux. D'un côté, un peuple revêtu d'armes à peine façonnées, agitant des espèces de flèches et de javelots; de l'autre côté, des hommes demi-nus, les épaules simplement couvertes de peaux de bêtes, sans armes, lançant des blocs de rochers et des arbres déracinés. Je croyais voir une apparition de ces géants farouches, dont la mémoire s'est conservée dans les traditions mythiques.

La rencontre des deux armées fut comme la rencontre de deux phénomènes épouvantables, de deux trombes inanimées. Le désordre des éléments vint ajouter à l'illusion terrible d'un tel souvenir. La tempête parcourait l'horizon sur son char de feu. Mille tonnerres retentissaient au loin sur le Rhodope et sur l'Hémus. Des nuages noirs d'épouvante semblaient ramper le long de l'Hèbre. Mille fantômes sortaient des vallées silencieuses. Des voix couraient en gémissant; on ne savait si c'étaient les voix des dieux de la peur, ou celle des bêtes affamées. Les cris des barbares dominaient tous ces bruits effroyables. Jamais on ne vit un tel dédain de la vie. La vie en effet ne pouvait avoir rien que d'odieux pour des peuples sans avenir, sans espérance, sans lien social. Après la première mêlée, lorsque les Thraces eurent épuisé leurs flèches, ou brisé leurs lances et leurs javelots, et que le combat devint un combat corps à corps, l'infériorité se déclara pour le peuple qui apprenait à estimer la vie, car il n'y avait encore rien de généreux et d'élevé dans des hommes si nouvellement appelés à l'état social. Le sentiment de l'amour de la patrie, le sentiment de la gloire, noble compensation du danger, ne seront développés que dans l'âge suivant. Dans l'âge suivant, pour la première fois, les poëtes tresseront des couronnes immortelles, mais il faut auparavant que les hommes et les lieux aient des noms ; car quel que doive être votre étonnement, sage Évandre, je ne puis vous le taire, OEagrius était encore le seul qui eût un nom, le seul dont le père eût un tombeau. Les Titans n'avaient laissé de noms que là où était marquée l'empreinte de leurs pas puissants.

« Le roi barbare vit le désavantage de ses troupes. « C'en est fait, me dit-il, si nous ne parvenons à « rendre le courage à nos Thraces, amollis déjà par « de si rudes ébauches de société, amollis sans être « domptés. Si nos brutes ennemis savaient ce qu'est « la victoire, la victoire serait à eux, et la société « naissante serait étouffée dans son grossier berceau. « Heureusement pour nous, ils n'ont pas des yeux « pour voir, des oreilles pour entendre. Cherchez, « Thamyris, sur la lyre d'Orphée, les nombres qui « raniment le courage des hommes ; ce n'est pas « le moment d'inspirer de pacifiques émotions. Faites « triompher la force intelligente sur la force aveu- « gle. » OEagrius ignorait que même Hercule enfant ne peut être dévoré par des couleuvres ; il ignorait que la victoire, qu'elle se fût trouvée du côté de la force intelligente ou du côté de la force aveugle, toujours eût créé un peuple. Toutefois j'obéis au roi barbare. Ces sons merveilleux, quoique produits à l'insu de ma faible science, opèrent un double prodige. Les Thraces prirent une attitude menaçante, en même temps que leurs ennemis sentaient un ascendant qui les dominait. Les éléments se calment, l'obscurité immense se replie comme un voile, la lumière du soleil vient éclairer le triomphe de la civilisation. Dès-lors le combat ne fut pas long à se décider. OEagrius, réprimant la sauvage fureur de ses arimaspes, fit cesser le carnage. Il laissa les victimes échapper par une fuite en désordre. Il se contenta d'emmener quelques captifs, dont il protégea la vie avec mille peines. Il agissait ainsi par les conseils d'Orphée. Il soigna l'esprit grossier de ces captifs pour leur faire comprendre un peu la dignité humaine. Je secondai les soins du vainqueur bienfaisant, à l'égard de mortels destinés à devenir des hommes. Ils virent travailler la terre, ils virent de touchantes funérailles, ils furent présents à de saints mariages. Ils reçurent une nourriture qui flattait leur goût. Ceux qui, par la suite, voulurent retourner au milieu des leurs, en eurent la liberté. Il leur fut recommandé, pour toute rançon, de raconter les prodiges et les bienfaits de la vie sociale. Il n'y avait point de pacte à faire, car le droit des gens n'existait pas en fait, il reposait dans un sentiment confus de l'humanité. L'éducation providentielle des hordes indomptées commença par le retour des captifs. Ces peuples étonnés trouvèrent d'abord indigne de l'homme de ne pas tout attendre de la

force. « La nourriture, disaient-ils, ne nous man-
« que point dans les forêts; les animaux finissent
« toujours par succomber sous nos bras. » Ils ne sentaient pas que déja c'était un progrès que de contester les avantages d'une vie nouvelle. « Du moins,
« leur dit-on, acceptez les flèches qui assurent la
« victoire sur les animaux. » Ils commencèrent par
recevoir les flèches; puis ils consentirent à dompter
les taureaux, à labourer la terre, à faire des meules
pour broyer le blé, à manger du pain rendu savoureux par le levain et la cuisson, à se servir encore
du feu pour façonner les métaux, et pour préparer
quelques uns de leurs aliments. Bientôt ces peuples,
que nous appelions sauvages, par opposition avec
les Thraces, ces peuples sans noms, et qui habitaient des lieux sans noms, se confondirent avec
les Odrysiens eux-mêmes; leurs montagnes, leurs
collines, leurs forêts, leurs rivières, et leurs fontaines, reçurent des noms, en même temps qu'ils
reconnurent Dieu, sous divers noms. Les hommes
aussi eurent chacun leur nom, pour se distinguer
les uns des autres. Ce n'est qu'avec un nom que
l'homme peut espérer de vivre dans la mémoire des
hommes; ce n'est que par un nom qu'il peut avoir
un père et des enfants : le nom du patron devient
celui du client, qui brille d'un éclat emprunté; le
nom du maître devient celui de l'esclave, qui est

une chose et non une personne. Il faut des noms aux chants des poëtes.

« Les Telchines avaient découvert le fer et l'airain, qu'ils tiraient des entrailles de la terre. Les Cyclopes de Lemnos ne tardèrent pas de fournir des armes plus perfectionnées aux différents peuples de la Thrace, réunis sous les mêmes lois, soumis au même pouvoir. D'abord on n'avait connu que des glaives aigus, des dards acérés; mais bientôt ils firent de fortes cuirasses, des casques brillants, de larges boucliers. Les arts de la guerre et les arts du labourage faisaient des progrès égaux, car tout marche en même temps, et le monde est civilisé également par l'agriculture et par la guerre. Le commerce à son tour, selon les promesses d'Orphée, contribuera aussi à étendre toutes les conquêtes de l'intelligence humaine; et l'industrie achévera de propager et de perfectionner les arts de la paix. Orphée, vous le savez, Evandre, monta le navire Argo : l'expédition de Colchos ouvrit un nouveau monde. Mais je ne vous entretiendrai point, roi pasteur, de cette expédition aventureuse, dont Jason fut le chef, et qui tient à un autre ordre de choses. D'ailleurs plus d'un récit en est parvenu jusqu'à vous.

« Maintenant, Évandre, je dois vous faire une remarque importante. D'après tout ce que je viens de vous dire, vous comprenez que dans la Thrace il n'y a point de ces hommes nommés héros par les peuples; et, vous le savez, ceux que nous appelons héros sont ceux qu'ici vous appelez opès ou viri. C'est ainsi, fils prudent de la thyade, que les Grecs et les Latins n'emploient pas les mêmes mots pour exprimer des choses semblables, et c'est ce qui doit faire quelquefois pour vous la confusion de mes discours. Orphée donc ne voulut point établir la distinction des ames esclaves, des ames hostès, des ames opès. Quoiqu'il eût appris sans doute de Talaon que dans l'Inde les classes et même les sexes sont séparés par la différence des langues, il donnait à tous le privilége de la naissance, c'est-à-dire il établissait pour tous la sainteté des mariages. La guerre fait les esclaves; l'asile fait les serfs. Orphée n'établit point d'asile, et jamais il ne considéra la guerre que comme un moyen de civilisation. Il voulait que l'éclatante lumière de Phanès éclairât tous les hommes. Les noms qui désignaient quelques régions de l'âpre sol de la Thrace étaient des noms imposés par les Titans durant leur règne cosmogonique; les lieux qui n'avaient pas été foulés par les pieds des Titans étaient restés innommés. L'union conjugale donna un nom humain aux personnes et aux lieux. Par-tout ailleurs l'imposition des noms a commencé par les espaces du ciel, qui eurent des limites avant les contrées de la terre. Cette chorégraphie sacrée, qui unit la terre au ciel, manque également à la Thrace. Ainsi donc Orphée, qui n'avait point reçu de Talaon la glèbe, mais seulement la semence, ne put fixer la propriété sur une base immuable; il ne put faire des Odrysiens un peuple-fundùs. Ainsi donc encore il n'institua point la fête de la naissance, cette fête qui est celle de l'ortùs, si célèbre parmi les nations latines, et qui suppose les classes, la propriété incommunicable en faveur de quelques uns, le lit nuptial identique avec la propriété. Orphée ne croyait qu'à une seule essence humaine. Tout ceci, je le vois, excite en vous un étonnement profond; mais, je dois vous le dire, c'est la cause à laquelle on a attribué le peu de progrès des Odrysiens dans la société; ils ne sortiront pas, dit-on, d'un état de demi-barbarie. Ils pourront avoir des villes, mais on croit qu'ils n'auront jamais de cités. L'outre de l'éternité leur manque. Ils ne connaissent point les rites du sulcùs primigeniùs. Sans ortùs, sans droit de famille, ils seront toujours hostiques, et leur religion sera une religion toute plébéienne. Enfin ils n'ont pas passé par l'initiation de Saturne et de Rhée; ils sont arrivés de suite à celle de Bacchus et de Cérès. Le cruel Arès, redoutable arbitre des combats, celui que vous nommez Mars, telle est, telle sera la grande divinité des peuples divers de la Thrace ; et leurs banquets seront encore de funestes images de la guerre. Mais leurs batailles ne seront plus un aveugle carnage, sans renommée, d'hommes sans noms, proie obscure de vils animaux. »

« Roi de la colline carrée, qui m'avez accueilli
« dans votre cour, continua Thamyris, vous con-
« naissez maintenant les choses que j'avais à vous
« faire remarquer sur cette partie de mon récit.
« Sans doute le peu de bien que j'ai pu faire en
« Thrace sur les pas d'Orphée, et avec le secours de
« sa lyre fatidique, a été cause que je ne vous ai
« point été complétement étranger lorsque les dieux
« m'ont conduit devant vous. C'est aussi ce qui vous
« a fait croire que j'étais né dans la Thrace. Enfin
« c'est la même raison encore pour laquelle j'ai pu
« être considéré comme un disciple d'Orphée lui-
« même. Ma naissance au reste est peu importante,
« et je ne suis rien par moi. Ma destinée est dans
« mon nom, qui signifie voix harmonieuse. Mes in-
« spirations ne sont pas puisées au fond de ma
« pensée; les dieux ne m'ont pas accordé un don
« si magnifique, et je ne suis qu'un reflet de la lu-
« mière.

« Musée vous en apprendrait davantage; Musée

« vous réciterait les chants d'Orphée; mais il ne
« subsiste de lui que son nom. »

Évandre remerciait son hôte illustre des beaux récits dont il enrichissait sa mémoire; il lui demandait des explications nouvelles que Thamyris s'empressait de lui donner toutes les fois que sa propre science n'était pas en défaut, car il n'avait pas l'intention de rien celer au roi pasteur. C'est pourquoi il crut devoir revenir sur une circonstance extraordinaire qui avait signalé la première bataille des Thraces, le peuple de Mars. Évandre eût voulu savoir si la Voluspa qui s'éleva du milieu de cette bataille, et qui, pour ces nouveaux guerriers encore à l'état d'arimaspes, fut comme une apparition fantastique, était ou une mimallone soudainement illuminée par l'inspiration de la lyre, et transformée à l'instant même en sibylle, ou l'une des suivantes de Bacchus, déjà depuis long-temps sortie des rangs des profanes par quelque initiation antérieure, ou enfin si les barbares avaient été trompés par une illusion. Œagrius n'avait pu dire plus qu'il n'avait dit, et Thamyris se trouvait dans la nécessité de ne donner aucune explication à ce sujet; seulement il priait Évandre de remarquer que la Providence, et non la sagesse humaine, préside aux commencements des peuples. « Les barbares,
« ajoutait-il, ont toujours quelque chose de sacré et

« d'obscur dans leurs traditions, dans les premiers
« événements de leur histoire, et d'ailleurs, soyez-en
« certain, les merveilles et les prodiges ne man-
« quent jamais pour l'accomplissement d'un décret
« divin. »

Le poëte ne pouvait pas parler sans cesse d'Orphée; le roi l'interrogeait aussi sur Hercule, autre
bienfaiteur du monde. « Hercule, répondait Tha-
« myris, n'avait point reçu des dieux le pouvoir de
« façonner l'homme; il dut attaquer par la force
« intelligente les forces non intelligentes de la na-
« ture, pour les rendre plus dociles à la volonté et
« aux travaux de celui qui était appelé à recueillir
« l'héritage des Titans détrônés. Les serpents et les
« lions furent des jouets pour les robustes mains
« d'Hercule enfant. Il luttait corps à corps contre
« les fleuves, pour les obliger à répandre la fécon-
« dité et non les ravages sur leurs bords. Les cent
« têtes de l'hydre furent abattues par lui; c'est-à-
« dire qu'il livra à la culture les marais de Lerne,
« d'où s'échappaient des vapeurs pestilentielles, et
« que le laboureur n'aurait pu remuer sans mou-
« rir. Il vainquit Antée et les brigands. Vous ap-
« prendrez plus tard par moi, sage Évandre, que
« l'homme est condamné à faire la terre où il veut
« habiter, à faire l'air et le climat. Ce Vélabre, roi
« modeste, marais stagnant qui baigne vos colli-

« nes, sera de même un jour comblé; car, vous le
« savez, il en sort quelquefois de funestes émana-
« tions. Les troupeaux et les pasteurs périssent; et
« ce sol, si admirablement riche et beau, ne peut
« être habité sans danger. Évandre, les dieux n'ont
« pas livré gratuitement la terre à son noble pos-
« sesseur. Oui, c'est avec raison, excellent prince,
« que vous avez élevé des autels à Hercule, puis-
« qu'il a enseigné à l'homme que sa vie est une vie
« de combat, de combat sans relâche. Le géant An-
« tée ne peut être étouffé qu'en le soulevant de
« dessus le sol, toujours rebelle à la culture. Her-
« cule a traversé l'immense forêt de la terre inculte,
« riche d'une sauvage fécondité, et a ouvert par-
« tout un large sillon de défrichements. Allons donc
« au grand autel d'Hercule; allons aussi à l'autel non
« moins sacré de Féronia, déesse généreuse de ceux
« qui, guéris de leur infériorité originelle, devien-
« nent des hommes libres après avoir acquis la
« capacité du bien et du mal, de ceux qui sont par-
« venus à la dignité humaine, et dont les enfants
« seront ingénus.

« Je vous ai dit, Évandre, que les jaloux patri-
« ciats avaient succédé à l'empire des Titans. Les
« travaux imposés par Eurysthée à Hercule sont
« l'emblème admirable de cette initiation sévère.
« Eurysthée est le grand patricien du monde civil

« qui commence ; Hercule en est le grand plébéien,
« et ce plébéien illustre a fini par conquérir le ciel.
« Ainsi donc la terre est le prix du travail avant que
« le ciel en soit la récompense. »

Tels étaient les entretiens de Thamyris, qu'on a dit fils du fameux chanteur Philamon et de la nymphe Agriope, avec Évandre, roi pasteur, qu'on disait fils de Mercure et de la nymphe Carmenta, la première muse latine. On racontait qu'en venant d'Œchalie, où il était allé visiter le roi Eurytus, Thamyris rencontra les Muses, et qu'ayant eu la témérité de disputer avec elles le prix du chant, il fut frappé de cécité. Il passe pour avoir célébré en beaux vers la création du monde et la guerre des Titans ; mais il ne nous appartient pas de dire ce que nous ignorons.

Bornons-nous à continuer de prêter l'oreille aux récits que faisait le poëte, sous le toit hospitalier d'Évandre, au sein des collines qui un jour seront à-la-fois Valentia, la cité patricienne, Rome, la ville plébéienne, maîtresse des peuples et des rois.

FIN DU LIVRE QUATRIÈME.

ORPHÉE.

LIVRE CINQUIÈME.

ARGUMENT

DU LIVRE CINQUIÈME.

Dans le poëme *de raptu Proserpinæ*, la culture et les lois suivent les pas de Cérès : cette philosophie antique ne fut sans doute pour Claudien qu'une création des poëtes. L'épopée est le premier horizon de l'histoire, chose absolument ignorée alors.

L'île de Lemnos eut un volcan, ce qui donna lieu à y placer les forges de Vulcain; mais ceci est de la mythologie après coup. La mythologie spontanée, celle d'Homère par exemple, place les forges de Vulcain dans le ciel. Il faut ne jamais perdre de vue les signes qui caractérisent divers âges de mythologie.

Nous retrouvons dans ce livre le Tirésias de l'Antigone; mais avec la différence qui doit résulter de celle qui est entre une épopée domestique et une épopée générale. Tirésias est un véritable hiérophante. Je finirai par développer toute la doctrine qui présida à la fondation des villes primitives et des asiles.

Une simple remarque suffira : la ruche est tellement l'emblème de ces villes qu'on y trouve les différents emplois assignés par l'organisation même de chaque abeille, ce qui fut exact pour les divers individus de la cité.

Toute l'antiquité, au reste, fut persuadée qu'il avait manqué un degré d'initiation aux Thraces.

Avant l'appropriation du sol pour la culture, point d'amour de la patrie.

Les Arimaspes, nom d'une forme de civilisation incomplète : ces sortes d'emblèmes embarrassent toujour les historiens anciens, parcequ'ils veulent essayer de dégager les faits de leur forme épique antérieure.

Hérodote lutte ici contre Aristée de Proconnèse.

Je me suis expliqué à cet égard sur les Amazones.

Les ménades ne savaient pas figurer dans leurs danse l'harmonie des sphères célestes.

Les monuments indiquent qu'elles étaient tatouées.

Les chants en l'honneur des dieux étaient partagés en strophes et en anti-strophes : la strophe répondait au ciel des fixes, l'anti-strophe au ciel des étoiles mobiles.

Érigone, voulant conquérir pour elle et pour ses compagnes la capacité du bien et du mal, est, dans la sphère épique, ce que plus tard sera pour nous la Virginie du Mont-Sacré, dans la sphère historique.

La même analogie sera manifestée entre OEdipe et Brutus.

En effet, OEdipe épousant sa mère après avoir deviné l'énigme de l'humanité, et Brutus donnant, par le conseil de l'oracle, le baiser à la terre, qui est, dans cet ordre d'idées, la mère de tous, c'est le même emblème à deux degrés différents ; c'est-à-dire l'emblème de la prise de possession la plus puissante. L'antiquité ne recula jamais devant un symbole, jamais ne refusa de l'épuiser.

Les cérémonies funèbres étaient accompagnées de chants, parceque l'ame allait se réunir à l'harmonie universelle.

A la fin de la Vie de Romulus, Plutarque compare la vie actuelle à une initiation, et la mort à une apothéose.

ORPHÉE.

LIVRE CINQUIÈME.

TERPSICHORE.

ÉRIGONE.

« Durant mon séjour auprès d'OEagrius, les peuples qui gardent les portes de la Grèce envoyèrent une députation à ce roi. Elle était conduite par Tirésias, prêtre de Thèbes, et par un prêtre de Delphes, dont le nom n'a point été prononcé. Tirésias parla en ces mots au roi de Thrace : « OEagrius, fils
« vaillant de Tharops, les peuples chargés par les
« dieux de défendre une contrée qui leur est chère,
« vous font une ambassade solennelle pour ap-
« prendre de vous la destinée de ce héros pacifique,
« généreux, savant, qui vous a fait sortir de vos
« muettes et ténébreuses forêts ; car le monde en ce
« moment paraît se soulever tout entier pour aller
« au-devant d'un glorieux avenir. C'est la voix puis-
« sante d'Orphée qui a fait tomber autour de vous
« les barrières dont vous étiez par-tout environnés.

« C'est lui qui a créé votre intelligence. Nous aussi
« nous avons vu les murs sacrés de l'Ogygie cad-
« méenne s'élever au son de la lyre d'Amphion.
« Dites-nous, roi d'une nation naguère barbare,
« dites-nous si Orphée jouit encore de la clarté des
« cieux, ou s'il est allé dans les demeures heureuses
« rejoindre les dieux qui l'envoyèrent aux hommes.
« Nous voudrions consulter ce génie inspiré, ce
« magnanime vainqueur du chaos de l'humanité;
« nous voudrions l'interroger sur le fondement des
« lois sociales, sur l'origine du pouvoir, sur l'impor-
« tance de cette philosophie admirable que les
« hommes appellent la musique; nous voudrions
« enfin qu'il nous communiquât les secrets de ses
« hautes doctrines sur Dieu, sur l'ame, sur les êtres.
« Que s'il a été ravi à l'amour des hommes, roi
« d'une nation naguère barbare, racontez-nous les
« prodiges qu'il a opérés dans la Thrace. Dites-nous
« et sa naissance, et sa vie, et sa mort, afin que nous
« rendions un culte à sa mémoire. Le fort Thésée,
« le grand Laïus, vous en conjurent par notre voix.
« Nous le savons, les races ingénieuses qui nous
« envoient vers vous sont entraînées par leur ima-
« gination; elles veulent une religion qui parle à
« leurs sens. La vérité a besoin de mille voiles pour
« se montrer à elles; mais enfin il faut que les chefs
« des peuples connaissent la vérité dépouillée de ces

« mille voiles. Orphée seul peut nous expliquer ce
« qu'il est bon de dire, ce qu'il est bon de taire.
« OEagrius, nous sommes prêts à courir sur les
« traces d'Orphée, pour apprendre de lui-même ce
« que nous desirons savoir. Dites-nous donc, si vous
« en êtes instruit, la contrée que maintenant il
« éclaire, ou la retraite qu'il a choisie pour y médi-
« ter en silence. »

« OEagrius répondit avec une noble simplicité :
« Illustres députés de plusieurs nations déja savan-
« tes, la renommée ne vous a point trompés lors-
« qu'elle vous a raconté qu'Orphée avait opéré de
« si grandes merveilles dans la Thrace; toutefois le
« peuple des Odrysiens est encore le seul qui ait été
« conquis par la lyre. Mais roi de ce peuple à peine
« sorti de la barbarie, et naguère barbare moi-
« même, j'ai comme lui subi l'influence du poëte
« divin, sans entrer dans les secrets de sa puissance,
« ou dans les mystères de sa mission parmi les hom-
« mes. Il ne m'a pas jugé digne sans doute de con-
« templer à nu son ame sublime. Je lui obéissais
« comme à un dieu; pour moi ses paroles étaient
« des commandements dont je ne cherchais pas
« même à comprendre le sens. J'ignore donc ce
« qu'il faut dire, ce qu'il faut taire. Il n'y a point
« ici deux peuples dans un seul; je fais partie de la
« multitude. Un citoyen d'Héliopolis vient de nous

« apprendre qu'Orphée est maintenant dans une
« contrée où la science est ancienne. Je ne puis sa-
« voir ce que la sagesse de l'Égypte doit ajouter à la
« sagesse du héros. Et même, s'il faut vous le dire,
« je ne suis assuré ni qu'Orphée existe encore, ni
« qu'il ait pu pénétrer dans les souterrains où toute
« loi-principe est enseignée; car le citoyen d'Hélio-
« polis ne vient point directement des bords du Nil,
« et ne raconte qu'une chose dont il a vaguement
« entendu parler. Le nom d'Orphée est déja si ré-
« pandu, que, même en Égypte, il peut courir de
« faux bruits sur lui comme dans la Grèce bril-
« lante et dans la Thrace obscure. Le monde est
« plein de son nom, et ce nom commence à se mê-
« ler dans les fables, à disparaître dans la nuit des
« traditions: les siècles se hâtent pour de telles re-
« nommées. Quant à l'histoire des premiers temps
« de sa vie, je l'ai apprise seulement de Thamyris,
« qui la tient des prêtres de la Samothrace, île sa-
« crée, nommée chez vous Dardania ou Leucosie. »
Puis s'adressant à moi : « Thamyris, me dit-il, faites
« part à ces envoyés illustres de ce que vous m'avez
« dévoilé à moi-même. »

« Alors, fils de la Thyade, je dis les premières
années d'Orphée; Œagrius à son tour raconta les
prodiges de la Thrace; Tirésias ensuite nous instrui-
sit des aventures du grand Hercule, de sa mort sur

l'Oéta, de son apothéose dans le ciel. Toutefois il parlait comme un initié devant des profanes.

« Les députés, hiérophantes savants, ne pouvaient partir sans assister au saint banquet de l'hospitalité. Ils y gardèrent une sorte de silence superbe à l'égard du roi barbare, dont ils dédaignaient au fond de leur ame les lumières imparfaites ; mais ils respectèrent en moi l'héritier de la lyre, et ils ne craignirent pas de me permettre d'avoir avec eux un entretien. Bientôt ils comprirent que le langage des muses était mon propre langage, et ils me parlèrent avec quelque confiance. C'est dans cet entretien, sage Évandre, que j'ai appris pour la première fois les cérémonies par lesquelles les murailles des villes sont inviolables et religieuses ; j'appris encore le mystère profond des choses fatales, auxquelles tient la durée de l'institution, et dont la plus importante est le palladium, arche vénérée, où sont renfermés les os du fondateur ; j'appris ainsi ce qui fait la différence de la cité mystique, qui est Ogygie, et de la ville profane, qui est Thébes. J'appris enfin dans toute son étendue la doctrine immense des asiles. Le mythe si considérable de Cadmus serpent, et de son épouse Harmonie, me fut révélé par Tirésias, ainsi que le mythe terrible des dents du dragon produisant une moisson de guerriers. Il me révéla en même temps la fameuse énigme du mont

Phicéus, qui est à-la-fois l'énigme de la nature humaine et l'énigme des races royales. « Si pour mon-
« ter sur le trône, me disait le devin, OEagrius eût
« été obligé de deviner cette énigme, je n'en doute
« point, il eût été dévoré par le Sphinx. Orphée, je
« le vois, n'a donné à ce roi barbare qu'une initia-
« tion incomplète. » Tirésias me fit aussi, durant
mon entretien, une peinture des danses orgiques
du Cythéron. Ensuite les ambassadeurs prirent
congé du roi et se retirèrent. Vous avez su, Évandre, tous les évènements de la Cadmée, qui ont
suivi. Le devin illustre les prévoyait; il était facile
de le voir à la tristesse de tous ses discours. Il connaissait trop bien la rigueur des destinées mortelles;
il connaissait trop bien ce que renferme de douloureux l'identification d'une dynastie avec le sol et
avec le peuple. C'est pourquoi, du moins telle est
ma pensée, c'est pourquoi il eût desiré recevoir
d'Orphée des instructions et des conseils, peut-être
même des ordres puissants.

« Alors peut-être en effet eût été épargné au
monde le spectacle déplorable des plus funestes infortunes qui puissent affliger la nature humaine;
car il est permis de croire que si l'initiation à laquelle fut soumise la Thrace fut rendue trop facile
par Orphée, celle qu'Amphion voulut imposer aux
peuples de l'Aonie a été trop rigide, entourée de

trop redoutables épreuves. OEdipe, nom à jamais marqué d'une célébrité malheureuse, tu seras pour les profanes l'éternel emblème de nos misères; mais pour les sages et les poëtes tu seras de plus le vivant symbole de cette violente prise de possession du pouvoir royal saisissant à-la-fois les lieux, les hommes et les choses.

« Quoi qu'il en soit, l'histoire de la semence des dents du dragon me fit comprendre les combats civilisateurs des Thraces.

« Maintenant, vénérable Évandre, il me serait plus facile de résoudre vos doutes sur les différences qui résultent des diverses formes sociales primitives. Tirésias, ainsi que je viens de vous l'expliquer, a bien voulu m'instruire de ce que j'ignorais; et à mon tour, roi pasteur, je vais vous dévoiler une partie des mystères de la cité. Amphion, qui fut le fondateur de Thèbes, étendit les doctrines de la lyre, et les exprima par un rituel harmonieux mais sévère. Il fut auteur, dans le sens le plus rigoureux de ce mot; aussi fut-il dit étymologue et nomenclateur : c'est à lui que sont dus les noms de la contrée. Sa ville retraça les images variées de l'Olympe. Elle fut une île qui devait représenter la terre, et la terre elle-même est considérée comme une île entourée du vaste Océan. Le sillon sacré qui fixe l'enceinte de la ville fut donc l'Océan obscur, borne inviolable. En dedans du sillon sacré est la ville, image de la terre; en dehors est le Tartare. La ville a sept portes, nombre des planètes qui gouvernent les destinées de la terre. La capacité du bien et du mal est l'attribut de ceux sur qui repose le droit; ceux-là seuls composent la cité mystique. Les autres, d'une nature infime, étrangers aux dons de Prométhée, sont les habitants de la ville profane, et aucun droit ne peut leur être communiqué. Les uns et les autres sont dans l'intérieur de la ville, mais ils ne se confondent point. Voilà donc connue la distinction des opès et des inopès. Les opès, comme vous devez le comprendre, participent tous à la chose sacrée; les inopès en sont exclus. Mais si les inopès ne participent point à la chose sacrée, ils ont une religion hors du sillon qui figure l'Océan, dans le Tartare, lieu livré à Saturne, dieu des Titans. La ville exotérique reçut le nom de la célèbre Thèbes d'Égypte. Ogygie, nom d'une île mystérieuse, fut le nom secret de la cité esotérique. La propriété et le mariage, choses identiques, furent le partage exclusif des opès, et il ne pouvait en être autrement. Les inopès, sans noms, sans familles, sans propriétés, sans droits, eurent les noms, les familles, les propriétés, les droits des opès. Ils sont restés étrangers, et ils ne peuvent briller que d'un éclat emprunté. Ainsi Amphion constitua en même temps les patriciats et les asiles, c'est-à-dire qu'il procéda par la voie lente et cyclique de l'initiation évolutive appliquée à ce peuple; il a voulu que l'émancipation fût progressivement mûrie par une tutèle graduée. A présent, Évandre, vous savez pourquoi Tirésias, ami des hommes, eût si bien desiré connaître une législation spontanée, égale pour tous, telle que fut celle d'Orphée.

« Quant à moi, Évandre, de ce que Tirésias, savant dans la science d'évoquer les morts, était venu chercher Orphée en Thrace, je crus ne pas pouvoir douter qu'il ne fût encore sur la terre des vivants; et les paroles du citoyen d'Héliopolis, tout incertaines qu'elles étaient, me décidèrent à aller en Égypte. Je formai le projet, si je n'y trouvais pas Orphée, de m'y instruire d'une autre manière, en tâchant d'obtenir les bienfaits de l'initiation. Il me semblait que tout ce qui m'arrivait en était comme une préparation.

« Mais avant de vous faire connaître mon voyage dans les royaumes de la sagesse, je veux, ô roi pasteur, vous dire les malheurs d'Érigone, jeune et belle ménade, dont un amour sans égal causa la fin lamentable. Comme tout est symbolique dans l'existence des hommes signalés par les dieux, je ne puis m'abstenir de vous raconter une aventure qui sans doute contient un sens profond, sous un emblème de tristesse et de malheur.

« Cette vierge, qui a reçu le nom d'Érigone, occupée aux danses religieuses de Bacchus, courait quelquefois avec ses folâtres compagnes, la tête couronnée de pampres verts. Plus souvent on la voyait errer seule, le front chargé d'ennuis, les paupières doucement abaissées sur ses yeux noyés de larmes. Il était facile de connaître qu'un feu secret la consumait. Souvent aussi elle apparaissait tout-à-coup, échevelée, le sein nu, le thyrse à la main, poussant de plaintives clameurs; de loin sa chatoyante nébride, flottant sur ses belles épaules, la faisait ressembler à un faon effarouché qui fuit les chasseurs. Elle allait dans les forêts et sur les montagnes accuser l'implacable destinée. Ni les danses, ni les chants, ni les jeux des orgies sacrées ne pouvaient tempérer le sentiment de ses maux. « Qu'y
« a-t-il en moi, disait-elle, qui me rend rêveuse et
« insensée? Je me plonge en vain dans l'eau des tor-
« rents; en vain je fais couler sur moi l'onde glacée
« des fontaines. Je me livre à mille emportements;
« je fais retentir l'air de mes cris, je déchire mes
« pieds délicats en courant parmi les forêts les plus
« sauvages, et sur les âpres pointes des rochers. Puis
« soudainement je retombe affaissée sur moi-même.
« Nulle divinité ne viendra-t-elle à mon secours?

« Culte insensé, es-tu fait pour une vierge? » La vue des jeunes hommes alarmait sa farouche pudeur, et néanmoins elle voulait être remarquée par eux. Les hommages lui plaisaient. Lorsqu'elle traversait la foule, et que par-tout sur son passage elle entendait vanter sa beauté, elle était enivrée de ces louanges. Mais rentrée dans la solitude, les louanges n'étaient pour elle qu'un vain bruit. Ces acclamations, qui la sortaient d'elle-même, ne vivaient plus en elle. Que lui importaient les louanges des jeunes hommes? Ah! vierge malheureuse, il te fallait un autre culte et un autre amour. Ton cœur enfante de plus grandes pensées et de plus nobles sentiments. Cérémonies extérieures de Bromius, vous ne pouviez lui voiler entièrement la lumière mystérieuse de Phanès!

« Cependant les prodiges opérés autour d'elle par Orphée éveillent les facultés endormies de son ame :
« Voilà peut-être, dit-elle alors, voilà celui qui doit
« mettre de l'harmonie en moi. Il apaisera mes trou-
« bles comme il a su apaiser les passions discor-
« dantes de la barbarie. Il lui sera plus facile sans
« doute de dompter les sens tumultueux d'une faible
« femme, d'une bacchante obscure, que d'appri-
« voiser les tigres et les ours. Mais non, je le sens
« bien, il lui faudra toute sa puissance pour calmer
« mes esprits, car les tourments qui me dévorent

« sont plus amers et plus impérieux que les passions
« des hommes, que les éléments, que les influences
« mêmes des astres. »

« Enfin elle vit Orphée. Alors d'autres troubles vinrent augmenter ceux qui déja habitaient son sein. Ce ne fut plus le dégoût de son culte, ce ne fut plus le desir d'un autre amour, qui vinrent assaillir son ame. Ses facultés nouvelles tendirent vers le héros avec une violence irrésistible. Elle dédaignait naguère les acclamations des jeunes hommes, elle les méprise à présent. C'était une conquête d'un ordre bien différent qu'elle voulait tenter. Une sorte de vanité s'empare de ses esprits, en même temps que l'admiration. Sa chevelure ne flotte plus en désordre. Sa nébride, dépouille éclatante d'un jeune faon, fut retenue sur ses blanches épaules par une agrafe d'or. Une molle langueur tempérait le feu de ses regards. « Si les yeux du poëte divin pouvaient se
« reposer sur moi! disait-elle; lui qui se croit au-
« dessus de l'amour, si je pouvais l'assujettir à l'a-
« mour! Ma mère, qui fut la plus belle des mimal-
« lones, compagnes de Bacchus, ne m'a-t-elle pas
« appris que la beauté est une fleur éclatante mais
« passagère? Parmi les rapides jours de la jeunesse,
« peut-être en est-il un seul, et, dans ce jour encore,
« peut-être un seul instant, où le fragile chef-d'œu-
« vre, parvenu à toute sa perfection, ne peut plus

LIVRE CINQUIÈME.

« que perdre de son fugitif éclat. Ce jour si remar-
« quable entre les jours, cet instant si rapide, bril-
« lent-ils sur mon visage ? Est-ce à cette heure
« même que la puissance du charme est invincible ? »

« Ainsi parlait la ménade; et l'infortunée ne s'a-
percevait pas qu'elle entreprenait une lutte au-dessus
de ses forces. Vierge trop ambitieuse, tu ignores
sans doute que cet Orphée n'est point un homme
vulgaire; nulle autre que la fille de la vision ne
peut posséder son cœur, et les grandes destinées
qu'il lui est donné d'accomplir sont incompatibles
avec l'humaine faiblesse. Non, elle ne l'ignore point,
mais elle a depuis long-temps été avertie qu'il y
avait une sphère lumineuse où l'amour finissait par
faire pénétrer l'ame la plus obscure; et elle croit
qu'elle pourra s'élever ainsi au niveau d'Orphée. Elle
essaiera du moins ce charme enivrant de fascination
qui réside en elle; perdue dans la confusion de ses
pensées, elle ne craindra pas d'employer, s'il le faut,
le secret des ménades pour enflammer l'imagination
des hommes. Vains projets! vains calculs d'un
esprit égaré! Bientôt elle comprit que l'ascendant
d'Orphée était trop pur, et qu'il ne pouvait subsister
avec la seule idée, l'idée la plus vague de la science
acquise par les séductions de la beauté. Elle-même
sentait son front se couvrir d'un nuage de pudeur,
et ses yeux versaient des larmes de honte. Elle fut

éclairée trop tard; la blessure qu'elle avait reçue était mortelle. Les danses de ses compagnes folâtres n'avaient jamais eu le pouvoir de la satisfaire; néanmoins elle s'y livrait avec plus d'ardeur qu'auparavant. Elle croyait échapper ainsi à son sort. Puis tout-à-coup elle cherche la solitude, pour se dérober également aux recherches ardentes des jeunes hommes, et aux empressements des jeunes filles. Elle veut fuir tous les lieux où Orphée porte ses pas, mais elle est toujours entraînée à se précipiter involontairement avec la foule des peuples, pour entendre les chants du poëte; elle se dit toujours que c'est pour la dernière fois, et toujours elle y est ramenée par une force qu'elle ne peut vaincre.

« Un jour elle ose s'approcher de cet homme merveilleux. Elle n'avait point de couronne sur la tête, et sa main était désarmée du thyrse. Un voile, parure inaccoutumée de la vierge malheureuse, descendait sur son visage charmant. Ce tissu trop léger pour cacher ses traits, pour tempérer la flamme de ses regards enivrés, était à-la-fois un asile pour sa timide pudeur, un attrait de plus pour son incomparable beauté. «Poëte divin, lui dit-elle avec égare-
« ment, je ne sais quelle ardeur allume tout mon
« sang, je ne sais quel vertige affaisse ma tête. Mille
« illusions me tourmentent; la raison m'abandonne.
« Mon sommeil est troublé par des songes funestes,

« et ma veille elle-même est comme un songe dou-
« loureux. Sans doute c'est une maladie sacrée que
« les dieux m'ont envoyée. Tous me disent que la
« musique pourrait me guérir, et voilà pourquoi je
« me mêle à la foule des peuples pour entendre tes
« chants inspirés; mais ce ne sont point de tels
« chants qui peuvent me rendre à la santé et à la
« vie ; ils sont faits pour adoucir les hommes nés du
« chêne ou du rocher; moi, je n'ai point le carac-
« tère inflexible des hommes, je suis une jeune fille
« qu'une femme sans force a nourrie de son lait.
« Les fantômes de la nuit m'épouvantent, les lassi-
« tudes du midi m'accablent, le crépuscule du ma-
« tin m'attriste, et celui du soir me plonge dans
« d'inexprimables angoisses. Aucune heure du jour
« ne me convient, aucune heure de la nuit ne me
« donne le repos. Je ne trouve un peu de calme
« ni dans le fond des forêts, ni sur les sommets des
« montagnes, ni sur les bords des fontaines. Les
« feux du soleil me brûlent, le souffle du zéphyr
« ne me rafraîchit point. Attendris pour moi les
« sons de ta lyre, allons ensemble dans un lieu
« écarté. Je te raconterai les courses des ménades,
« leurs danses symboliques sur le Cythéron, leurs
« combats contre de vaillants guerriers, les fureurs
« de quelques unes, la gloire de quelques autres,
« les lieux où plusieurs ont acquis cette renommée

« réservée aux hommes, et ont obtenu des tom-
« beaux après leur mort. Poëte divin, tu chanteras
« les paroles qui peuvent guérir une vierge infortu-
« née. On dit que le dieu de la poésie est aussi le dieu
« de la médecine. Prends pitié, je t'en conjure,
« prends pitié de la vierge qui va mourir, si tu ne
« viens à son secours. »

« Orphée, ému d'une douce compassion, suivit
Érigone ; il la suivit dans un lieu écarté de la foule.
Elle, exaltée par l'amour, prodiguait aux arbres et
aux fontaines des paroles de joie et de tendresse, qui
attestaient son égarement, et elle marchait toujours,
et elle s'avançait toujours dans la solitude. « Que je
« suis heureuse ! disait-elle ; quel repos est en moi ! »
Orphée était confus et affligé d'un tel délire. Incertain, il ne savait s'il ne devait point abandonner les
traces de la ménade ; mais, emporté toujours par la
compassion, il continuait de la suivre. Enfin elle
s'arrête, et s'adressant au poëte : « Poëte divin, lui
« dit-elle, je te remercie ; maintenant que nous
« sommes dans la solitude, fais-moi entendre les
« accents que tu m'as promis. » Orphée se met à
chanter, en s'accompagnant de la lyre ; il chante
les louanges des dieux immortels, la gloire de ces
ames choisies que les dieux ont suscitées pour faire
du bien aux hommes. Érigone écouta quelques
instants avec calme ; puis son agitation recommença.

« Poëte incomparable, lui dit-elle, ce ne sont point
« là les chants que je te demande. Je te l'ai dit, je ne
« suis point un homme farouche, je suis une faible
« femme qui voudrait se connaître. Le malheur
« m'opprime, je succombe sous quelque maléfice,
« et tu sais des paroles harmonieuses dont le charme
« a le pouvoir de vaincre les maléfices. N'as-tu donc
« point de chant pour apaiser les souffrances de
« l'ame? N'en as-tu point pour affermir la pudeur des
« vierges? Chante, chante les merveilles de l'amour !
« N'est-ce pas l'amour qui a tout créé dans le monde? »

« Que me demandes-tu, ménade infortunée? s'é-
« criait Orphée dans un trouble inexprimable. Ah!
« les accents que tu exiges de moi, depuis long-temps
« sont endormis sur ma lyre. Je ne pourrais les ré-
« veiller sans des peines cruelles; et d'ailleurs je ne
« suis pas le maître de choisir les modes de mes
« chants; ma lyre est comme une puissance surna-
« turelle qui ne rend que des sons inspirés. Mais,
« crois-moi, c'est bien assez de céder à l'amour sans
« chercher à le développer dans les ames. » « Voilà
« qui est parler comme parlerait Minerve elle-
« même, ou la chaste Diane, dit la ménade avec
« un sourire douloureusement railleur. Orphée, je
« vous croyais un poëte, et je ne vous savais pas
« tant de prudence. Je croyais aussi que vous étiez
« susceptible de compatir à toutes les misères. Eh

« bien! c'est le besoin d'aimer qui tourmente mon
« cœur. Oui, je veux aimer. Ne crois pas que ces
« hommes du chêne ou du rocher, appelés par toi
« à des lumières si nouvelles, puissent me présenter
« l'époux de mon choix. Il me faut un dieu, ou un
« mortel que le génie égale aux dieux. Écoute, je
« ne serais pas la première fille de la terre que les
« dieux auraient jugée digne d'attirer leur atten-
« tion. Je suis belle, et nulle n'est plus belle que
« moi. Je sais des danses que les divinités elles-mê-
« mes envieraient. Les Heures, lorsqu'elles voltigent
« autour du char du soleil, en répandant des roses,
« n'ont pas plus de grace et de légèreté. Tu ne
« m'as pas vue jouant avec les tigres dételés de Bac-
« chus; ils frémissent sous ma main qui ne craint
« point de les caresser; leurs yeux clignotants s'al-
« lument, mais ils replient sous leurs pieds leurs
« griffes redoutables, et ils me suivent avec une
« merveilleuse docilité. Ils obéissent à la cadence de
« mes pas, au son de ma voix, aux signes de ma
« main, à la puissance de mon regard. Je suis belle
« avec ma nébride tachetée de couleurs ondoyantes,
« avec mes cheveux flottants, avec mes attitudes
« suaves et variées, et agitant dans les airs un thyrse
« orné de feuillage. Mais personne encore n'a connu
« le fer acéré que déguisent les rameaux verdoyants
« de mon thyrse; ma lance est restée innocente

« comme l'ongle aigu de la panthère apprivoisée
« de Bacchus. Orphée, tu m'apprendras les nobles
« et doux mystères de la lyre, et je ravirai ton ame
« par mes chants, après avoir fait le charme de tes
« yeux par ma présence. Si tu es égal aux dieux,
« fais-moi ton égale. Que ta gloire se repose sur
« moi, et qu'ensuite je meure! Nul être n'est seul
« sur la terre. Les animaux des forêts ont eux-mê-
« mes chacun une compagne. Et toi, Orphée, se-
« rais-tu hors de la loi commune? Ah! le tyran, que
« tu veux que j'évite, déjà me possède tout entière.
« Poëte divin, daigne du moins me redire les chants
« qui te furent inspirés pour fléchir l'inexorable roi
« des morts. » « Jeune et belle ménade, dit Orphée,
« ton mal me cause une pitié profonde; mais les
« chants qui peuvent fléchir le roi des morts peu-
« vent-ils de même fléchir le tyran qui est en toi?
« Érigone, élève ton ame vers les régions étoilées
« où réside l'éclatant Phanès, où habite la majesté
« des dieux. Élève ton ame vers les hautes régions
« de la beauté qui ne passe point. Tu me disais tout-à-
« l'heure : « N'est-ce pas l'amour qui a tout créé
« dans le monde. » Ah! ménade infortunée, il faut
« bien que je te l'apprenne, chaque homme a reçu
« des dieux immortels des devoirs à accomplir; et
« ces devoirs, une fois connus, font entendre leurs
« voix impérieuses dans le fond des cœurs. Elles me

« disent à moi qu'il ne m'a pas été donné de créer
« par l'amour, mais par la puissance de la parole;
« elles me disent de civiliser les hommes, et non
« de régner sur le cœur des femmes. N'as-tu jamais
« goûté le miel qui se trouve dans le creux des vieux
« chênes? On dit que c'est un présent des dieux, et
« qu'il nous a été apporté du ciel avec la rosée du
« matin. Non, il n'est point un présent immédiat
« des dieux, il ne nous vient pas du ciel comme la
« rosée du matin. Une mouche brillante et légère,
« douée d'un instinct parfait, le compose avec l'es-
« sence des fleurs. Symbole des cités futures, mais
« symbole ignoré, le peuple des abeilles est de deux
« sortes; les unes produisent une postérité, les au-
« tres, restées vierges, enrichissent et augmentent le
« trésor commun. La virginité est aussi quelquefois
« imposée aux hommes. »

« Érigone, rougissant d'une douce pudeur, laisse
échapper quelques larmes; puis elle dit d'une
voix émue et tremblante: « Oserai-je, poëte di-
« vin, te rappeler un souvenir? dis-moi, la renom-
« mée a-t-elle menti lorsqu'elle nous a parlé d'une
« femme heureuse entre toutes les femmes? d'une
« femme... » « Ah! reprit Orphée, ne t'accuse point
« de réveiller un souvenir cher et sacré; ce souvenir
« n'est jamais absent de mon cœur. Mais apprends
« ceci, Érigone, nymphe dont le sort devrait tant

« exciter l'envie, si le bonheur et la gloire se mesu-
« raient sur la beauté, apprends ceci. Eurydice ne
« me fut point donnée comme une épouse est don-
« née à son époux. Elle fut ma sœur et ma com-
« pagne mystique. Sitôt que notre pensée se fut
« permis d'envisager les plus augustes mystères de
« l'initiation nuptiale, alors elle me fut enlevée.
« Junon pronuba refusa de sourire dans le ciel.
« Jupiter ombriòs n'avait dans ses trésors aucune
« ame à purifier par notre ministère. La dernière
« initiation que nous avions osé desirer, l'initiation
« douce et redoutable qui contient à-la-fois les pro-
« messes de la vie et les promesses de la mort, cette
« initiation ne put s'accomplir que dans la moitié
« funeste de ses promesses. » « Eh bien ! s'écrie
« Érigone, que cette moitié funeste s'accomplisse
« aussi en moi ! Une telle gloire me suffit ; qu'elle
« me soit accordée, et que la mort vienne ensuite
« me frapper ! Pourrais-je d'ailleurs soutenir le poids
« d'une si grande félicité ? Non, non, les facultés du
« bonheur ont des bornes bien plus étroites que les
« facultés de la douleur ! Je mourrais donc, mais
« que je meure ton épouse ! » Orphée restait en
silence. Érigone était accablée par la multitude de
ses pensées et de ses sentiments. « Réponds-moi,
« Orphée, lui dit-elle, veux-tu que je sois ta sœur ?
« veux-tu que je sois ton épouse mystique ? veux-tu

« que je sois ton esclave obéissante, et que je te
« suive dans tes courses aventureuses, comme les
« tigres de Bacchus me suivent lorsque je les tiens
« en laisse? Tu ne m'enseigneras d'autre science que
« celle de louer les dieux immortels, ou de tendre
« les cordes de ta lyre lorsque tu voudras chanter.
« Je me tiendrai, si tu le veux, en silence devant
« toi; j'obéirai au moindre signe de tes yeux. Pour
« toi, oui, je m'en sentirai la force, pour toi je fe-
« rai taire toutes les voix de la nature. Nul enfant
« ne s'assiéra sur mes genoux, et ne m'enchantera
« de son innocent sourire. Que te faut-il de plus?
« Et cependant comment as-tu été instruit de ce
« qui s'est passé dans les profondeurs où se cachent
« et Junon pronuba et Jupiter ombriòs, divinités
« qui me sont inconnues? Ta pensée a-t-elle des
« ailes qui puissent te porter dans les sphères cé-
« lestes? »

« Orphée, laissant tomber sur la ménade un
triste regard, lui dit: « Érigone, un effort qui fut
« au-dessus d'Eurydice, qui vainquit la fille de la
« vision, ne saurait être facile pour toi, pour toi
« faible mortelle, qui n'es point née d'un Titan. »
« Si un tel effort fut au-dessus d'Eurydice, reprend
« Érigone, sans doute, poëte cruel, ce fut parceque
« toi-même n'étais pas insensible à l'égal d'un ro-
« cher. A quoi servent tant de détours? Je n'ai pu

« t'inspirer aucune pitié, tu méprises une ménade,
« tu voudrais que je fusse vouée aux muses, que
« j'eusse été élevée dans leur noble culte. Poëte
« divin, pourquoi me punirais-tu du crime de ma
« mère? »

« Alors Orphée, s'inclinant sur la ménade, et la
contemplant avec une tendresse toute paternelle:
« Ma fille, lui dit-il, ne crois pas que je dédaigne
« une ménade vouée au culte de Bromius, ne crois
« pas que je condamne ta mère pour y avoir con-
« sacré la belle nymphe dont je cause involontaire-
« ment la peine. Mais, je te l'ai dit, une seule femme
« a pu être à-la-fois et ma sœur vénérée et mon
« épouse mystique. Cette femme fut pour moi la
« vision des dieux; pour les autres elle fut la gué-
« rison des maux. Elle est apparue sur la terre à-la-
« fois pour éprouver et pour purifier. Elle a mis en
« moi des sentiments que les dieux voulaient sans
« doute qui y fussent. Elle a donné la vie à mes
« propres pensées. Quand j'ai été ce que je devais
« être, elle m'a été ravie : c'était tout ce qu'il lui
« était donné d'accomplir. Ah! si tu m'étais ap-
« parue dans la tempête, comme elle m'est apparue
« pour la première fois, croirais-tu que tu eusses
« servi les dieux dans le même dessein? Quoi qu'il
« en soit, Érigone, toute l'inspiration est en moi;
« maintenant nulle créature humaine ne peut rien

« me révéler. Il faut que je vogue seul sur l'océan
« du monde. Mon cœur est un sanctuaire d'où le
« souvenir d'Eurydice ne doit plus sortir pour être
« remplacé par aucune affection qui puisse m'en
« distraire. »

« Érigone à ces mots verse un torrent de larmes,
et Orphée, ému d'une magnanime compassion,
pleure avec la ménade infortunée. Puis d'une voix
entrecoupée de sanglots elle dit : « Oui, je t'ai com-
« pris, je sais ce que fut la fille de la vision; je sais
« que tu dois en conserver religieusement le souve-
« nir. Laisse-moi dans ma solitude et dans ma mi-
« sère. Mais tu ne seras pas remplacé non plus dans
« mon cœur. Non, Orphée, nul ne dormira sur la
« couche parfumée que je te destinais. Continue,
« poëte divin, de travailler à la pénible tâche que
« tu t'es imposée. Tu ne peux être arrêté dans ta
« carrière glorieuse par une pauvre ménade. Ah! je
« m'accoutumerai à ma solitude; ton image pourra
« m'y suivre, puisque aucun obstacle terrestre ne
« sera entre nous. Une seule grace, Orphée, fais-moi
« entendre les chants qui contiennent les leçons de
« la sagesse. »

« Alors Orphée, s'asseyant auprès de la ménade,
entonna un hymne dont voici la grande et noble
pensée: Intelligences humaines, non, vous ne se-
riez pas assez vastes pour concevoir toute la Divi-

nité, pour la concevoir même dans ce qui vous est accessible. Une image simple et unique accablerait l'imagination, éblouirait l'esprit, se déroberait aux sens. Pendant un temps les attributs de la Divinité, séparés par la pensée humaine, infirme, deviendront eux-mêmes des divinités que les mortels adoreront. Les attributs de Dieu seront des dieux, les noms des dieux seront encore des numèns. Orphée se mit ensuite à chanter les noms des dieux, les mille noms du grand Être, et, à chacun de ces noms, il invoquait la Providence éternelle. Poésie admirable, vos accents durèrent tant que dura le jour, et vous apaisâtes tous les tumultes de l'ame. Le poëte et la ménade se retirèrent ensemble. Le soleil venait de disparaître derrière l'horizon; les parfums et le crépuscule du soir formaient une heure délicieuse. Ils s'entretenaient en marchant, et leurs entretiens n'avaient rien de pénible ni de contraint.

« Les jours qui suivirent s'écoulèrent paisiblement. « Enseigne-moi, disait Érigone, enseigne-moi « l'art de tirer des sons de la lyre, afin qu'après « ton départ, poëte divin, je puisse chercher un « adoucissement à mes maux, une distraction à ton « absence. »

« Orphée indécis ne sait s'il doit obtempérer à ce désir peut-être imprudent; toutefois, craignant

de paraître trop sévère, il se décide à essayer ce que pourra la communication de la grande doctrine contenue dans la musique. Il place donc la lyre civilisatrice sur les genoux de la belle ménade, et disposé toute l'attitude de la vierge infortunée avec un soin généreux et paternel. Il lui enseigne comment ses deux mains doivent être occupées en même temps, l'une à presser mollement les cordes tendues pendant que l'autre en détacherait les sons. Il lui apprit la mesure et l'intervalle de chaque son, et la manière dont il devait se marier avec la voix. Érigone, tout à-la-fois docile et impatiente, arrondissant ses bras charmants avec une grace infinie, semblait caresser l'instrument harmonieux; elle commença par en tirer des sons isolés, puis quelques accords timides qui la ravissaient d'une joie naïve. Mais lorsque ses doigts légers vinrent à vouloir faire vibrer celles des cordes qui disent les lois de la société, aussitôt elles se brisèrent avec un bruit éclatant. « Dieux! s'écria Érigone épouvantée
« comme du plus sinistre présage, quel prodige af-
« freux! Ah! je le sais trop à présent, poëte géné-
« reux, c'était pour tromper mes desirs présomp-
« tueux que tu m'appelais nymphe; mais je suis
« une simple mimallone, que ma nature profane
« exclut de toute initiation. La Parque se hâte bien
« de me punir d'un effort sans doute téméraire: des-
« tin inflexible, à quoi me réserves-tu? »

« A ces mots son front se couvre d'une pâleur mortelle, et ses yeux laissent échapper des larmes abondantes. Orphée ne tarde pas à comprendre la cause d'un tel malheur. « Ne te trouble point, Éri« gone, s'écrie-t-il à l'instant même; la faute en est « à moi, j'ai manqué de prudence. J'aurais dû ôter « auparavant ces deux cordes, qui n'étaient point « faites pour être interrogées par toi. Il m'était im« posé, nymphe charmante, de savoir ce qu'il t'était « permis d'ignorer; il m'était imposé de savoir que « tu es privée de la capacité du bien et du mal, fa« culté puissante, barrière, hélas! insurmontable, « qui nous tient séparés l'un de l'autre. Tant que tes « doigts n'ont touché qu'aux cordes mélodieuses de « la prière, la lyre n'avait rien à te refuser; mais « sitôt qu'ils ont voulu ébranler les consonnances « sociales, l'instrument fatidique a poussé un cri « qui nous a avertis tous les deux de notre impru« dence. Érigone, continue avec confiance tes es« sais sur les cordes qui restent, et qui doivent te « suffire. »

« La ménade, confuse et profondément affligée, écoutait à peine ces paroles compatissantes. Elle se sentait comme repoussée à jamais de la haute sphère où elle aurait voulu s'élever avec le poëte divin. Elle vient de recevoir une atteinte mortelle. Cependant elle put reprendre quelque calme; et, se soumettant à sa triste destinée, elle consentit à vaincre sa trop juste douleur. Alors Orphée se mit à lui enseigner les sons religieux qui portent l'ame à la mélancolie, tristesse intime mais non désolée, et qui la font s'élancer dans un autre avenir. « Oui, « disait-elle, voici les sons qui sans doute réjouissent « les ombres heureuses ; Orphée, lorsque tu ne seras « plus parmi nous, lorsque je serai exilée de ta pré- « sence comme déja je le suis de tes facultés émi- « nentes, je ne serai qu'une ombre, mais je serai « une ombre heureuse. » Érigone, docile aux leçons de son maître, et qui avait formé le généreux dessein d'apprendre au moins ce qu'il lui était donné d'apprendre, parvint bientôt à connaître les notes harmonieuses et solennelles de la piété envers les dieux. Orphée crut la ménade guérie, elle-même le croyait ; dans leur sublime innocence, ils ignoraient le pouvoir invincible de l'amour, de l'amour qui se plaît à franchir toutes les sortes de hiérarchies, qui finira par confondre les ordres et les classes.

« Orphée ne pouvait plus prolonger son séjour dans la Thrace ; il se devait à d'autres travaux. Il ne réunit plus que deux fois la foule des peuples. Érigone allait chercher les jeunes ménades ses compagnes, et les amenait pour leur faire entendre les chants d'Orphée. Ce troupeau de mille couleurs variées, ressemblait à ces troupeaux de tigres et de panthères qui accompagnent Bacchus dans ses courses bienfaisantes, dans ses brillantes excursions, dans ses conquêtes civilisatrices. Le sentiment du bien et du beau pénétra dans la plupart des ménades. Les cordes brisées et rétablies de la lyre, consonnantes aux autres cordes, enseignaient la dignité humaine, fondée sur la conviction d'une essence unique. Toutefois de tels prodiges ne pouvaient être opérés que par la main inspirée du poëte lui-même.

« Cependant Orphée partit. Un jour on vit un léger esquif sur la mer orageuse; on entendait de doux accents : c'était Orphée qui, seul, s'abandonnait à la providence des flots. Les peuples réunis sur la plage poussaient des cris d'admiration. Érigone, assise à l'écart, versait des larmes amères. Elle recueillait dans son ame les sons ravissants qui partaient de la barque. Et c'était bien à elle en effet, plutôt qu'à la foule des peuples, que les chants du poëte étaient adressés; car c'était de ces accents qui ont le pouvoir d'apaiser les flots, et de tempérer les rigueurs des mânes. Il voulut écarter un instant de sa pensée le souvenir d'Eurydice, pour mieux calmer Érigone, pour mieux conjurer le malheur. Mais la ménade éprouva encore une fois que nul chant ne peut suspendre les peines de l'amour. Hélas! l'heptacorde, qui était resté entre ses mains, et qui était un gage si précieux de la tendresse toute paternelle d'Orphée, était en même temps pour la vierge malheureuse un triste témoignage de son infériorité. Longtemps encore l'éclatant Phanès de l'égalité éblouira les yeux sans les éclairer. L'avancement des destinées humaines est au prix d'initiations lentes, successives, mesurées.

« Depuis ce jour, on vit la ménade inconsolable fuir ses compagnes, errer dans la solitude. Quelquefois on l'apercevait tout-à-coup, légère comme une biche, mais comme une biche blessée, disparaissant au fond des forêts ; quelquefois suspendue sur des abymes, sautant de rocher en rocher, franchissant les bruyantes cascades ; quelquefois encore elle s'arrêtait au milieu des vastes bruyères, pour essayer les chants mélancoliques d'Olen de Lycie, les chants glorieux de Linus, qu'Orphée lui avait enseignés. Elle vantait les charmes et les félicités d'Eurydice. Souvent on l'entendit entonner un hymne à Bacchus, et cet hymne, sur ses lèvres ardentes, devenait un brillant épithalame.

« Triomphateur de l'Inde, Bacchus, divinité puis-
« sante, viens assister à la noce de ton heureuse
« prêtresse, car tu n'interdis pas l'hymen aux mé-
« nades. Tes prêtresses ne sont pas déshéritées des
« biens de la vie. Viens consoler celles qui sont dé-

« laissées! Viens sur ton char attelé de tigres obéis-
« sants; tes tigres connaissent ma voix. Je sais pres-
« ser sur leurs langues de feu les grappes vermeilles
« dont le suc les enivre. Viens! Évohé! Évohé! Ah!
« que je vive assez pour voir le jour de mon bon-
« heur! »

« Préparez le voile nuptial! continuait-elle, mères
« augustes, dites les paroles solennelles qui éveillent
« le génie des races! Jeunes filles, allez dans les prai-
« ries cueillir les fleurs qui doivent couronner la
« nouvelle épouse! Que l'aurore de l'éternité luise
« par moi sur toutes les mimallones de la Thrace!
« que par moi leurs destinées cessent d'être obs-
« cures! Mes maux enfin sont finis. Après une nuit
« douloureuse, oui, j'ai entendu, et je ne puis en
« douter, j'ai entendu, dans mes songes du matin,
« une voix qui me disait: « Éveille-toi, Érigone,
« éveille-toi, ô la plus glorieuse et la plus belle,
« voici que la barque divine trace un sillon de feu
« sur la mer éblouissante, et te ramène celui que tu
« aimes, celui qui doit mettre un terme à ton op-
« probre! Toutes les cordes de la lyre frémiront
« sous tes doigts désormais inspirés! Éveille-toi! »

« Puis elle ajoutait avec un sentiment profond de
toute espérance déçue: « Hélas! hélas! l'instant si
« fugitif de la beauté passe ainsi qu'une ombre
« vaine; et déjà ne commence-t-elle pas à s'éva-

« nouir? Elle va donc s'éteindre dans la solitude! »

« Bientôt elle cessa d'éviter la foule des peuples. Elle n'était plus vêtue de la chatoyante nébride, et le pudique péplos cachait en partie sa ravissante figure, dont la douleur n'avait point terni la beauté. Elle se mêlait aux jeunes guerriers et aux agriculteurs. Elle parlait sans cesse du poëte divin. Elle redisait le chant de la tempête. Elle disait aussi les mille noms de la Divinité, enfermés dans des vers harmonieux. C'était un spectacle singulier et sinistre de la voir, l'œil égaré, dire les préceptes de la sagesse, revêtus de tout le charme de la poésie; et elle avait perdu la raison, que nul ne s'en doutait. Elle souffrait des maux inouïs, et elle chantait en quelque sorte à son insu le plus souvent des paroles qui avaient un sens très élevé, souvent aussi des paroles harmonieuses dont le sens était indécis. Elle se croyait un être sacré, parcequ'elle avait été honorée de l'affection d'un homme tel qu'Orphée. « C'est lui qui m'a tout enseigné, disait-elle, et nul « ne peut comprendre la multitude et la grandeur « des choses qu'il m'a enseignées. » La foule se pressait autour d'elle, et elle disait encore: « Ne me re- « gardez pas, je suis une vierge sainte; Orphée a « pleuré sur moi. » Et tous, obéissant à la ménade, détournaient leurs regards où brillaient à-la-fois l'admiration et la pitié.

« Je n'ai vu la ménade qu'une seule fois ; c'est lorsque j'arrivai dans la Thrace. Roi pasteur, je ne pourrais vous dire la noble compassion que me fit éprouver l'infortunée. Son visage était pâle. Ses yeux exprimaient en même temps que l'égarement je ne sais quel feu d'amour et de poésie. Elle avait les cheveux rassemblés avec soin sur sa tête. Ses vêtements légers et charmants étaient arrangés avec une grande recherche de décence et de modestie. Un voile rejeté en arrière venait le plus souvent cacher sa figure enivrée de douleur. Ce qu'elle évitait par-dessus tout, c'étaient la parure et les attitudes d'une ménade. Alors elle ne chantait plus les préceptes de la sagesse, mais les charmes fugitifs de la beauté. La souffrance de sa voix touchante annonçait un être en qui la mort habitait déja. Le nom d'Orphée ne venait que rarement sur ses lèvres décolorées ; et dans ces courts instants, un éclair de vie traversait son visage. Elle ne gémissait point sur elle-même ; elle plaignait Orphée d'être condamné à la solitude.

« OEagrius me dit : « Voici la lyre que le poëte « m'a laissée : poëte vous-même, essayez si vous ne « pourrez pas ranimer la vierge qui va mourir ; « c'est la lyre des prodiges. » O roi pasteur, je ne voulus pas mériter le reproche de n'avoir pas tenté au moins un dernier remède. Mes doigts se placèrent sur la lyre civilisatrice ; et, accoutumée aux sons produits par Orphée, la lyre dit plus que je n'aurais su lui faire dire moi-même. « Dieux! s'écrie « la ménade, est-ce donc que le poëte divin revient « parmi nous? Revient-il vers sa fille pour ne plus « la quitter? Oui, oui, tu es mon père. Ah! cette « larme que je sens tomber sur mon front n'est-elle « pas une larme de la pitié paternelle? »

« Cependant Érigone ne put supporter plus longtemps le poids de la vie. Elle succomba. Elle succomba comme la fleur chargée de trop de rosée. Elle fut punie aussi d'avoir voulu changer les destins d'un homme que les dieux s'étaient réservé. Néanmoins sa mort fut paisible. Elle recouvra tout-à-fait sa raison avant de mourir. Elle dit: « Je vais « trouver Eurydice, et j'attendrai auprès d'elle le « poëte divin dans les bocages de l'Élysée. » Son ame se détacha doucement de son enveloppe mortelle, et la nymphe parut s'endormir dans les songes du bonheur. Je me trompe, Évandre; c'était une expression bien plus sublime qui s'épanouissait sur la figure incomparable de la vierge. Vous le savez, le sommeil qui produit les songes a été comparé aux petits mystères, où l'on n'obtient qu'une initiation incomplète. La mort a été comparée aux grands mystères où l'on reçoit la pleine révélation de l'époptisme. Érigone, qui n'avait pu être qu'éblouie par la brillante lumière de Phanès, l'a pu supporter sans peine sitôt qu'elle a eu franchi le seuil redouté de la vie. Elle va se mêler aux chœurs de l'Élysée, et nulle corde de la lyre divine ne se brisera sous ses doigts. Ainsi donc ceux qui sont entrés dans la route continuent d'y marcher lorsqu'ils ont déposé leur vêtement terrestre; et les destinées humaines toujours finissent de s'achever dans une autre vie.

« Les ménades menèrent un grand deuil autour du tombeau de leur belle compagne, morte à la fleur de ses ans, et frappée d'une blessure incurable, d'une blessure que tous les dictames de la terre ne pouvaient apaiser. Les ménades chantèrent des hymnes, puis, emportées à-la-fois par leur douleur et par la vive expression de leur douleur, elles devinrent furieuses, et formèrent le projet de venger les dédains d'Orphée. Mais il ne leur sera pas donné d'accomplir ce dessein insensé. Elles instituèrent une fête anniversaire pour la mort prématurée de leur compagne malheureuse. Dans cette fête lugubre, maintenant, à ce que j'ai appris depuis, elles poussent de terribles gémissements. Avec leurs thyrses, elles figurent Orphée, Orphée déchiré, et jeté dans l'Hébre. Malheur alors au téméraire qui viendrait troubler de pareilles cérémonies! il subirait le sort d'Orphée. Même on dit que les exemples n'en sont pas rares. Ensuite elles se livrent à d'incroyables lamentations pour déplorer ce meurtre. Elles cherchent la grande et noble victime pour lui donner une sépulture honorable, et le nom d'Eurydice retentit le long des rives de l'Hèbre. Elles ne s'apaisent que par les hymnes de l'apothéose. Telles sont donc les renommées qui vivent parmi les peuples! Ainsi la malédiction et la louange s'attachent au même nom, dans le même temps et dans la même contrée. Orphée continue ses brillants travaux comme si sa gloire était insensible à-la-fois à la louange et à la malédiction.

« Mais sachez une chose, vénérable Évandre, sans doute Orphée eût dû périr par les mains des ménades, s'il lui eût été donné de les initier dans tous les mystères de la vie sociale. Vous l'avez vu, un tel pouvoir ne lui fut point accordé. Ces cris confus d'Évohé, qui retentissent dans les orgies, je dois vous le dire, sont des cris dépourvus de sens. Ils manifestent une langue imparfaite, expression bruyante et vague d'une société qui est dans sa première enfance. Toutefois la semence féconde est enfouie dans le sillon ; la moisson ne peut se faire attendre.

« Roi pasteur, j'ai vu et la mort et les funérailles d'Érigone, et le tableau de cette touchante ménade est souvent devant mes yeux.

« Telle fut donc, Évandre, la différence d'Eurydice et d'Érigone. Eurydice était destinée à opérer la guérison, c'est-à-dire à relever les natures infimes. Érigone desira s'élever à la connaissance du bien et du mal, sans en avoir la capacité. L'amour d'Eurydice ressemblait à la pure inspiration du génie poétique; l'amour d'Érigone était la magie même de la volupté. Orphée, héros et plébéien, ops et inops, ne pouvait être l'époux ni de la noble nymphe ni de la ménade restée dans les rangs des mimallones profanes. Les deux vierges ont été ravies par une mort différente et également merveilleuse; elles ont été consumées l'une et l'autre par la lumière trop éclatante de Phanès. »

Ici l'entretien fut interrompu par le vieux Nautès, interprète sacré des oracles divins, non pas seulement poëte, mais aussi prêtre et prophète. Thamyris va continuer ses récits devant le pontife vénérable, pour qu'il connaisse les leçons puisées dans l'initiation.

Écoutons la suite des récits de Thamyris.

FIN DU LIVRE CINQUIÈME.

ORPHÉE.

LIVRE SIXIÈME.

ARGUMENT

DU LIVRE SIXIÈME.

Ici encore lutte de l'épopée et de l'histoire.

Les puissances cabiriques, c'est-à-dire les facultés industrielles primitives, en d'autres termes, les forces humaines appliquées soit à l'essartement, par le feu, de la grande forêt de la terre, soit à la première extraction des métaux; ces puissances, ces facultés, ces forces, tantôt agents cosmogoniques, tantôt génies magiques, selon qu'il s'agit d'organiser la surface du globe ou d'en pénétrer l'intérieur; ces puissances, ces facultés, ces forces divinisées par la poésie, rendues à l'humanité par l'histoire. Dans cette synthèse, lieu véritable de la lutte, la muse de l'épopée et la muse de l'histoire échangent et confondent leurs attributions: c'est alors que l'on voit les profondeurs de l'horizon de l'humanité rapprochées par les merveilles réunies de la perspective poétique et du symbole.

Ainsi s'expliquent les grandes épopées indiennes.

Ainsi M. le baron d'Eckstein vient d'expliquer les épopées du moyen âge, celles qui ont précédé les épopées héroïques et chevaleresques. (*Catholique*, n° 48, décembre 1829.) Il est bien remarquable en effet que ces épopées aient, comme les poëmes antiques, pour dernière limite de leur horizon les mêmes puissances cabiriques.

C'est que, par une loi de l'esprit humain, à chaque époque, l'homme veut reconquérir tout son passé, pour se l'assimiler de nouveau. Sa pensée et son imagination, toujours identiques à elles-mêmes, sont toujours occupées à peindre ou à scruter ses origines.

Sans doute M. Fabre-d'Olivet avait pris dans le Ramayana l'idée de cet empire universel de Ram, par lequel il a fait commencer l'histoire de l'humanité; et cette idée, il voulut l'ajuster à la chronologie de Manethon. Mais ce n'est point ainsi que l'on transforme l'histoire idéale en histoire positive. Peut-être M. Fabre-d'Olivet avait-il des documents scientifiques qu'il se proposait de nous faire connaître plus tard.

Nonnus s'est servi de la personnification telle qu'elle lui a été fournie, sans s'inquiéter de lui restituer sa forme réelle : au contraire il a exagéré le symbole.

Le plus beau monument d'un des plus beaux génies qui aient jamais honoré la nature humaine, l'Atlantide de Platon, devait être dans une donnée analogue à celle qui est la mienne. Mais que signifie cette fable des Atlantes menaçant d'envahir l'ancien monde, et dont les ancêtres des Athéniens arrêtèrent les progrès? Platon voulut-il flatter la démocratie d'Athènes, comme Virgile plus tard voulut flatter l'empereur Auguste?

Quoi qu'il en soit, au temps de Plutarque, la plus grande partie de cet admirable poëme en prose était déjà perdue.

Dans ma fable, l'Égypte ne représente pas l'Orient, mais le remplace.

Que le lecteur ne soit donc pas étonné si les créations cyclopéennes de la Grèce et de l'Italie se trouvent presque effacées, et comme perdues au sein de cette sorte d'horizon oriental.

ORPHÉE.

LIVRE SIXIÈME.

ÉRATO.

L'ÉGYPTE.

« J'arrivai en Égypte dans le temps de l'inondation du Nil. C'est un spectacle que l'on ne peut concevoir lorsqu'on ne l'a pas vu. Les murs des villes, les maisons des habitants, les édifices publics, les temples des dieux, sont battus par les flots paisibles du fleuve devenu en quelque sorte l'Égypte elle-même. Je ne vous dirai point, excellent prince, les travaux inouïs qui ont été exécutés pour parvenir à régulariser les bienfaits de cette inondation merveilleuse, à produire une égale distribution des eaux, à prévenir les inconvénients d'une crue trop rapide ou trop lente, trop abondante ou trop mesurée; enfin pour guider le décroissement du Nil, lorsqu'il veut rentrer dans ses limites, et pour empêcher que le sol fécondé par lui ne devienne un vaste marais insalubre. Il a fallu creuser des canaux, élever des digues, former de vastes lacs, semblables à des mers contenues par d'indestructibles rivages : travaux incroyables qui confondent l'imagination. Nulle part, vous le savez, la puissance de l'homme n'a été manifestée comme en Égypte. Cette terre, conquête savante d'une industrie tout humaine, commença, dit-on, par n'être qu'une ligne étroite de huttes de roseaux confusément construites pour servir d'abri à de misérables pêcheurs. Auparavant l'hippopotame régnait en paix; le crocodile, tyran sans partage d'alluvions immenses, s'endormait avec sécurité, et son réveil seul répandait la terreur parmi les animaux qui habitaient cette contrée limoneuse.

« Je dis, sage Évandre, une industrie tout humaine, afin de distinguer à vos yeux l'Égypte des contrées faites par les Titans. Les Muses qui m'avaient jadis inspiré ne m'avaient rien appris d'un tel ordre de travaux et de traditions. Aussi dès que j'eus franchi le détroit du phare, je pus me croire transporté dans un autre univers. Toutes mes pensées s'étaient évanouies; toute ma science, ou plutôt ce que je croyais ma science, s'était dissipé à l'égal d'une vaine vapeur. Grottes fatidiques de la Samothrace, réveil civilisateur de la Thrace, pouvoir de la lyre, tout disparaissait pour moi dans les profondeurs d'un souvenir en quelque sorte éteint.

Il me semblait que j'entrais dans une vie nouvelle où toutes les conditions de l'existence allaient être changées.

« Et vous, Évandre, vous échappé depuis si peu de temps aux agrestes retraites du Ménale, vous qui, arrivé dans le Latium, n'avez pas eu assez de puissance pour vous construire un palais assis sur de solides fondements faits par vous-même, et qui avez cru nécessaire de donner pour appui à votre modeste demeure de vieilles murailles phéaciennes ; vous qui n'avez pu parvenir encore à dessécher ce Vélabre dont les eaux stagnantes entourent les lieux où nous sommes, comment pourriez-vous espérer de vous représenter l'Égypte ? De si prodigieux monuments de tous genres, des travaux dont la pensée seule confond l'imagination ne sont-ils pas trop au-dessus de tout ce que l'on pourrait accomplir par les efforts réunis des héros grecs et latins, avec chacun la troupe nombreuse de leurs dociles clients ? Ce que j'éprouvais, vous l'auriez éprouvé aussi, roi de la colline carrée. Par-tout je n'avais connu que des peuples nouveaux, des hommes récemment sortis du chêne ou du rocher ; pour la première fois je me trouvais au milieu d'un peuple ancien, parmi des hommes qui comptaient de longues générations d'ancêtres. Par-tout j'avais comme assisté à la naissance de la société ; ici je l'admirais dans toute la plénitude d'une grandeur affermie par le temps. Par-tout j'avais rencontré une race humaine touchant aux origines obscures, berceau mystérieux de toutes choses; ici c'était une race humaine déja séparée des origines obscures par plusieurs grands siècles de traditions que l'on dit certaines. Par-tout l'on m'avait parlé de dynasties qui venaient de surgir; ici l'on me racontait des dynasties de dieux, qui avaient précédé les dynasties mortelles. En un mot, par-tout j'avais vu le commencement du monde civil, par-tout j'avais vu poindre l'aurore de l'humanité; ici le monde civil était comme s'il n'eût jamais commencé, et le soleil de l'humanité luisait dans toute la splendeur de son midi. Que devait donc être pour moi le souvenir de ces forteresses de héros, bâties sur des rochers, pareilles à des aires d'aigles, forteresses que nous avons si souvent désignées sous le nom de cités primitives, que devait-il être en présence de tant de villes populeuses, toutes remplies de vastes et magnifiques édifices, soumises à des lois non point antiques mais éternelles? Et ces lois qui règnent sur les ordres et les classes, qui gouvernent tous les esprits, combien elles diffèrent de ces lois-mores, émanées des pères de familles, et qui sont le vouloir du patron exprimé par les actions du client!

« Ainsi, Évandre, il faut oublier même ce que je

LIVRE SIXIÈME.

vous ai dit de la Cadmée, de ces enceintes sacrées, dont le sulcùs primigeniùs forme la limite inviolable, et qui enferment à-la-fois la Thébes profane, l'Ogygie mystique. Pour l'Égypte, les Titans n'ont point brisé de rochers, n'ont point éteint de flammes souterraines; il n'a point fallu essarter graduellement de vastes forêts, pour y faire pénétrer le jour; le sol tout entier a dû être créé par l'homme avant qu'il pût s'y établir. Au-delà ne sont pas des bois, séjour de l'antique obscurité, du terrible silence, mais ou les sables du désert, ou les flots des mers orageuses. Roi pasteur, ne soyez donc pas étonné si tout mon être, si toutes mes facultés, ont été bouleversés par l'aspect seul de l'Égypte.

« Sans doute, vénérable Évandre, lorsque vous êtes arrivé dans ces lieux, vous avez été tout surpris de heurter des débris à chaque pas. Vous vous attendiez peu à ces traces encore subsistantes de générations successives qui vous eussent précédé. L'exilé de la région anté-lunaire ne devait pas croire en effet à ces ouvrages des hommes qui, avant lui, avaient succombé dans une lutte inégale contre les ravages des volcans. Je vous ai raconté que j'avais éprouvé le même étonnement dans la Samothrace, lorsque je voulus interroger la sibylle du vieux monde.

« Mais ces monuments, qui nous ont paru si

considérables à vous et à moi, et qui nous ont donné une telle idée de puissance, que seraient-ils comparés à ceux dont l'Égypte est couverte? Ces citadelles phéaciennes, ces nids d'aigles sur les rochers, que seraient-ils devant ces masses imposantes, ces édifices gigantesques, qui étalent tant de magnificence à l'intérieur comme à l'extérieur?

« Vous avez souvent ouï parler, roi pasteur, des pyramides qui surchargent cette terre limoneuse, devenue la terre des merveilles, contrée soumise à des dynasties de dieux avant d'avoir fléchi sous des dynasties de rois; on vous a parlé de ces temples, de ces obélisques, de ces palais, de mille prodiges qui ne laissent jamais reposer l'admiration. Mais ce qui étonne le plus, c'est que tout est symbolique, et qu'on a de suite un sentiment indéfinissable de ces créations symboliques, marque véritable d'une intelligence peut-être divine en effet. La langue présente un sens mystérieux et un sens littéral, un sens caché et un sens découvert, un sens profond et un sens superficiel; les monuments sont eux-mêmes toute une langue emblématique. Les apparences voilent toujours des réalités. Le Nil aussi, père nourricier de l'Égypte, par le secret dont il couvre sa source ignorée, paraît être une image rapide et vivante des traditions qui se perdent dans la nuit des temps. On dirait qu'avec sa vase féconde il roule toutes les lois de l'allégorie. L'étranger qui arrive pour la première fois dans une ville d'Égypte, subit déja une sorte d'initiation par le vertige que lui fait éprouver un spectacle si nouveau; il serait disposé à soupçonner que la multitude qui s'écoule autour de lui est chargée de remplir à son égard quelque chose des fonctions de l'hiérophante. Les lignes d'un édifice ne sont jamais calculées pour produire la beauté, mais pour contenir un enseignement; et néanmoins la réunion de ces lignes présente un ensemble qui va bien au-delà du beau, et qui élève l'ame jusqu'à l'idée du sublime. Ce que vous trouvez dans les édifices publics, vous le trouvez encore dans les maisons des plus simples habitants. L'Égyptien, façonné par ce qu'il voit, par ce qui l'environne, met une intention allégorique dans tout ce qu'il fait. Les usages quelquefois les plus ordinaires et les plus indifférents sont déterminés par des lois qui ont de hautes raisons. L'existence dans la variété de ses modes et de ses actes est transformée tout entière en une allégorie mobile et fugitive, de la même manière que les hommes sont une allégorie fixe et stable; de la même manière encore que le temps est une image de l'éternité.

« Le culte et le gouvernement de ce peuple extraordinaire sont empreints de ce caractère allégorique. Là tous les commandements de l'autorité sont pressentis plutôt que promulgués. Un ordre part toujours de derrière un nuage, la loi est un décret inconnu, et la justice s'explique par le mystère. Toute volonté, qu'elle soit celle du père de famille, ou celle du magistrat, ou celle du prince, ou celle du prêtre, toute volonté ressemble dans l'expression à la régle imployable du destin. Les formules sont des axiomes sacrés, qui exigent une obéissance aveugle. Il y a une police vigilante, redoutable et protectrice en même temps, qui épie toutes vos actions, sans troubler, en aucune manière, l'exercice de votre liberté. On dirait qu'une puissance inaccessible aux sens est toujours assise à vos côtés, ou pour vous garantir de quelque piége, ou pour vous retenir sur les bords d'un précipice; elle marche avec vous, et produit une sorte de terreur continue dont vous ne pouvez vous défendre. Nulle part, dans nulle circonstance, vous ne sentez l'action du gouvernement, et néanmoins une muette appréhension vous avertit que vous en êtes enveloppé comme d'un réseau dont il vous serait impossible de vous affranchir. Lorsque vous êtes seul, il vous semble que des yeux invisibles vous suivent en l'absence de tout témoin, et veillent sur vous à votre insu. Vous osez à peine penser, car vous croyez que ces murs mystérieux retiendraient non seulement les paroles que vous profèreriez, mais encore les pensées que vous recélez dans votre sein. Ces défiances si importunes étaient fortifiées en moi par une muette solennité de toutes choses, et par le triste bruissement des eaux.

« Dans les villes des autres contrées, du moins c'est ainsi que l'on représente celles de l'Orient, vous trouvez une foule émue, qui va, vient, se presse, s'agite; vous entendez des voix humaines, des cris de bêtes de somme, des roulis de machines, des mouvements de chars. En Égypte, des villes dont vous pourriez à peine concevoir l'étendue, on les traverse au sein d'un vaste silence, ou au milieu d'un retentissement successif et prolongé, comme lorsque l'on entend, du sommet des montagnes, les bruits insaisissables des profondes vallées. Et ce vaste silence n'est interrompu que par les sourds froissements d'une onde captive se balançant sur elle-même, ou flottant contre de hautes murailles noires; par les sons uniformes d'une multitude de nacelles dont les rames frappent à coups égaux la surface du fleuve, et par les cris des nautoniers se dirigeant, s'interpellant, s'évitant les uns les autres. Cet aspect ébranle toutes les pensées, renverse toutes les convictions les plus intimes : on dirait que l'on glisse au travers d'un monde fantastique. Et lorsque l'on pénètre dans l'intérieur de toutes ces villes submergées; lorsque l'on entre dans ces maisons silencieuses, baignées par les eaux; lorsque l'on fréquente les lieux d'assemblées, les temples magnifiques; lorsque l'on assiste aux cérémonies de la religion, je ne sais quel sentiment du vague et de l'infini vient vous saisir. Vous allez faisant des découvertes dans une région créée par un rêve.

« Quelquefois cependant ce royaume de l'immobilité, ce rêve qui est devenu un monde réel, est animé par les acclamations de la multitude répandue sur des barques innombrables, les jours de fête, ou de grandes réunions commerciales; mais ces acclamations mesurées et unanimes ont quelque chose d'indécis, de grave, de calme, qui ressemble au plus monotone silence. Ce sont toujours des cris répétés un nombre déterminé de fois, ou des chants alternatifs et parallèles entre eux. Alors un délaissement immense et sans bornes s'emparait de moi tout entier. J'étais ce que serait un homme exilé sur un rocher perdu au milieu des vastes mers. Aucun parfum de la terre, aucun son de la vie n'arriverait jusqu'à lui : il n'aurait devant ses yeux que le spectacle imposant des eaux illimitées, et sa vue planerait jusqu'à l'horizon, sans pouvoir s'arrêter nulle part. L'image si vive, si animée de la Grèce, toute brillante de jeunesse, de grace, de beauté, se présentait à mon imagination, et troublait mon cœur. Je regrettais jusqu'à ces âpres rivages de la Thrace, où les tempêtes elles-mêmes et les orages ont une voix qui est comprise.

« Cette civilisation savante et parfaite, mais fixe et uniforme, que j'avais sous les yeux, me faisait apprécier bien mieux tous les charmes de ces civilisations ébauchées, mais diverses et progressives, qui promettaient une si grande variété de mœurs et de coutumes, plus ou moins sévères, plus ou moins riantes. Je me trouvais dans un monde ancien où tout était dit, et j'aurais préféré un monde nouveau où tout eût été à dire. En un mot, Évandre, je craignais que, dans les sociétés vieillies, la science ne remplaçât les grandes et profondes sympathies qui forment le lien si puissant et si doux des sociétés naissantes.

« La vie, en Égypte, ne semble s'appuyer sur rien; aussi les hommes y cherchent-ils à donner de la durée à la mort. Toutes les différentes époques de l'existence humaine, comme une suite de vies et de morts qui naissent les unes des autres, sont célébrées avec des cérémonies funèbres.

« Ainsi l'homme ne parvient à sa dernière mort que par une suite de trépas successifs; et cette dernière mort n'est à son tour que le passage à une autre vie. Ainsi encore, à mesure qu'il entre dans un âge nouveau, l'homme prend le deuil de l'âge précédent; il est donc successivement en deuil de sa propre existence, de son existence mobile et changeante, comme enfant, lorsqu'il devient jeune homme; comme jeune homme, lorsqu'il devient homme fait; comme vieillard, lorsqu'il entre dans la décrépitude. Le vêtement assigné à chaque âge est déposé dans une sorte de tombeau, image de celui où sera déposé un jour le corps lui-même, dernier vêtement de l'homme, que l'on conservera avec un soin infini : ainsi donc enfin, on ne donne de la réalité qu'à la mort; tout est provisoire jusque-là, et l'on ne manque jamais de faire assister le spectre de la mort à tous les repas. Mais lorsque l'homme n'est plus, non seulement on honore, comme par-tout ailleurs, sa cendre; non seulement on prend soin d'embaumer ses restes; bien plus, on lui construit une demeure stable à laquelle on s'efforce d'assurer une durée éternelle. On dirait que c'est la crainte de la mort qui a produit le sentiment de l'immortalité; toutefois on se tromperait étrangement si l'on croyait que l'Égyptien veut uniquement soustraire son corps et ses ouvrages à la destruction; ce qu'il veut sur-tout, c'est fixer la mort même, la fixer comme l'emblème et le gage de l'immortalité.

« La pensée n'abandonne point l'homme dans son tombeau, lorsque son corps a subi toutes les préparations pieuses de l'embaumement, qui doivent lui assurer la durée des siècles. Cette pensée continue de le suivre dans sa destinée future ; elle accompagne l'ame voyageuse, au sortir de ce monde sublunaire, parcourant les différentes sphères étoilées, comparaissant, à chacune de ses stations, devant une divinité d'un autre ordre, jusqu'à ce que toute la hiérarchie céleste soit épuisée, et accomplissant ainsi, dans des existences successives, la série d'épreuves par lesquelles il faut qu'elle passe avant de pouvoir être introduite dans son état définitif, dans la gloire de l'époptisme véritable, dont l'époptisme des initiations n'est qu'une image affaiblie.

« Évandre, j'aurais maintenant à vous peindre avec quelque détail toutes les villes opulentes que j'ai vues, et qui ressemblent si peu à celles de la Grèce ou du Latium ; j'aurais à vous dire leurs noms, leurs mœurs, leurs cultes, leurs institutions ; mais ce sera le sujet inépuisable des divers entretiens que nous reprendrons par la suite : nous ne devons pas espérer ni l'un ni l'autre que nous puissions vivre assez pour que nous ayons fini, moi, de raconter tant de choses, vous, de les entendre et de m'interroger. Quant à présent, je dois me hâter de satisfaire aux plus justes desirs de votre curiosité.

« Après avoir traversé toute la Basse-Égypte, ce fut à Saïs, ville de la Haute-Égypte, que je me déterminai à aller demander les bienfaits de l'initiation. Je n'étais pas sans quelque crainte à cet égard. Si déja de simples relations sociales me donnaient une sorte d'hésitation dont je n'étais pas le maître; si déja les paroles usuelles du commerce ordinaire de la vie produisaient en moi du trouble, parceque j'étais toujours incertain du sens caché que je leur supposais, quelle ne devait pas être mon anxiété lorsque, dans l'intérieur du temple, je me trouverais en communication avec les maîtres de toute science! Mais du moins la ville de Saïs n'est en aucun temps submergée par les eaux.

« On se fait, sur les initiations, bien des idées fausses que la suite de mon récit vous apprendra, roi pasteur, à rectifier. On croit en général qu'elles sont destinées à dévoiler la vérité, et à l'enseigner. Cela n'est point vrai : la vérité ne s'enseigne pas; elle illumine celui qui en est digne. Les prêtres de l'Égypte n'ôtent jamais le voile qui couvre la statue d'Isis, et jamais eux-mêmes n'ont vu cette statue sans voile. Dans les initiations, il est vrai, on interroge celui qui se présente. Le néophyte répond selon ce qui se passe en lui; et, s'il s'est trompé, on se fait un devoir de ne pas le détromper; c'est un aveugle que l'on laisse aller. On fait plus, on le pousse dans le sens même de son génie; on l'abandonne entièrement à son propre instinct. Si ensuite il fait des progrès, il s'aperçoit bien de ses premières erreurs sans qu'on ait besoin de les lui montrer. Alors on est sûr de lui, et l'on ne peut en être sûr que de cette manière; car c'est lui qui a fait sa doctrine et sa science. Trois maximes sont le fondement de l'initiation; et ces maximes, je les connaissais avant de me présenter. Les voici : Nul n'est digne de la vérité, s'il ne la découvre pas lui-même. Nul ne peut parvenir à la vérité, s'il ne parvient à la découvrir lui-même. Enfin nul n'est en état de comprendre la vérité, s'il n'a pas été en état d'y parvenir de lui-même. Dieu a tout fait en donnant le langage à l'homme : c'est la grande et universelle révélation du genre humain. Les prêtres de l'Égypte n'enseignent donc rien, parcequ'ils croient que tout est dans l'homme; ils ne font qu'écarter les obstacles. Ils vont plus loin, les adeptes qui ne peuvent pas entrer par leur propre impulsion dans la sphère d'idées et de sentiments où l'on veut les introduire, sont renvoyés comme des profanes. Les dépositaires de la sagesse croient que la vérité est une chose dangereuse pour l'homme qui ne la trouve pas en soi. Il la saisirait mal, il n'en verrait qu'un côté, il en ferait un usage mauvais, il la prostituerait à sa vanité, il l'altèrerait, et, ainsi altérée, il la répandrait sans choix et sans discernement.

« Au reste, il y a plusieurs chemins pour parvenir à la vérité. L'Être éternel se révèle de la manière qui lui convient à lui, et, sans doute aussi, de la manière qui convient à chacun; mais c'est toujours dans l'intimité de la conscience. L'un est éclairé par les lumières d'une haute raison; l'autre est instruit par un tact exquis du sentiment. L'enthousiasme de la poésie emporte les uns sur des ailes de feu dans les régions où habite la vérité; les autres trouvent mille secrets dans les profondeurs d'une tranquille méditation. Mais ensuite, et remarquez bien ceci, une question résolue de deux manières différentes peut quelquefois être bien résolue et dans la justice et dans la vérité; car la morale a aussi ses mystères. Voilà, fils de la Thyade, tout ce que je soupçonnais des doctrines de l'Égypte; et vous devez comprendre qu'il ne m'était pas permis d'avoir assez de confiance en moi pour être rassuré. Instruit d'avance que la misère de la condition humaine exclut tout principe absolu, je savais bien que je ne pouvais demander aux prêtres de l'Égypte la loi générale, universelle, de l'être intelligent et moral. Mes irrésolutions et mes craintes n'étaient que trop fondées.

« Je me détermine cependant. Je vais frapper à la porte du temple. On m'ouvre.

« Que demandez-vous? »

« A connaître la vérité. »

« Qui êtes-vous? »

« Je suis un Scythe qui passe pour être né dans la
« Thrace, et je cherche par-tout Orphée. »

« Êtes-vous poëte, prince, ou législateur? »

« Les muses ont daigné m'inspirer. »

« Comment vous nommez-vous? »

« J'ignore le nom que j'ai reçu de mes parents, les
« peuples m'appellent Thamyris. »

« Votre renommée, Thamyris, est parvenue jus-
« qu'à nous, mais sans éclat. Croyez-vous donc que
« l'entrée de ce temple soit accessible à tous? Et qui
« nous dira que vous êtes digne de connaître la vé-
« rité, ou même une partie de la vérité? »

« Je ne refuse pas les épreuves. »

« Qu'importent les épreuves? O homme! si la vé-
« rité n'habite pas déja dans ton cœur, qui pourrait
« l'y placer? La vérité n'est pas une chose étrangère
« et hors de nous. Elle a sa demeure dans le cœur
« de l'homme, et non point dans les grandes pyra-
« mides bâties par la main des hommes. »

« Je sais que la vérité est dans le cœur de l'hom-
« me; mais souvent elle y est environnée de téné-
« bres, et nul n'a plus besoin que moi du flambeau
« des sages pour dissiper ces ténèbres. »

« Eh bien! retire-toi pour te préparer par une
« retraite volontaire à la faveur d'entrer dans le
« sanctuaire d'Isis. Pendant quarante jours, tu mé-

« diteras seul sur les choses qu'il importe à l'homme
« de connaître; ensuite tu viendras demander les
« épreuves. »

« Ce délai, dont j'ignorais le motif, était destiné à ce genre d'épreuves qu'on appelle l'initiation extérieure. Le futur néophyte reste quarante jours surveillé, sans qu'il puisse s'en douter. On va jusqu'à lui tendre des piéges pour s'assurer de ses mœurs, de sa prudence; pour connaître l'usage qu'il fera de sa liberté. N'allez pas dire, Évandre, que de tels moyens ne peuvent réussir à l'égard d'un homme déja prévenu, et qui doit être sur la réserve. Ah! s'il n'est contenu que par cette sorte de méfiance sur tout ce qui l'entoure, il ne tardera pas de succomber. Il y a tant de faiblesse et tant de misère dans l'homme, qu'il ne faut pas une grande science de séduction pour l'entraîner à mal user de sa liberté. Et, croyez-moi, il n'y a point de piége grossier. Les prêtres de l'Égypte, au reste, imitent en cela, ou se croient autorisés à imiter les grandes voies de la Providence à l'égard du genre humain, qui, en effet, est soumis à des épreuves, et qui ne l'ignore point. L'homme accomplit le mal, souvent, hélas! sans aucune utilité même passagère; souvent la vertu n'a pas besoin de remords pour être vengée. Et le remords lui-même n'est-il pas un témoin qui dépose que nous sommes libres? Je dois ajouter, non pour la justification des prêtres de l'Égypte, mais pour faire comprendre leur conduite, je dois expliquer que, comme ils n'ont pas à leur disposition les trésors variés et infinis de la Providence, dont ils veulent simuler respectueusement les lois, s'ils tendent des pièges, ils ne souffrent jamais qu'on y tombe.

« Ainsi, rendu en apparence à la liberté, bientôt les contrées les plus poétiques de la terre, où j'aurais pu couler de longs jours, vinrent se présenter de nouveau à mon imagination avec tous leurs charmes. Je commençais à craindre cette austérité des enseignements de la sagesse. Il me semblait que dans cette région, que je considérais à présent comme la région du silence et de la mort, je perdrais tant de riantes illusions, et que j'allais anticiper sur la froide vieillesse. Au lieu d'employer toutes mes forces à lutter contre moi-même, je les employais à faire de coupables efforts pour vaincre la sagesse qui me livrait de rudes combats. Un sentiment de lâche découragement, ruse funeste de ma faiblesse, venait me saisir ; je me jetais alors dans toutes les distractions qui se présentaient de tous côtés, et que je n'avais pas d'abord aperçues. L'Égypte, vous le savez, est le pays des jongleurs, des magiciens, des astrologues. Les hommes qui se vouent à l'amusement du public y sont d'une adresse extrême. Il y a des danseuses d'une grande perfection. Je ne dédaignais ni les oisifs ni les baladins. Les maîtres de toutes les sciences vaines étaient accueillis par moi avec un empressement déplorable. Sans doute j'aurais eu trop à faire de me défendre à-la-fois et contre mes sens et contre la curiosité de mon esprit. Je puis l'avouer à présent, prince pieux, et j'en rougis encore, non il n'y a point de piége grossier pour l'homme, même pour celui qui a conçu le desir de la sagesse et l'amour de la vérité.

« Néanmoins de temps en temps je sentais la pointe du remords, je me faisais pitié : je me disais alors : « Voilà donc pourquoi je suis venu en Égypte !
« Allons, retournons dans la Grèce, et renonçons
« au vain projet de suivre la trace si difficile du sage
« des sages. Ou plutôt, au lieu d'aller par le monde
« chercher les leçons d'Orphée, de mendier par-
« tout des oracles qui veulent rester muets pour
« moi, courons ensevelir notre honte au sein de la
« silencieuse Scythie. Dans tout autre lieu, sans
« doute on me montrerait au doigt; dans tout autre
« lieu, on dirait avec une juste dérision : « Voyez
« celui qui prétendit à sortir des voies communes,
« dessein si au-dessus de ses facultés ! On le sait
« à présent, il fut séduit mal-à-propos par la
« haute renommée d'Orphée. C'est la vanité qui l'a
« égaré. »

« Souffrez, Évandre, que je ne tienne pas votre esprit plus long-temps attentif sur tout l'égarement de mes pensées.

« Les quarante jours d'épreuves étaient expirés, et j'étais en quelque sorte décidé à ne point me présenter devant les prêtres des saints mystères. Mais le sentiment de honte qui me tourmentait avait été facilement aperçu, et l'on avait connu ce qui se passait en moi. Un Égyptien vient m'engager à retourner dans le temple. Je lui dis que je n'avais rien fait de ce qui m'avait été prescrit, et que je n'oserais paraître en présence des prêtres augustes. « C'est bien, me répondit-il; toutefois
« votre ame est dans le trouble. Vous êtes mécon-
« tent de vous, et votre affaissement vous pèse;
« un tel état est meilleur que vous ne croyez. Au-
« jourd'hui l'initié ne tuera point l'initiateur. Allez
« du moins demander des conseils et des consola-
« tions. »

« Je retournai donc au temple, mais plein de confusion. Je heurte à la porte.

« Que demandez-vous? »

« A me réconcilier avec la sagesse. »

« Entrez dans le vestibule. »

« J'entre en tremblant.

« Écoutez, Thamyris, vous n'avez été si faible
« que parceque vous avez trop présumé de vos for-

« ces. Vous avez été déçu; vous aviez cru, dans
« votre orgueilleuse présomption, que tous les ob-
« stacles allaient s'abaisser devant vos simples desirs,
« que vos ennemis n'oseraient se mesurer avec vous,
« et vous ne vous êtes point armé pour le combat.
« Toujours la victoire s'achète, et quelquefois c'est
« à de hauts prix, puisque souvent c'est au prix du
« repos, du bonheur, de la vie. Ce n'est pas tout:
« les dieux immortels aiment à humilier les super-
« bes. Nous portons tous au-dedans de nous une juste
« Némésis. Mais vous vous repentez, et vous méritez
« la réconciliation. »

« Vous ne m'avez pas reçu avant que j'eusse suc-
« combé, et vous me recevez à présent. Vous avez
« voulu savoir si j'étais fort, et je vous ai appris que
« j'étais faible. Vous m'avez prescrit de méditer, et
« j'ai vécu dans la dissipation. Qu'auriez-vous donc
« fait pour moi, si je n'eusse pas été faible, et si
« j'eusse été exact à chercher au fond de mon cœur
« les enseignements qu'il m'avait été ordonné d'y
« chercher? »

« Qui t'a donné le droit d'interroger les prêtres
« des saints mystères? Nous donnons gratuitement,
« quand, et à qui nous voulons; et, pour te le prou-
« ver, nous allons t'enseigner plusieurs grands se-
« crets: un pour faire de l'or, un pour prolonger
« la vie, un pour exalter l'imagination, et lui faire

« produire des choses qui excitent l'admiration des
« hommes. »

« Le secret de faire de l'or, répondis-je, c'est de
« vivre exempt de besoins; celui de prolonger la vie,
« c'est de bien employer le temps qui nous est ac-
« cordé par les dieux immortels; celui d'exciter l'ad-
« miration des hommes, c'est de leur donner de
« bons exemples. »

« Comment! tu n'es pas tenté au moins d'avoir
« le moyen d'être plus utile aux hommes? avec de
« l'or, tu pourrais venir au secours de l'indigence,
« élever des monuments qui feraient la gloire de
« ta patrie, ou exécuter des travaux qui ajouteraient
« à sa prospérité. »

« Orphée a su faire du bien aux hommes, sans le
« secret de faire de l'or. »

« Tu pourrais attendre avant de te comparer à
« Orphée. »

« Je l'avoue; mais en refusant tout, j'accepte tout;
« car je sais que c'est un moyen d'obtenir. »

« Parles-tu ainsi pour te jouer des saints mys-
« tères? »

« Non; je me plains de ce que vous m'éprouvez
« comme un enfant. Ai-je donc fait naître en vous
« un si grand mépris? Sans doute les secrets que
« vous m'offrez sont la vaine pâture de ceux que
« vous destinez à rester dans le vestibule du temple. »

21.

« Le prêtre sourit d'un sourire de pitié, qui me rappela aussitôt l'initiation extérieure, et je sentis une vive rougeur couvrir mon visage.

« Tu peux te retirer, dit le prêtre; l'orgueil et la « curiosité t'ont conduit ici. Tu es sans force et sans « docilité, ce qui est la pire condition. »

« Je ne puis pas promettre d'être fort, mais je « serai docile. »

« Alors, attends un instant. »

« J'attendis, et l'on me fit entrer dans une salle tendue de noir, éclairée par une lampe sépulcrale. Une musique lugubre prolonge ses tristes accents sous cette voûte funèbre. Un jeune homme nu est attaché sur une table de fer. Le prêtre s'arme d'un poignard; il m'en donne un, que je saisis en frémissant. Une sueur froide glace mon front. Le prêtre dédaigna mon effroi.

« Suis tous mes mouvements. Nous allons im-« moler cette victime, car ce n'est que par un tel « lien que nous pouvons être sûrs de toi. Nous frap-« perons ensemble. »

« Je ne veux point tuer l'innocent, et je vois que « toi-même tu ne le veux pas. »

« Ne parle point de moi; dis seulement que tu ne « veux pas. Qui t'a appris, au reste, que cet homme « fût innocent? Sais-tu s'il n'a point trahi les saints « mystères? sais-tu s'il ne s'est point rendu cou-

« pable de quelque grand crime contre la morale?
« contre la majesté des dieux immortels? de ces
« crimes pour lesquels la justice des hommes est in-
« suffisante, et que les dieux quelquefois veulent
« punir sur la terre? Sais-tu même si, victime vo-
« lontaire, il n'a pas desiré hâter pour lui le mo-
« ment des grandes révélations, celles que l'on ne
« peut obtenir qu'au prix de la vie? D'ailleurs n'as-
« tu pas promis tout-à-l'heure, et de toi-même,
« d'être docile? »

« Eh bien! donnez-moi le poignard. »

« Homme faible et pusillanime, dit le prêtre,
« crois-tu que je veuille abuser de ta promesse té-
« méraire? La docilité n'affranchit pas de la convic-
« tion. L'obéissance suppose toujours l'assentiment
« de la volonté. Je pourrais te dire plus. As-tu mé-
« rité que je me dévoue jusqu'à contracter avec toi
« l'alliance terrible du sang? Ainsi je saurai bien
« tuer la victime sans toi, ou la laisser vivre sans
« que tu lui fasses grace. »

« A ces mots, il lève le poignard pour frapper;
et, au même instant, la lampe s'éteint et je suis
entraîné hors de cette salle mystérieuse. Nul gémissement, nul cri ne s'est fait entendre.

« Le même prêtre qui m'avait reçu, qui m'avait
conduit près de la victime, et qui peut-être venait
de la frapper, s'approche de moi, d'un air par-

faitement calme, et me dit que je puis me retirer.

« Je sors du temple. C'était l'heure de la chute du jour.

« J'errais sans savoir où j'allais. Je rencontrais des gens qui se disaient, en voyant mon air interdit et épouvanté : « Celui-là, c'est sans doute un adepte « qui n'a pas eu la force de résister aux épreuves. « On ne l'a pas renvoyé sans lui recommander de « surveiller sa langue. »

« Je me trouvais donc encore jeté au milieu de la foule des hommes. Tout me paraissait inexplicable dans la conduite que l'on tenait à mon égard. Je comprenais sans peine en quoi j'avais mérité quelque rigueur, mais je ne pensais pas que l'on pût à tel point exiger l'abnégation de toute volonté, ou plutôt exiger que l'obéissance et la volonté fussent une même chose. Je me voyais exclu du temple, je ne doutais pas que ce ne fût pour toujours; et, mes idées ayant pris une direction invincible, qu'il n'était plus en moi de changer, je ne savais comment je pourrais parvenir à renouer le fil de ma vie. J'avais déja comme le sentiment de l'exil; le séjour de la science et de la vérité devait seul désormais être ma patrie.

« Je passai ainsi plusieurs jours dans une cruelle perplexité. Une nuit, que j'étais seul dans mon appartement à réfléchir sur ma destinée, j'entends frapper à ma porte. J'ouvre; on me présente des signes que je reconnais. Alors je suis sans hésiter, les messagers silencieux qui me sont envoyés. Je ne manifestai aucune crainte, quoique, dans la confusion de mes pensées, il me fût permis peut-être de prévoir que j'avais trop encouru l'animadversion des prêtres. On me conduit au temple d'Isis.

« Je suis introduit dans une salle immense qu'une faible lueur visitait à peine, et seulement pour montrer toute l'étendue du lieu d'épouvante où j'avais été entraîné. Lorsque mes yeux furent accoutumés à cette obscurité redoutable, ils aperçurent avec un effroi que je ne saurais dire mille objets de terreur; des bruits menaçants, des voix suppliantes, frappent de toutes parts mes oreilles. Je me trouve devant trois juges assis sur une estrade élevée. Leurs vêtements sont impossibles à décrire, car ils paraissaient faire partie de l'obscurité immense. Leurs figures étaient augustes, mais inflexibles. Le renversement de mes idées fut tel, que, dans le premier instant, je me crus un mortel qui venait de déposer les illusions de la vie, et qui était en présence des juges des enfers.

« Une voix dit ces mots : « Tu as bien fait de ne
« point apporter ici ta lyre; ta lyre ne te serait pas
« d'un grand secours, poëte harmonieux. »

« Toutefois, répondis-je en tremblant, on raconte
« qu'elle ne fut point inutile à Orphée. »

« Thamyris, tu aimes singulièrement à te compa-
« rer à Orphée. »

« Alors je suis chargé de chaînes, et attaché à
une roue. Si la roue tournait, mon corps passerait
sur une herse armée de dents de fer, qui me déchi-
reraient horriblement. Un homme est assis à côté,
l'air impassible, tout prêt à faire mouvoir la roue au
moindre signal.

« Dis adieu aux hommes qui vivent sur la terre,
« et aux choses qui font l'occupation des hommes. »

« Je leur dis adieu. »

« Dis que la douleur du corps n'est rien. »

« C'est ma pensée. »

« As-tu mérité de mourir dans les tourments, non
« selon la justice incomplète des hommes, mais se-
« lon la justice parfaite des dieux immortels? »

« Je ne sais, et comment pourrais-je le savoir?
« J'ai trop appris à me méfier de moi-même! »

« Dis plutôt que tu as appris à ne pas savoir
« comment nous interpréterons tes paroles. Je vais
« t'enseigner un expédient bien facile : parle avec
« simplicité, si toutefois la terreur ne glace pas tes
« esprits. Commence par dévoiler tes mauvaises
« pensées et tes mauvaises actions. Un juge est là
« pour te juger comme ta conscience, c'est-à-dire

« pour te révéler à toi-même les arrêts de ta propre
« conscience; mais que la peur du supplice ne te
« fasse pas trahir la vérité. Au reste, nous nous en
« apercevrions bien. »

« Que le juge m'interroge. »

« Thamyris, Thamyris, je n'aime point que tu
« demandes à être interrogé, car il y a en toi une
« sorte de confiance pour ta cause, ou peut-être je
« ne sais quelle mauvaise foi dans le secret de ta
« pensée. Aucun nuage ne doit rester entre toi et
« nous, et le moindre voile que tu voudrais retenir
« autour de toi, serait un mur d'airain qui nous sé-
« parerait à jamais. Nous ne sommes pas des dieux;
« nous ne voulons pénétrer que dans les cœurs qui
« nous sont ouverts; et qu'avons-nous affaire de
« chercher à pénétrer dans ceux qu'on veut nous
« tenir fermés? Thamyris, nous aurons de la peine
« à faire de toi un disciple de la sagesse. Ah! ce n'est
« point ainsi qu'Orphée nous apparut. Il ne fut
« soumis à aucune épreuve, parcequ'il allait de lui-
« même au-devant de la sagesse et de la vérité. Il
« avait été illuminé par sa conscience sublime. Dès
« le premier moment, il nous raconta sa noble vie.
« Le desir de faire le bien, le desir de se conserver
« pur et exempt de toute faute, tourmentaient seuls
« sa grande ame. Crois-tu qu'à Orphée nous eussions
« proposé des secrets merveilleux? crois-tu que nous

« cussions pu lui offrir entre nous et lui le lieu
« du meurtre et du sang? crois-tu que nous l'ayons
« fait charger de chaînes, et attacher sur cette roue,
« image d'une conscience peu sûre d'elle-même? Au
« reste, ce n'est point pour te décourager que nous
« te citons l'exemple d'Orphée. S'il a été dispensé
« par nous des épreuves, c'est que les dieux s'étaient
« chargés eux-mêmes de ce soin. Eurydice, Érigone,
« la sibylle, les douleurs de l'ame, furent les épreu-
« ves choisies par les dieux pour l'homme de leur
« providentielle préférence. En outre, ils lui étaient
« apparus dans les songes de la nuit; ils l'avaient
« visité dans les heures de la solitude; pour accom-
« plir d'insondables desseins, ils avaient rendu son
« oreille propre à entendre la parole divine. Ne
« crois pas cependant que la foule soit abandonnée
« à de méprisables hasards, à une dédaigneuse fata-
« lité. Je dois te le dire, les épreuves sont accordées
« à tous les hommes, et ce n'est pas seulement dans
« le temple d'Isis qu'elles sont dispensées. Toutes les
« choses humaines sont de hautes, d'inexplicables
« épreuves. Les uns en profitent, les autres en sau-
« ront profiter à leur tour. Des mortels privilégiés
« s'élèvent au-dessus du niveau général pour hâter
« un but marqué par la sagesse des dieux. Quant à
« nous, nous ne sommes que les ministres du pou-
« voir suprême; nous ne parlons que lorsqu'il se

« tait, nous n'agissons que lorsqu'il ne daigne pas
« agir. Toi, tu ne nous as été livré que parceque les
« dieux ne t'ont pas jugé digne de t'initier eux-
« mêmes. Telle est notre règle de conduite. Nous
« n'avons point à te la celer; et quoique tu la con-
« naisses à présent, nous sommes persuadés en-
« core que tu nous trouves injustes et bizarres
« à ton égard. Dis la vérité; elle ne peut nous of-
« fenser. »

« Oui, je dirai la vérité. Je l'avoue donc, j'ai cru
« que tant de travaux entrepris par moi pour par-
« venir à la sagesse, auraient dû me mériter un autre
« accueil des maîtres de toute sagesse. Mais cette illu-
« sion n'a pas duré, et je puis avouer aussi qu'en-
« suite j'ai trouvé en moi une misère et un délaisse-
« ment que je ne m'attendais pas à y trouver. »

« Cette candeur, Thamyris, expie déja beaucoup
« de fautes. A présent que tu es mieux instruit, sois
« certain que nous ne tendons de piéges qu'aux fai-
« bles, car nous ne voulons pas décourager les forts.
« En comprends-tu la raison? »

« Je commence à la comprendre, mais j'espère
« par la suite la comprendre encore mieux. On
« m'avait dit que les prêtres des saints mystères exi-
« geaient des initiés qu'ils eussent toujours marché
« dans la voie de la vertu et du bonheur. C'est dès
« aujourd'hui seulement que j'entrevois quelque

« motif dans l'exclusion des infortunés. Vous ne
« voulez pas sans doute que l'homme vienne ense-
« velir dans l'ombre du sanctuaire les restes d'une
« vie condamnée à l'opprobre et à la misère; vous
« ne voulez pas qu'il donne à la sagesse des jours
« flétris qu'il ne peut donner aux plaisirs et aux
« honneurs. Il ne vous appartient pas d'accueillir
« les rebuts du monde. »

« Ce motif que tu nous attribues n'est pas, il faut
« l'avouer, bien difficile à atteindre. Un jour tu
« sauras mieux pourquoi nous ne voulons pas dé-
« courager les forts; un jour tu sauras mieux pour-
« quoi nous exigeons de l'initié qu'il ait été toujours
« homme de bien et heureux. A Dieu seul il appar-
« tient de voir jusqu'à quel point le repentir a pu
« effacer une faute; à Dieu seul il appartient d'ap-
« précier les ravages que le malheur a pu faire dans
« les cœurs les plus honnêtes. Dis-moi, l'épouse
« qui a été souillée par la violence, sans qu'il y ait
« de sa faute, restera-t-elle agréable à son époux?
« Et celui qui voudrait se choisir une épouse pren-
« dra-t-il la vierge dont un ignoble scélérat aurait
« flétri la sainte innocence? Malheur cependant à
« celui qui oserait condamner cette épouse et cette
« vierge! malheur à celui qui ne détournerait pas
« d'elles tout regard qui pourrait les faire rougir!
« Les dieux, qui savent toutes choses, qui nous con-

« naissent avant et après, qui dispensent le mal-
« heur et la beauté, l'innocence ou le crime, la dif-
« formité et la fortune, les dieux peuvent choisir
« les épreuves, nous ne le pouvons pas. Voilà tout
« ce que nous avons à te dire en ce moment sur les
« mystères de la morale. Nous-mêmes savons-nous
« assez la science du bien et du mal, entrevoyons-
« nous assez de cette autre science, la science toute
« divine de la juste attribution, de la sévère impu-
« tabilité, pour que nous puissions te les raconter?
« Par la suite, nous les étudierons avec toi, et nous
« verrons si l'initiateur peut avoir quelque chose à
« apprendre de l'initié. Toutefois, Thamyris, nous
« n'avons point oublié que, dans la Thrace, tu as
« tenu la lyre d'Orphée, et que par elle tu as opéré
« des prodiges; nous ne donnerons point le signal
« pour faire mouvoir la roue où tu es attaché. Tu
« n'auras point la crainte de voir des lambeaux de
« ta chair aux pointes de cette herse. Qu'il te suffise
« de savoir que l'homme a besoin d'expier même
« ses bonnes actions, car le motif seulement peut
« donner du prix aux œuvres. Sache encore que
« souvent une mort cruelle peut être un événement
« heureux, si elle est acceptée comme expiation.
« Qu'il soit donc détaché de la roue, et délivré de
« ses fers! »

« Lorsque je fus rendu à la liberté, on me fit

raconter ma vie tout entière. On voulait que je disse le bien et le mal. On m'interrogeait sur les circonstances et les motifs de chacune de mes actions, sur l'origine et la direction de mes pensées les plus intimes. Tout était pesé avec une impartialité rigoureuse. On me faisait remarquer les choses qui s'étaient passées en moi à mon insu. Je voyais mes meilleures actions dépecées comme l'eût été mon corps s'il eût passé sur la herse. On me permettait de me défendre, et l'on ne poussait l'examen plus avant que lorsque, par un complet assentiment, j'étais obligé d'adopter, de devancer même la pensée sévère du juge. Il s'établissait entre lui et moi je ne sais quelle puissante sympathie, ou plutôt un flambeau brillait entre nous. Modeste Évandre, c'est ainsi que je fus convaincu de vanité, d'amour-propre, de confiance en mes forces dans la recherche de la vérité. La manière dont j'avais conçu l'initiation, et que je vous ai expliquée, quoique fondée sur la réalité, était néanmoins un piége tendu à ce qu'il y avait de vanité et d'orgueil en moi. Telle fut la cause de toutes mes chutes dans les premières épreuves. Je fus convaincu encore d'avoir voulu tirer ma vie hors de la ligne commune, afin d'être distingué, afin de mériter de vivre, long-temps après que je ne serais plus, dans l'estime et dans la mémoire des hommes, que ma gloire fût usurpée

ou non. J'avouai que je n'avais point été digne d'échapper, comme Orphée, aux épreuves ordinaires, à celles qui sont le partage des êtres les plus vulgaires, et contre lesquelles je m'étais révolté. Enfin j'en vins à dire : « Oui, j'ai mérité la mort, non
« selon la justice des hommes, mais selon la justice
« des dieux immortels. Je n'ai d'autre desir que d'ex-
« pier par ma mort, s'il le faut, les motifs indignes
« qui m'ont dirigé jusqu'à présent. »

« Sans doute, dit le prêtre, tu as mérité la mort,
« mais nous ne sommes pas chargés par les dieux
« immortels de te la donner. Il nous suffit de ton
« aveu. Au reste, mon fils, car dès ce moment tu
« nous appartiens, et tu ne tarderas pas à revêtir la
« robe blanche du néophyte; au reste, il faut que tu
« élèves tes idées plus haut. L'arrêt que tu viens de
« prononcer contre toi est un arrêt qui enveloppe
« la race humaine tout entière. Ainsi tous les hom-
« mes méritent de mourir, c'est-à-dire de passer par
« l'épreuve de la destruction du corps, car les dieux
« immortels sont justes; et ils n'auraient pas in-
« fligé le redoutable châtiment de la mort, si ce
« châtiment n'eût été fondé sur la justice, si cette
« épreuve n'eût été utile à notre purification. La
« mort n'est donc point, comme on le croit, le sim-
« ple résultat d'une loi nécessaire, la dure loi de la
« succession des êtres; et cette loi elle-même de la

« succession des êtres, loi cosmogonique et non fa-
« tale, pourrait-elle être autre chose qu'une loi d'a-
« mour? Non, la nature intelligente n'est point
« livrée à un impitoyable destin ; elle n'est point
« livrée aux aveugles combinaisons des éléments ;
« elle n'est point une forme passagère, successive,
« plus ou moins éclatante, plus ou moins doulou-
« reuse de la matière ; les dieux ont trop de respect
« pour elle. La vie est une épreuve. Le bonheur et
« le malheur sont des épreuves. L'opprobre qui suit
« quelquefois le malheur est une épreuve de plus.
« La dégradation morale qui, trop souvent, s'at-
« tache au malheur, même au malheur non mé-
« rité, est encore une épreuve. Les facultés diffé-
« rentes, la privation des facultés, le crime enfin,
« le remords qui suit le crime, tout est épreuve. Le
« mystère profond, auguste, impénétrable de l'at-
« tribution et de l'imputabilité est un secret que
« Dieu s'est réservé. La mort est une initiation à la-
« quelle tous les hommes sont appelés. Voilà pour-
« quoi, dans les saints mystères, il faut que l'initié
« meure à lui-même. Mon fils, dans la langue sa-
« crée, initiation veut dire mort.

« Je ne t'ai parlé que de la destinée des hommes
« en général, ceux que l'on nomme bons, comme
« ceux que l'on nomme méchants ; un autre jour
« on t'apprendra la destinée particulière des mé-

« chants; mais, dès aujourd'hui, sois certain qu'il
« ne faut point en désespérer ni la mépriser. Nulle
« barrière n'est insurmontable; la doctrine vaste et
« consolante des épreuves établit des grades pro-
« gressifs, et non des classes immobiles. Tu sauras
« l'unité de l'espèce humaine, grand et magnifique
« problème qu'Orphée vint nous proposer, et que
« des traditions inaltérées peuvent seules résoudre.
« Tu comprendras alors que tous sont appelés à se
« rendre dignes d'un glorieux époptisme.

« Nous ne te ferons point subir les épreuves de
« l'eau, de l'air et du feu; tu n'es pas marqué pour
« défricher la terre, ou pour dompter des monstres.
« Nous ne leverons point devant tes yeux le rideau
« des sciences secrètes; tu n'es pas appelé à être
« théocrate parmi les peuples. Nous ne te ferons
« point voyager dans le Tartare et dans l'Élysée; tu
« n'es revêtu d'aucun sacerdoce.

« Toutefois il ne faut pas que tu ignores la pen-
« sée fondamentale de toute société.

« Écoute. Le prêtre, c'est l'homme même.

« Le poëte, c'est l'homme sympathique.

« Le roi, c'est le peuple.

« Thamyris, tu n'es pas l'homme, tu n'es pas le
« poëte, tu n'es pas le peuple, tu n'es qu'un poëte.

« Un aliment n'est bon qu'autant qu'il devient

« notre propre substance, notre chair et notre sang;
« de même toute philosophie doit devenir, par
« l'assimilation, la chair et le sang de notre intelli-
« gence.

« Vous autres Grecs, vous allez pervertissant le
« mythe; nous ne t'apprendrons pas à rectifier vos
« voies, car il faut que tu l'apprennes toi-même;
« mais nous t'enseignerons à te méfier des couleurs
« dont l'imagination brillante des Hellènes com-
« mence à revêtir le dogme sévère des Pélasges.

« Dans le Latium, le mythe a mieux conservé sa
« pureté; il est resté presque intact dans les sanc-
« tuaires de l'Étrurie.

« Étudie les barbares. Chez eux est une doctrine,
« chez eux sont l'intuition et la synthèse. C'est là
« qu'il faut chercher les rudiments de la religion,
« le germe divin des sociétés humaines.

« Écoute encore. Le bienfait même a besoin d'ê-
« tre expié par l'auteur du bienfait. Ne dites-vous
« pas, vous autres Grecs, qu'Apollon fut tenu d'ex-
« pier le meurtre du serpent Python? Penseriez-
« vous que ce fût par respect pour l'inviolabilité de
« la vie?

« Tu as pu voir cette inscription sur nos obélis-
« ques: « Tel roi a achevé de fonder le monde; » et
« chaque nome de l'Égypte cite un de ses rois pour
« avoir accompli ce travail.

« En effet, l'homme doit achever de fonder le
« monde.

« Ailleurs les Titans ont exécuté cet ouvrage; en
« Égypte, c'est l'homme : chez nous, la fable n'a pas
« précédé l'histoire.

« Que les limites de la propriété soient placées
« dans le ciel, que les signes du culte soient égale-
« ment placés dans le ciel; enfin que les fastes civils
« et les cérémonies religieuses soient écrits dans le
« ciel : c'est toujours la même idée primitive, née
« dans l'homme, et non acquise par lui, celle de
« fixer dans le ciel impérissable l'image des choses
« périssables de la terre, de faire que la terre, de-
« venue le domaine temporaire de l'homme, parti-
« cipe de la durée du ciel, que l'homme doit con-
« quérir.

« L'Égypte est l'abrégé de l'univers; l'Égypte est
« une représentation du ciel.

« Nos cérémonies et nos chants sont un reflet et
« un retentissement des sphères étoilées.

« Les animaux terribles du planisphère sont des
« hiéroglyphes qui racontent à-la-fois les cycles as-
« tronomiques et les cycles sociaux.

« Tu sais déja ce qu'est l'union des sexes, dans
« l'humanité, lorsque la lutte des éléments est finie,
« lorsque la parole a fécondé le chaos. L'initiation
« sur laquelle repose cette union sacrée, principe

« de tout ordre, gage successif de toute harmonie,
« est une noble évocation de la première science
« cosmogonique. C'est pourquoi les cérémonies qui
« la constituent, qui la sanctifient, sont augustes et
« redoutables à l'égal des mystères d'Isis.

« Le respect pour les morts est un sentiment qui
« se confond avec une pensée éternelle, la restitution
« de l'être.

« Mais, Thamyris, la pensée de la restitution de
« l'être, et celle de la perpétuité de l'être, ne sont-
« elles point identiques l'une à l'autre? ne témoi-
« gnent-elles pas l'une et l'autre, par leur identité
« même, d'un antique brisement de l'être, grand et
« profond mystère, caché sous mille voiles théogo-
« niques et cosmogoniques?

« De plus, Thamyris, l'assimilation de la terre
« avec l'homme, par les travaux de la culture, as-
« similation qui est le fondement réel de la pro-
« priété, ne raconte-t-elle pas que l'homme, sorti
« de la terre, est appelé à la transformer?

« N'est-ce pas à une telle profondeur qu'il faut
« chercher la raison des lois sociales, raison iden-
« tique aussi avec les lois générales de l'univers?

« Les choses que je viens de te dire sont des ger-
« mes que je dépose dans le champ défriché de ton
« esprit. Il faut que ces germes se développent eux
« mêmes.

« Maintenant donc nous te livrons à tes propres
« méditations. »

« Après cet entretien préparatoire, je me sentais
en quelque sorte plus léger. Il me semblait que des
lueurs perçaient tant de nuages. Prenais-je mes
éblouissements pour des clartés? Quoi qu'il en soit,
la partie la plus pénible des épreuves était terminée, mais ce n'était pas la plus difficile; les véritables
initiations allaient commencer.

« Roi pasteur, permettez que j'interrompe un
instant mon récit pour prendre quelque repos. »

FIN DU LIVRE SIXIÈME.

ORPHÉE.

LIVRE SEPTIÈME.

ARGUMENT

DU LIVRE SEPTIÈME.

Les Prolégomènes doivent me dispenser, je l'espère, de dire ce que furent les sciences révélées aux néophytes : toutes les conjectures que l'on peut former à cet égard ont été exposées.

Saint-Clément d'Alexandrie regardait la science de l'initiation comme une véritable physiologie : Dupuis en a fait le dépôt de toute la physique et de toute l'astronomie des âges anciens.

Je n'aurais rien établi jusqu'à présent si je n'avais pas fait sentir ce qu'il y a d'unanime dans les traditions générales du genre humain.

Les initiations devaient être, dans ma fable, un reflet de ce quelque chose d'unanime.

L'idée de succession et de progrès se trouve par-tout sous la forme de l'enveloppement et du développement, du fini se dégageant de l'infini.

Le point de départ reste toujours voilé, et toutefois du nuage des origines s'échappe cette autre idée que le progrès est à la condition de l'expiation.

Aussi Paul Orose avait-il donné pour titre à son histoire universelle : *Histoire des calamités du genre humain.*

Et ces calamités ne peuvent être ni gratuites ni fortuites.

Il y a une raison, d'où résulte une loi.

Les grands problèmes s'expliquent parmi les foudres du Sinaï et sur les sommets sanglants de Golgotha.

L'époptisme des Mystères ne pouvait pas être un véritable époptisme : ma fable me prescrivait d'en faire l'ombre. De plus, j'y étais autorisé, comme je viens de le dire.

Ainsi ma fable, en ce sens, est profondément vraie.

Le dernier époptisme de l'humanité fut constamment soupçonné et attendu.

Le christianisme antérieur, en promesses de la part de Dieu, en pressentiments de la part des hommes.

L'universalité et la perpétuité, choses catholiques.

Que je rende Thamyris ébloui, que je sois obligé d'intervenir moi-même comme poëte chrétien : c'était dans la nature de ma composition ; il fallait bien que je vinsse au secours de ma fable, puisqu'elle était inhabile à dire le mot de l'énigme.

L'initiation de la Ville des Expiations développera l'époptisme chrétien, qui est le dernier du monde actuel.

ORPHÉE.

LIVRE SEPTIÈME.

POLYMNIE.

INITIATIONS.

« Après le terrible entretien que je viens de vous rapporter, vénérable Évandre, on me fit traverser une longue avenue de sphinx gigantesques, sculptés avec un art surnaturel. Couchés et immobiles, on eût dit qu'ils veillaient dans le repos de la force ; ils semblaient, gardiens impassibles, respirer le mystère, commander le silence. J'arrive ainsi sous le porche du temple intérieur. Un banquet est annoncé. Les sages sont réunis dans la salle du banquet, et j'y suis introduit.

« Je considère avec étonnement des corbeilles remplies du fruit grossier du chêne, et de quelques baies sauvages. On ne voit sur la table ni pain, ni vin, ni viande.

« Est-ce la nourriture de l'âme ou celle du corps
« que tu demandes ? » me dit-on.

« L'une et l'autre. »

« Tu auras en premier lieu la nourriture du
« corps. Mais les aliments que tu vois dans ces cor-
« beilles ne sont là que pour présenter un souvenir
« de la misère symbolique des premiers âges. Re-
« mercions ceux des immortels qui ont amélioré,
« dit-on, la condition primitive des hommes; et
« que notre reconnaissance s'étende sur les génies
« sublimes par qui les dieux ont daigné nous com-
« muniquer leurs bienfaits. Toutefois ne croyons
« pas aveuglément les récits divers répandus parmi
« les différents peuples, comme pour voiler et at-
« tester en même temps un événement lamentable,
« reculé dans la profonde nuit des origines; et
« soyons toujours certains que jamais les dieux n'ont
« cessé, qu'ils ne cesseront jamais de veiller sur la
« race humaine. Les multitudes sont portées à con-
« fondre souvent les allégories avec les traditions :
« les sages ne peuvent tomber dans une telle er-
« reur. Cet avertissement ne te sera donné qu'une
« fois; et toi-même tu sauras par la suite distinguer
« les deux sortes de langage. »

« On sert alors un repas emblématique. La table
est garnie de fleurs et de fruits. Le pain est fait avec
du blé cueilli dans le champ qu'Osiris ouvrit en
se servant de la première charrue. Le vin est exprimé d'un raisin détaché du cep sacré que planta

LIVRE SEPTIÈME.

le dieu. Il y avait de l'eau dans les urnes, car, ainsi que vous le dites, vous autres Grecs, l'enfance de Bacchus fut confiée à des naïades pour nous enseigner la tempérance. Il faut que la nourriture du corps soit une image de la nourriture de l'ame. Je fus néanmoins instruit que mes maîtres, qui s'abstenaient de chair, n'en condamnaient point l'usage pour les autres.

« Lorsque la faim fut satisfaite, un musicien habile chanta les merveilles du ciel et de la terre, grands et magnifiques spectacles destinés par un dieu bienfaisant à la première initiation de l'homme, être éphémère qui contient un être immortel, voyageur illustre et inconnu, marchant dans une route obscure où quelques clartés guident ses pas pour le conduire à la région de la lumière. « C'est,
« disait le poëte harmonieux, c'est la représentation
« de cette pensée divine qui réside au fond de nos
« sanctuaires. Voilà pourquoi les tableaux impo-
« sants que nous offrons aux initiés, comme toutes
« nos pompes religieuses, sont les peintures hiéro-
« glyphiques de ce que la Providence a fait pour
« l'homme, pour charmer ses sens, pour étonner
« ses esprits, pour agrandir son imagination, pour
« développer son intelligence. L'univers est un mythe
« infini que nous osons retracer en caractères sacrés,
« dans nos rituels, dans nos calendriers, dans nos

« planisphères. Voilà pourquoi encore nos cycles
« sociaux sont en même temps des cycles astrono-
« miques.

« Salut, contrée de Misraïm, contrée féconde de
« toutes les sciences, contrée où sont retracées toutes
« les merveilles du ciel et de la terre! Contrée de
« Misraïm, tu nous apprends par mille prestiges
« pourquoi la patrie est si chère à l'homme; c'est
« que la patrie est une création de l'homme, une
« manifestation de sa puissance. L'homme fait en
« quelque sorte la terre où il vit, le climat où il ha-
« bite. L'homme doit lutter sans cesse contre la na-
« ture. Il plante des arbres dans un terrain nu, et
« il attire ainsi les rosées du ciel; il défriche et dé-
« pouille le sol des arbres que le sol a produits de
« lui-même, et la rosée du ciel refuse de descendre
« sur la terre aride. La fontaine jaillit d'un rocher
« ombragé, et le rocher devient stérile si l'ombrage
« tombe victime d'une hache imprudente, car c'é-
« tait lui qui exprimait l'eau des nuages. L'homme
« oppose des digues à la mer; et la mer voit l'orgueil
« de ses flots se briser contre des rivages faits par
« l'homme. Il s'avance dans des déserts de sable, il
« y construit des villes tumultueuses, entourées de
« champs cultivés, de vergers fleuris; et les déserts
« étonnés se replient en silence devant les travaux
« de l'homme. Il dirige les fleuves, et les force à por-

« ter leur fécondité là où il veut. Sitôt qu'il cesse
« de lutter contre la nature, la nature reprend ses
« droits. A son tour elle marche derrière lui à me-
« sure qu'il se retire; à son tour elle dévore l'em-
« preinte de chacun de ses pas. Ainsi la solitude en-
« vahit de nouveau le lieu qui fut un instant habité
« par l'homme. Le désert, rendu à son antique éner-
« gie, fait des conquêtes bien plus rapides, et l'air
« imprégné de qualités mortelles étend le domaine
« du désert. Les bêtes sauvages reviennent placer
« leurs tanières dans les sombres retraites d'où elles
« furent chassées. Des reptiles immondes rampent
« sur les débris des arts. Des marais remplacent les
« fontaines jaillissantes, les canaux limpides. Con-
« trée de Misraïm, contrée florissante qui as mille
« raisons d'être fière de toi-même, contrée de Mis-
« raïm, puisses-tu être toujours ce que tu es à
« présent, la terre des merveilles! puisses-tu être
« toujours une manifestation de la puissance de
« l'homme! »

« Le musicien se taisait. Un des prêtres prenant
la parole, dit: « Honneur sans doute à l'Égypte,
« l'aînée des nations dans les arts qui civilisent
« l'homme! honneur sans doute aux nobles facultés
« qui résident dans l'homme! honneur à la pensée
« de l'homme, qui est un dieu en lui! honneur à
« la parole qui n'est que la pensée devenue sensible

« à celui qui la forme, et à ceux en qui il veut la
« créer, lien mystérieux des intelligences humaines!
« Mais songeons au néophyte qui vient s'asseoir
« parmi nous; et tout en exaltant les choses propres
« à enorgueillir l'homme, ne taisons point celles qui
« sont propres à l'humilier. Faisons connaître ses
« misères aussi bien que ses grandeurs. »

« Ah! s'il m'était permis de parler, me hâtai-je
« de dire, je suis assez instruit sur les misères de
« l'homme! Vous ne pouvez douter de ma science
« à cet égard. »

« Et toutefois, me dit un prêtre, ta science n'est
« pas grande. Si tu avais pu rencontrer Orphée,
« s'il t'avait instruit de sa doctrine, lui qui fut ap-
« pelé à guérir l'infirmité de la nature humaine, il
« t'aurait appris ce qu'est cette infirmité; il t'aurait
« enseigné ce qui est à guérir dans la nature hu-
« maine. Les sexes, les classes, s'expliquent par des
« dogmes cosmogoniques; l'union conjugale et les
« lois de la société reposent sur la connaissance de
« ces dogmes. Tous les hommes, quel que soit le rit
« de l'union à laquelle ils doivent la naissance,
« quelle que soit leur place dans le monde de l'hu-
« manité, tous les hommes ont un problème à ré-
« soudre; et c'est le problème des races, des peu-
« ples, de l'espèce. Les barbares ne t'ont pas dit leur
« secret : ne t'en étonne point, ils ne pouvaient te le

« dire; tu le sais à présent mieux qu'ils ne le savent
« eux-mêmes, parcequ'il est des mystères déposés
« dans les traditions, à l'insu de ceux qui en sont
« dépositaires. Talaon représente pour toi le barbare
« savant; Æagrius est le barbare ignorant. Les Thra-
« ces sont un peuple barbare et sacré. Quoi qu'il en
« soit, Thamyris, les plus illustres augures des pères
« ne dispensent pas les fils de l'expiation; c'est pour
« tous que l'essence humaine, une, et souillée du
« même opprobre qui pèse sur tous, a besoin d'être
« relevée tout entière. Tout-à-l'heure nous t'en di-
« rons un peu plus.

« Mais tu ne dois pas attendre de nous une claire
« vue qui nous est refusée à nous-mêmes. Les faits
« qui sont des causes sont inscrutables; nous som-
« mes tenus d'en respecter l'immense obscurité,
« les augustes ténèbres. Derrière le voile que nous
« avons soulevé avec le plus de peine, nous aperce-
« vons toujours un voile qui sans doute, hélas!
« n'est pas le dernier. Lorsque tu as visité la Samo-
« thrace, tu y as trouvé des preuves irrécusables
« d'une grande catastrophe qui a bouleversé jus-
« qu'aux vestiges d'un monde plus ancien. Cette
« catastrophe a frappé les facultés extérieures de
« l'homme; auparavant, ses facultés intérieures
« avaient été atteintes par une autre catastrophe
« dont la mémoire est restée enfouie dans la parole.

« L'intelligence aussi a ses ruines, ruines si tristes
« et si imposantes.

« Néophyte, qu'as-tu retenu du chant de notre
« poëte? »

« Le poëte dont il m'a été donné d'entendre les
« vers harmonieux a voulu justifier le sentiment qui
« a fait naître les merveilles de la patrie. J'ai vu,
« dans les contrées que je viens de parcourir, le
« commencement et le progrès de ces merveilles ;
« l'Égypte m'en a offert l'achèvement et la perfec-
« tion. Je sais tout ce que l'intelligence humaine
« doit de déploiement à l'institution de la société. »

« Et toutefois encore, reprit en souriant le prêtre
« qui m'avait déjà parlé, et toutefois ta science n'est
« pas grande. C'est quelque chose, en effet, d'avoir
« remarqué cet état de lutte perpétuelle des forces
« de la nature contre les créations de l'homme ; mais
« ce n'est point assez. Thamyris, tu es bien loin de
« connaître toutes les conditions imposées à l'homme
« pour le développement de ses destinées. A force
« d'études transmises, accumulées les unes sur les
« autres, et ajoutées à nos propres études, nous
« sommes parvenus à connaître quelques unes de
« ces conditions. Nous te dirons successivement ce
« que nous savons, selon que nous t'en jugerons di-
« gne. Les éclatants spectacles du ciel et de la terre
« sont, a dit le poëte, une initiation pour la race

« humaine. L'état social est une initiation de plus
« que la Providence divine a crue nécessaire pour
« hâter le progrès de cette race qu'elle aime; il est
« aussi un remède à notre infirmité; ou plutôt,
« par les sympathies générales qu'il perfectionne
« ou qu'il produit en nous, il témoigne de l'unité
« primitive qui fut notre partage. Un grand pré-
« cepte que nous adressons à chaque homme en par-
« ticulier, à chaque famille, à chaque peuple, est
« celui-ci : « Connais-toi toi-même. » Le commence-
« ment de tout progrès pour l'homme seul, aussi
« bien que pour une réunion d'hommes, est de se
« connaître soi-même. C'est là que réside le principe
« de la responsabilité.

« Mais pourquoi cette nécessité du perfectionne-
« ment, imposée à l'homme? Pourquoi sur-tout
« cette nécessité ressemble-t-elle tant à une expia-
« tion? L'homme aurait-il été créé imparfait, ou
« serait-il descendu par sa faute du rang où il au-
« rait été originairement placé? Je dois te le dire,
« Thamyris, ton esprit, tout préoccupé par ce que
« tu as déjà entendu de nous n'est pas assez pré-
« paré, ni le nôtre assez vaste pour comprendre la
« raison de l'épreuve et de l'expiation. Le voile bril-
« lant de l'époptisme ne saurait qu'offusquer tes
« yeux, car les nôtres en sont toujours éblouis. Et
« cet époptisme même en cache un autre qui nous

« est interdit à nous aussi bien qu'aux néophytes.
« Tout ce que nous pouvons faire, Thamyris, c'est
« de nous arrêter avec eux devant l'obscurité im-
« mense, de contempler ensemble les ténèbres au-
« gustes. »

« Un autre prêtre raconta ensuite l'histoire du phénix, histoire conservée dans les anciennes traditions du temple d'Isis.

« L'époque de la mort et de la résurrection du
« phénix était arrivée. Les fils d'Uranus sont ras-
« semblés autour de lui par leur père, qui leur
« donne ses ordres en ces mots : « Vous avez souvent
« entendu parler d'un oiseau merveilleux, père et
« fils de lui-même. Le jour approche où, sur la
« montagne sacrée, cet oiseau, unique dans le
« monde, construit son tombeau avec des bois odo-
« riférants pour y être consumé, et renaître à l'in-
« stant même de ses cendres immortelles. Ma noble
« race a le droit d'assister à ces funérailles sans
« mort. Mais un seul d'entre vous peut prétendre à
« une telle gloire, car le phénix se retire dans un
« bocage gardé par de vénérables prêtres qui n'y
« laissent pénétrer qu'après des épreuves. Allez, mes
« fils, celui de vous qui aura été jugé digne de voir
« le phénix héritera de ma couronne. » Ainsi parla
« Uranus; ses fils, s'inclinant avec respect, parti-
« rent pour se rendre à la montagne sacrée. Ils en-

« trent dans le sanctuaire; et là, cette énigme leur
« est proposée :

« Y a-t-il sur la terre un être qui réunisse les qua-
« lités bonnes et mauvaises de tous les animaux,
« dont le regard plonge dans le soleil comme celui
« de l'aigle, dont la poitrine généreuse méprise le
« danger comme fait le lion, qui ait la férocité du
« tigre, le dévouement du chien, la ruse du ser-
« pent, l'industrie de l'abeille, la prudence de l'é-
« léphant, la patience du chameau, l'innocence de
« la blanche colombe, la prévoyance de la fourmi?
« y a-t-il un être qui marche tantôt sur quatre
« pieds, tantôt sur deux, tantôt sur trois, et qui soit
« d'autant moins assuré dans sa démarche, qu'il
« semble être mieux appuyé? y a-t-il un être qui
« n'ait qu'une voix, qui ne prononce qu'un cri,
« et qui se fasse entendre de tous les animaux, qui
« soit compris en même temps de tous ses sem-
« blables, s'il en a? Un tel être rampe-t-il sur la
« terre, s'agite-t-il au sein des eaux, ou vole-t-il dans
« les airs? »

« Le prêtre s'arrêta pour m'interroger des yeux,
et savoir si j'avais saisi le sens de l'énigme qui avait
été proposée aux enfants d'Uranus; puis, me
voyant perdu dans la méditation, il continua en
ces mots :

« Tous les fils d'Uranus restèrent dans le silence.

« Un seul, ce fut Bélus, prenant la parole, dit:

« Le grand-prêtre vient de faire l'histoire de « l'homme. Chacun des animaux semble contenir « une ébauche de l'homme dans ses organes exté-« rieurs, comme leurs instincts divers semblent être « une ébauche de notre intelligence et de nos senti-« ments. Le grand-prêtre nous a présenté l'homme « dans son enfance, dans son âge mûr, dans sa vieil-« lesse; et le phénix nous le présentera aujourd'hui « dans sa mort. L'homme n'a qu'une voix; et cette « voix est entendue non seulement par ses sembla-« bles, mais encore par les animaux; et cette voix, « qui n'est le plus souvent que celle du gémisse-« ment, passe de génération en génération, et re-« tentit dans les siècles. Qui sait s'il ne parviendra « pas à être en rapport avec les intelligences supé-« rieures; et si déjà il n'en est pas entendu? Il ne « vole pas dans les airs, il ne descend point dans les « abymes des mers; mais il mesure les cieux, mais « les mers ne sont point un obstacle à ses conquêtes. « Son esprit embrasse l'univers. »

« A ces mots le prêtre qui me faisait le récit que vous entendez, sage Évandre, s'arrêta encore pour m'interroger par son regard.

« Je vous ai compris, lui dis-je, et je crois com-« prendre en même temps les discours de Tiré-« sias, hiérophante de la Cadmée; j'ai reconnu l'é-

« nigme célèbre du mont Phicéus, qui est à-la-fois
« le mystère de l'homme et le mystère des races
« royales, chargées par les dieux de diriger les des-
« tinées des peuples, en s'identifiant à elles ; enfin
« je retrouve la doctrine prescrite à tous de se con-
« naître soi-même pour pouvoir entrer dans la voie
« du progrès. Sans doute que Bélus, qui avait si
« bien deviné l'énigme de l'homme, ne demanda
« point à voir le phénix sur la montagne sacrée,
« car le phénix n'existe point. C'est une allégorie
« de l'immortalité promise à l'homme. »

« Tu as compris, me répondit le prêtre, et toute-
« fois ton intelligence n'est pas grande. Nos sym-
« boles n'ont pas un sens aussi restreint que tu pa-
« rais le supposer. On peut considérer, il est vrai,
« l'instinct des animaux comme une sorte de voile
« qui enveloppe toute la création, et qui rend plus
« mystérieux encore les profonds mystères des fa-
« cultés humaines. La simple vue des caractères sa-
« crés qui couvrent tous nos monuments a frappé
« ta pensée, mais c'est une vue vulgaire. Il faudra
« que tu t'accoutumes parmi nous à porter tes re-
« gards un peu au-delà de ce qui est autour de toi.
« L'histoire du phénix contient bien des enseigne-
« ments que tu parviendras à découvrir. Quand tu
« auras davantage médité, tu y trouveras peut-être
« un emblème des révolutions célestes. La science

« de l'influence des astres, défigurée par les hom-
« mes qui ne l'ont pas comprise, a produit mille
« superstitions : tant il est dangereux de répandre la
« science sans discernement, de la répandre avant
« d'y avoir préparé les esprits! Sème-t-on le grain
« dans une terre qui n'a pas été défrichée et labou-
« rée? La volonté de l'homme marche dépendante,
« mais non esclave de l'harmonie universelle, qu'on
« a appelée destin : elle est une puissance elle-
« même; et cette puissance fait partie des lois qui
« gouvernent le monde. Quand tu auras médité
« plus de temps, médité dans la solitude de ton
« ame, et par notre secours, tu trouveras peut-être
« aussi dans cette histoire l'explication hiérographi-
« que des révolutions qui arrivent dans les sociétés
« humaines. Les peuples sont successivement sau-
« vages, nomades, chasseurs, pasteurs, laboureurs,
« commerçants. Tous ces états différents et succes-
« sifs demandent des lois différentes et successives,
« émanées des lois générales qui s'appliquent à
« tous. Ainsi les sociétés humaines meurent et re-
« naissent comme le phénix. Mais c'est le phénix
« qui construit son propre bûcher, parcequ'il veut
« trouver dans les éléments intimes d'un principe
« devenu stationnaire le germe d'un nouveau prin-
« cipe progressif; c'est lui qui rassemble le cinna-
« mome, le safran, les autres plantes odoriférantes

« qui doivent l'entourer de parfums, et il attend que
« les rayons du soleil descendent sur ce bûcher mys-
« térieux pour l'embraser.

« On ne peut assister à cette mort merveilleuse,
« à cette résurrection plus merveilleuse encore, si
« l'on n'a d'abord deviné l'énigme de l'homme, qui
« est pour les races royales l'énigme de leur iden-
« tification avec les destinées futures. Thamyris,
« nous touchons à cette époque de fin et de renou-
« vellement des sociétés humaines. Le règne des rois
« divins ici va finir; là c'est le règne des rois héros;
« ailleurs c'est celui des rois pasteurs : le monde de
« l'humanité par-tout commence, ou subit par-tout
« une immense transformation. Voici que les funé-
« railles immortelles de l'oiseau symbolique vont
« commencer. Malheur aux princes qui méconnaî-
« traient la nature même de l'homme, qui seraient
« sans sympathie pour ses destinées successives! il
« ne leur sera pas donné d'assister à la mort mys-
« tique du phénix. Ils ne verront point sa résurrec-
« tion glorieuse, ils ne pourront plus régner sur les
« peuples. Malheur aux hommes trop curieux, ou
« trop impatients de l'avenir, qui violeront l'entrée
« du bocage sacré, qui voudront voir ce qui ne leur
« est pas permis de voir! ce grand acte de la mort
« et de la résurrection ne pourra s'accomplir dans
« le silence auguste et religieux dont il doit être ac-

« compagné. La vie de l'oiseau palingénésique s'é-
« teint alors dans de cruels tourments; au lieu d'être
« consumé par un rayon pur du soleil, son bûcher
« sans parfums est embrasé par un feu tout matériel;
« et des cendres stériles sont tout ce qui reste du
« phénix.

« Ne va pas t'étonner, Thamyris, de ce que nos
« emblèmes ont un sens si étendu; ils doivent être
« une image imparfaite sans doute, mais une image
« vraie de la fécondité de la pensée divine. Une
« seule loi régit la vie de l'homme, la vie des sociétés
« humaines, si semblable à celle de l'homme; elle
« régit encore la terre que nous habitons, les corps
« célestes qui nous environnent, et elle s'étend jus-
« qu'aux dernières limites de l'univers. »

« Après que cette histoire du phénix eut été racontée, les entretiens se prolongèrent encore long-
temps. Un des prêtres me dit: « Néophyte, toi que
« la renommée met au nombre des plus habiles mu-
« siciens, sais-tu l'origine et la source de toute
« poésie? sais-tu dans quelle région, dans quelle
« sphère a été allumé, dès le commencement de la
« race humaine, ce foyer qui échauffe, ce flambeau
« qui éclaire, cette lumière éternelle et inextingui-
« ble qui se nourrit de son impérissable substance,
« qui produit et propage l'inspiration, quelquefois
« feu obscur, toujours vivant, quelquefois flamme

« brillante, toujours active, que les générations,
« en se succédant, se transmettent, les unes aux
« autres, sans l'épuiser ? »

« J'avouai que je n'avais pas élevé mes pensées si
haut. « Je suis musicien, il est vrai, répondis-je, et
« j'ai vu les peuples attentifs aux accents de ma voix,
« aux sons de ma lyre. Mais je suis sans aucune
« science. Je chante ce que j'ai ouï chanter, je redis
« ce que j'ai entendu dire. Ma parole est l'écho
« d'une parole dont j'ignore le mystère et le se-
« cret. »

« C'est bien, reprend le prêtre; ta seule science,
« c'est l'ouïe. Tu n'es pas, comme nous, accoutumé
« à cette autre sorte de parole extérieure qui se com-
« munique par la vue, sans réveiller l'idée du son ar-
« ticulé. Nos caractères hiérographiques sont doués
« d'une telle énergie, qu'ils arrivent à produire des
« langues douées elles-mêmes d'un pouvoir de créa-
« tion. Mais l'étude de ces caractères sacrés te serait
« inutile. Ainsi, avec toi, notre seule science sera
« celle qui s'adresse à l'ouïe. Toutefois nous t'ap-
« prendrons ce que tu ne sais pas encore; nous
« t'apprendrons qu'il existe une source unique, fé-
« conde, inépuisable, d'où émane toute science;
« nous t'apprendrons qu'il y a une génération in-
« tellectuelle, dont la génération des êtres est une
« image imparfaite. C'est là le mystère que nous

« cherchons à pénétrer respectueusement, le secret
« que nous essayons de surprendre. Dieu, nous
« n'en doutons point, Dieu a parlé une fois; Dieu,
« nous le croyons ainsi, a dit une fois comment le
« monde idéal était devenu le monde plastique.
« C'est cette parole de Dieu, émise une fois, qui,
« venant à se reposer sur les lèvres de l'homme pri-
« mitif, a été la grande voix, la voix unique et mul-
« tiforme de toutes les traditions primordiales. Notre
« poésie, Thamyris, est un symbole, et c'est ce que
« doit être toute vraie poésie, car la parole de Dieu,
« lorsqu'elle se transforme en la parole de l'homme,
« doit se rendre accessible à nos sens, à nos facul-
« tés, s'incarner en nous, devenir nous-mêmes. Elle
« revêt une teinte obscure parcequ'elle est reflétée
« par des organes obscurs. Au fond, le symbole est
« une vérité que la langue de l'homme ne peut pas
« dire à l'oreille de l'homme, et que l'esprit dit à
« l'esprit. De plus, le symbole est une condescen-
« dance dont nous aimons à reconnaître le bienfait
« pour nous et pour ceux à qui nous devons trans-
« mettre les enseignements de la sagesse. Notre poé-
« sie a produit plusieurs chefs-d'œuvre : aujour-
« d'hui, Thamyris, nous nous bornerons à t'en
« faire connaître deux. »

« Alors le prêtre me récita le poëme de Job et celui de Prométhée.

« Évandre, je n'ai point retenu dans ma mémoire ces deux poëmes célèbres, pleins d'une science si féconde, d'une poésie si vaste et si admirable ; je ne pourrai vous en offrir qu'une bien faible idée. Commençons par le poëme de Job. On ne sait pas si cette histoire a été racontée par le grand législateur des Hébreux aux prêtres de l'Égypte, ou s'il la tenait d'eux. On est certain seulement qu'elle est de la plus haute antiquité, et qu'elle remonte au-delà du temps où Israël, échappé à la maison de servitude, traversa le désert. Les poëtes des labyrinthes ont presque tous traité ce sujet ; ils l'ont regardé comme une des premières révélations de l'immortalité de l'ame.

« Quoi qu'il en soit, les Arabes ont conservé la mémoire d'un homme qui a connu toutes les douceurs et toutes les misères de la condition humaine. Il était du pays de Hutz, et vivait dans l'abondance. Mais la prospérité ne peut pas être durable ; un nuage de maux creva sur le juste. L'homme ne saurait trouver son contentement dans les biens de la terre, car ces biens sont périssables. Son cœur veut d'autres plaisirs et d'autres joies. Néanmoins, sans les jours d'épreuves, l'homme deviendrait mauvais, et voudrait être indépendant de son Créateur. La doctrine de l'immortalité de l'ame sort donc de cette triste hypothèse, l'insuffisance des biens de ce monde, et leur instabilité. Mais il fallait, pour tirer un enseignement de l'histoire de Job, que Job fût resté irréprochable : l'adversité lui devait faire connaître les doutes et les découragements qui tiennent à la fragilité humaine, et non point les remords de la conscience. Ceux qui ont chanté les grandeurs et les misères de Job n'ont pu être étrangers à cette énergie morale dont fut animée toute la vie du patriarche : ils l'ont tous fait passer avec plus ou moins de fruit dans leurs chants inspirés. La différence entre eux n'est que dans l'expression.

« Le prêtre voulut donc s'en tenir au plus ancien de tous. Mais, pour vous faire comprendre le tumulte d'idées que devait produire ce récit en vers harmonieux, il faut que vous sachiez, roi pasteur, une circonstance faite pour émouvoir vivement l'ame d'un néophyte. Pendant que le prêtre s'exprimait avec une sorte de mélodie grave et solennelle, un joueur d'instruments soutenait par un son continu, doux, plein de charme, la voix de celui qui parlait. De temps en temps, d'autres joueurs d'instruments se joignaient à ce concert, pour produire des effets extérieurs, tels que le trouble des éléments ou les bruits de la tempête. Enfin, dans les moments de repos, un personnage, qui s'appelait le chœur, intervenait, et exprimait, comme inspiré par une merveilleuse sympathie, les sentiments confus du néophyte, transporté dans une région toute poétique.

« C'est bien alors, Évandre, que j'ai pu douter d'une tradition adoptée par nous autres Grecs ; celle qui attribue l'invention de l'hexamètre à l'enthousiasme dont furent saisis les peuples lorsqu'ils voulurent célébrer la victoire d'Apollon sur le serpent Python.

« Les émotions que vont réveiller en moi tous mes souvenirs vous feront seules connaître, fils de la Thyade, celles que j'ai dû éprouver ; encore ne parviendrai-je à vous en faire connaître qu'une partie.

« L'abondance dans laquelle Job passait sa noble vie surpasse tout ce que l'on peut imaginer. Il était simple pasteur, mais l'immensité de ses domaines et de ses troupeaux, mais les prospérités de sa florissante famille le faisaient considérer à l'égal d'un roi : on le nommait roi d'Idumée ; et les peuples s'en remettaient à l'équité de ses jugements. Il était simple pasteur, et cependant on croyait que des reines de l'Orient l'avaient nourri de leur lait, l'avaient élevé sur leurs genoux ; que des rois savants furent ses pédagogues ; qu'il eut des princes pour serviteurs, des princesses pour servantes. Il avait appris la vertu dans le livre des Justes ; la sagesse, dans le livre des Proverbes ; le courage, dans le livre des Guerres du Seigneur. Ses amis étaient des dieux de la terre ;

voici leurs noms : Éliphas, roi des Thémanites ; Bildad, roi des Sçuhites ; Tsophar, roi des Nahamitites ; Élihu, fils de Barachel, Busite, de la famille de Ram, race éclatante parmi les races humaines. Ainsi nul n'eut d'abord des amis plus puissants et plus nombreux, et nul ensuite ne fut plus délaissé.

« Les habitants du pays de Hutz le regardaient avec jalousie, et il leur disait : « Vous êtes des in-
« sensés, car je ne jouis de ces grandes richesses
« que pour vous en faire part. Je répands l'abon-
« dance parmi vous. Les esclaves que j'achète vi-
« vent heureux et tranquilles ; et vous, quand vos
« troupeaux périssent, je vous en donne de nou-
« veaux. Si vos moissons ne suffisent pas à votre
« nourriture, mes greniers vous sont ouverts. Si les
« Sabéens ou les Chaldéens vous pillent, je vous
« rends ce qu'ils vous ont pris, lorsque mes servi-
« teurs n'ont pas su vous défendre. Qu'avez-vous
« donc à demander ? Et mes richesses, que sont-
« elles ? Mes troupeaux ne peuvent-ils pas périr
« aussi ? Le feu du ciel ne peut-il pas brûler mes
« granges et mes greniers ? Si les Sabéens et les Chal-
« déens venaient en troupes plus nombreuses, où
« trouverais-je des forces pour vous défendre, pour
« me défendre moi-même ? Mes enfants sont sujets à
« la mort comme les vôtres. Et moi, je suis soumis
« aux infirmités, à la vieillesse, à la mort, comme

« le plus indigent d'entre vous. Au reste, qu'impor-
« tent les biens et les maux! N'y a-t-il pas une autre
« vie? Accomplissons la justice selon notre lieu, se-
« lon notre capacité. Dites, lorsque je suis assis sur
« mon tribunal comme un juge ou comme un roi,
« lorsque je marche au milieu de vous dans mon
« opulence, avez-vous à vous plaindre de moi? Ai-je
« chassé le voyageur de mon foyer? ai-je banni le
« misérable de ma présence? La prière a-t-elle trouvé
« mes oreilles insensibles? mes paroles ont-elles été
« dures et menaçantes? »

« Pourquoi, murmuraient les indigents, pour-
« quoi cette inégale dispensation des biens de la
« terre? » « Dieu a voulu, répondait Job, que les
« uns méritassent en donnant, et que les autres mé-
« ritassent en recevant, mais toujours les bienfaits
« viennent de lui. Et c'est lui aussi qui rend la justice
« aux peuples. »

« Un jour Job entra dans la maison d'une veuve
qui poussait vers le ciel des cris douloureux. Sa fille
venait de mourir. Déjà le linceul funèbre était jeté
sur le corps de la vierge. « Femme, dit le juste,
« vous poussez des hurlements comme si votre fille
« n'était plus! » « Dieu! s'écrie la veuve, la vie sub-
« sisterait-elle encore dans la vierge que j'ai enfantée
« avec douleur, et que j'ai nourrie de mon lait? »

« Oui, répond Job, mais c'est la vie immortelle.
« Femme, n'as-tu jamais vu la chenille qui rampe,
« lorsqu'elle est près de mourir, se construire elle-
« même un tombeau formé de réseaux de soie? n'as-
« tu jamais pénétré au travers des légers tissus sem-
« blables à un or ductile, pour y voir la momie de
« la chenille, qui naguère se traînait sur l'herbe, et
« qui rongeait les feuilles des arbres? n'as-tu ja-
« mais vu ensuite cette momie, plongée dans le
« sommeil de la mort, se débarrasser de ses langes,
« s'ouvrir son tombeau, revêtir des ailes diaprées,
« et se jouer sous le soleil? La chenille est un em-
« blème que Dieu nous a envoyé. Naguère elle se
« traînait sur l'herbe, et rongeait les feuilles des ar-
« bres; maintenant elle vole dans l'air, et se nourrit
« du parfum des fleurs. »

« A ces mots il soulève le linceul : « Femme, dit-
« il, ose regarder ce visage, et dis-moi si déja il ne
« rayonne pas d'immortalité. Regarde si tu ne vois
« pas un noble sourire sur ces lèvres, et si ces pau-
« pières doucement fermées n'annoncent pas une
« ame qui s'occupe en silence de hautes pensées.
« Oui, ce sont les pensées nouvelles de l'autre vie.
« Regarde ce front, et explique-moi ce que veut
« dire ce calme solennel. L'ame de ta fille marque
« les dernières traces de son passage sur ce beau
« marbre blanc qu'elle a vivifié un instant, et elle

« s'est envolée vers le séjour éternel. Femme, ré-
« jouis-toi. Les habitants du séjour éternel te glo-
« rifient, parceque tu leur as donné une céleste
« compagne. »

« La veuve désolée considérait avec étonnement
sa fille; et, en considérant le beau visage de la vierge,
elle conçut la grande pensée de l'immortalité de
l'ame. Elle dit à Job : « Je te remercie. Je pleurerai
« l'absence de ma fille, je soupirerai après l'instant
« où je la retrouverai; je ne pleurerai plus sa mort.
« Mais, homme de Dieu, dis-tu vrai? L'ame est-elle
« immortelle? » « Femme, s'écrie Job, as-tu vu la
« prospérité du méchant? » « Oui, répond la veuve,
« et j'ai accusé la justice de Dieu. L'époux qui m'a
« été donné dans la joie m'a été ravi dans la dé-
« tresse. Ma fille, tendre objet d'amour et de pitié,
« n'a point crû sous le soleil de la patrie. Elle n'a
« jamais vu les fêtes du sol natal. C'est une plante
« étrangère qui s'est épanouie à regret pour se flé-
« trir aussitôt. Et cependant notre héritage est dé-
« voré par des gens qui savourent les fruits de notre
« terre, qui font des noces fortunées, et qui mour-
« ront pleins de jours. » « Eh bien! reprend le juste,
« sache que l'ame est immortelle; et tout sera ex-
« pliqué. Ah! j'en jure les merveilles de la créa-
« tion, j'en jure la grandeur et la bonté de Dieu,
« j'en jure la pensée humaine, j'en jure les dou-

« leurs et les affections de l'homme, l'ame est im-
« mortelle. »

« Pendant qu'il parlait, une lueur divine illumi-
nait ses yeux, la persuasion sortait de ses lèvres; la
sunamite pleura de nouveau, et fut de nouveau
consolée.

« Le patriarche ne se borna point à enseigner à
la veuve affligée comment se faisait la restitution de
l'être, prodige insondable de la puissance infinie,
il ne se borna point à montrer par-tout dans la nature le phénix renaissant de ses cendres, et l'intelligence échappant à la corruption qui atteint les
corps; il voulut faire connaître à la triste sunamite
la destinée des méchants; « car, disait-elle avec
« amertume, si l'intelligence doit échapper à la
« destruction, l'ame des méchants est immortelle
« comme celle des bons. » « Oui, répondait Job;
« mais sans entrer dans tous les secrets de la justice
« éternelle, nous en savons assez pour croire à des
« purifications mesurées selon le besoin des ames. »
Doctrine des peines et des récompenses, décret
immuable pour la réhabilitation de l'essence humaine, vous fûtes expliqués à la pauvre sunamite,
qui pleura de nouveau, et fut de nouveau consolée.

« Ainsi Job passait sa vie à faire du bien; mais
Dieu voulut éprouver le juste. Il voulut avoir des

entretiens avec lui, au sein de la douleur et de la misère, parcequ'd'ordinaire les hommes n'aiment pas à converser avec Dieu lorsqu'ils sont dans l'enivrement de la prospérité. Job ne savait pas les desseins de son Créateur; mais il éprouvait qu'une vanité infinie gisait dans l'abondance de tant de biens. Il était effrayé de la fécondité de ses troupeaux, de la fertilité de ses champs. « Aurais-je
« donc offensé le Seigneur, disait-il, puisqu'il refuse
« de me visiter? Il n'y a point d'affliction en moi,
« et je sens d'autant plus la fragilité de tant de biens,
« car ces biens ne peuvent me satisfaire. C'est une
« grande affliction, la plus grande de toutes, que celle
« de n'avoir rien à desirer, et cependant de desirer
« toujours. C'est une immense tristesse qu'une tris-
« tesse sans objet. » Les vœux de Job furent trop accomplis. Du sein de l'amertume, de la douleur, des plus poignantes adversités, il put parler avec Dieu. Son Créateur daigna faire connaître au patriarche, accablé de maux, les voies cachées par lesquelles la Providence marche à l'accomplissement de ses desseins. Vénérable Évandre, cette partie du poëme ne saurait être redite, parcequ'il faudrait peindre en même temps et les spectacles d'épouvante qui accompagnaient les paroles du prêtre, et la musique si désolée qui ébranlait tous les sens, et les accents de détresse qu'exhalait le

chœur. Le prêtre restait dans un calme imposant, quoiqu'il fût comme vaincu par cette lutte incomparable de l'ame et de la pensée. Toutes les forces humaines semblaient en lui arrivées au point où l'on pouvait croire qu'elles allaient succomber; et cependant elles ne succombaient pas. Je ne sais quelle voix inconnue exprimait la voix de Dieu; et cette voix inconnue, qui planait majestueusement, qui retentissait plutôt qu'elle n'était émise, sans doute était une voix humaine, puisque j'étais parmi des hommes; mais où avait-elle puisé de tels accents, de telles paroles, de telles formes de langage, une telle immensité de sons? Et celui qui osait proférer de tels discours, où avait-il appris les mystères de la vie et de la mort, les lois éternelles de l'univers? où avait-il appris les secrets de nos facultés, de notre intelligence? Comment secouait-il à-la-fois toutes les énergies de mon ame, pendant que mon corps se sentait, pour ainsi dire, brisé dans ses ressorts les plus intimes? Mes yeux étaient éblouis, mes oreilles pleines de terreur, la sueur inondait mon visage. Les entretiens entre Dieu et Job se passèrent au sein des orages et des tempêtes, et les orages et les tempêtes, soulevés par le Dieu puissant, ne se feignent pas, ne peuvent pas être reproduits par les organes fragiles de l'homme. Et toutefois je croyais assister à la réalité de cette initiation sublime où Dieu avait daigné en quelque sorte se justifier. De si redoutables oracles, Évandre, ne peuvent être révélés à l'homme de bien que par les plus cruelles calamités : la hauteur de la science se mesure par la rigueur de l'épreuve. C'est ainsi que Job comprit tout ce qu'il est donné à l'homme de comprendre des plans du Créateur, de l'ordre, et de la magnificence de ses œuvres. La gloire de Dieu manifeste la justice de Dieu, et l'homme apprend ce qu'est l'homme lui-même dans l'harmonie des mondes.

« Je restai abymé dans la contemplation des prodiges dont je venais d'être témoin, des vérités qu'il m'avait été permis d'entrevoir, des secrets qui m'étaient dévoilés. Il me semblait que j'eusse vu le monde sortant du chaos, l'homme, lorsque sa demeure a été toute préparée, prenant possession de l'air, de la lumière, des météores, des éléments, des plantes, des animaux, et nommant les lieux, les êtres, les choses.

« Après un tel ravage de mes idées, comme serait une rafale d'automne balayant la terre, le prêtre voulut me faire assister à la formation du mythe, autre expression de la poésie : ce fut l'objet du second poëme qui m'avait été annoncé.

« On ne connait pas l'auteur du chant de Prométhée, parceque les voyants des premiers âges, dociles seulement à l'inspiration, se croyaient interprètes, et non point inventeurs. Quelquefois leurs poëmes sont traduits dans les langues de la terre : alors des inconnus les vont chantant parmi les peuples, et recevant pour prix de leurs vers immortels le bain du voyageur, la nourriture de l'étranger. Ils se retirent sans laisser de nom. C'est le poëte, c'est un vieillard aveugle ; pendant sa vie il demanda l'aumône ; après sa mort des villes opulentes et célèbres se disputent l'honneur de sa naissance ignorée. Ils ont été comme des apparitions merveilleuses, et leurs récits restent dans la mémoire des vieillards qui les redisent ensuite aux fêtes solennelles.

« L'histoire de Prométhée, sage Évandre, est une fiction hardie où la vérité de la tradition primitive est enveloppée d'un voile brillant, qui peut éblouir les yeux du vulgaire, mais qui ne saurait tromper les yeux des sages. La fable est une réalisation de la parole ancienne ; cette parole est entendue et sentie instinctivement par les peuples. La puissance de personnification, qui réside au fond de toute allégorie, naît en silence, et croît inaperçue dans le sein obscur du temps : ainsi serait un nuage qui s'étendrait au loin, qui se condenserait spontanément, qui un jour viendrait réclamer une forme et un nom. Si les yeux du vulgaire restent éblouis, les yeux des sages pénétrent jusqu'au point lumineux, le montrent, et ne l'expliquent pas.

« Prométhée, dit le poëte innommé, dérobe aux « dieux le feu du séjour céleste, pour l'apporter aux « hommes qui en étaient privés. Ce larcin a été « cruellement vengé. » Dans l'inventeur du feu, reconnaissons, Évandre, le père de tous les arts. Il a été cloué sur le sommet le plus élevé du Caucase; ses entrailles, sans cesse renaissantes, ont été livrées à l'insatiable faim d'un vautour immortel; les élémens se sont soulevés contre lui; Jupiter, le nouveau dieu du ciel, insulte à ses maux, à sa science vaincue. Mais pourquoi les dieux voulurent-ils punir l'inventeur des arts consolateurs de l'homme, et qui ennoblissent sa vie? Ne pourrait-on pas accuser le poëte primitif d'avoir eu un trop funeste pressentiment des destinées humaines? De nouveaux besoins ont été créés avec les arts; de nouvelles passions sont nées. Les goûts purs et simples ont perdu leur attrait. On a desiré les vaines jouissances du luxe, les vagues desirs de la gloire. Les odieuses rivalités, les haines, les ambitions déçues : voilà sans doute les terribles présents que le devin a voulu signaler d'avance. Il avait refusé d'y reconnaître un nouveau déploiement de l'intelligence humaine, l'exercice de nouvelles facultés. Ainsi donc Prométhée aurait été puni pour avoir ôté à l'homme son bonheur et son innocence! Le vautour du Caucase serait le symbole des tourments sans cesse renaissants, qui vont dévorer à jamais le cœur de l'homme perfectionné et entré dans les voies de la science! Le chant lugubre des anciennes douleurs serait une peinture de l'origine du bien et du mal, peinture à jamais lamentable!.

« Eh quoi! le Maître suprême des destinées est changé en un tyran impitoyable, qui veut fixer la race humaine dans l'abrutissement! Le don de l'intelligence est un don sacrilége! Tout sillon tracé sur la terre est une impiété! Les villes populeuses sont une immense infraction à la loi de l'être, qui est une loi de stupide immobilité! Les cités religieuses sont une infraction plus punissable encore! Mais l'homme se disputera la terre inculte comme il se serait disputé la terre fécondée par ses sueurs! Il se battra pour un abri dans une grotte, aussi bien que pour un empire! Il n'y aura de moins que l'intelligence!

« Évandre, je vous fais passer par toutes mes incertitudes, par toutes mes anxiétés; car il faut bien que vous participiez au trouble de l'épreuve qui m'était infligée. Je ne veux cependant pas, roi pasteur, torturer votre ame jusqu'au bout, la livrer aux doutes outrageants pour la Providence, que faisait naître en moi le récit du prêtre. Je dois à vos modestes vertus plus de ménagement qu'il n'en fut accordé à mes présomptueuses ignorances. Je me hâte donc, pour guider votre esprit, de vous rappeler les travaux qui furent imposés au grand Hercule par Eurysthée. Dieu ne refuse rien à l'homme : Dieu a voulu, dès le commencement, que l'homme méritât tout.....»

Ici l'intelligence de Thamyris s'obscurcit, sa langue hésite, il sent un voile de plus, car il ignore les dogmes identiques de la déchéance et de la réhabilitation.

Cependant il se rassure, et il continue en ces mots : « Le poëme mythique est divisé en trois parties. La première présente Prométhée, issu de la race des Titans, plein de force et de sagesse, habitant des lieux enchantés, et concevant, comme depuis l'a conçu Orphée, un grand désir de perfectionner la race humaine, mais il avait plus de puissance qu'Orphée. Orphée est de la race mortelle; c'est à ses semblables qu'il veut faire du bien. Prométhée, par son origine, touche à la nature divine; par ses facultés et ses affections, il touche à la nature humaine. Et ce mélange incomplet des deux natures commence le tourment qui plus tard deviendra sensible par le vautour du Caucase. Mais si Prométhée n'avait pas ravi le feu du céleste séjour, Orphée à son tour n'aurait pas pu prendre en pitié les destinées obscures de l'homme vivant des fruits que la terre produit sans culture. Il fallait donc que Prométhée ouvrît les portes de l'intelligence à ceux des hommes qui voudraient par la suite être les bienfaiteurs de leurs semblables. Va donc, Titan glorieux, nous conquérir la science! Le bonheur ne sera ni pour toi ni pour nous!

« Vous devinez, Évandre, pourquoi Prométhée est dit avoir façonné l'homme avec une argile grossière. Les Thraces, dont je vous ai raconté les combats sans renommée, vous le savez dès à présent, ne sont pas nés du chêne. Enfin si Prométhée appartint à deux natures distinctes, mais analogues, tout porte à croire qu'Orphée aussi appartint à deux natures, mais à deux natures humaines, égales et identiques par leur essence. »

L'intelligence de Thamyris s'obscurcit de nouveau; le même mystère inconnu vient le troubler pour la seconde fois.

Évandre attend, non sans quelque inquiétude; sa curiosité sera loin d'être satisfaite.

Les prêtres d'Isis avaient-ils voulu mettre un sceau à une vérité incommunicable, ou le sceau existait-il pour eux-mêmes?

Malgré toute son anxiété, Thamyris se décide à reprendre, en ces mots, la suite de son récit :

« Dans la seconde partie du poëme mythique, Prométhée, s'élançant sur le sommet des montagnes, allume son flambeau créateur au char du soleil, et apporte le feu aux hommes. Cette grande conquête, principe de toutes choses, qui seule met une barrière entre nous et les animaux, est célébrée avec enthousiasme par le chantre cosmogonique. Mais on découvre dans l'enivrement de sa poésie quelque chose de funeste et de douloureux. Il peint les métaux façonnés d'abord en charrues et en instruments de labourage, et ensuite en glaives homicides, en machines de guerre, en mille appareils de mort. L'or corrupteur est tiré des entrailles de la terre. La cognée abat le pin altier, qui va se courber en quille de vaisseau, le chêne robuste destiné à soutenir le toit sous lequel dormira l'oisif des villes. Toutes les contrées se répondent l'une à l'autre. Les montagnes sont aplanies, les abymes des mers sont comblés. Le commerce court civiliser les hommes. Mais le vent de la destruction souffle en même temps de toutes parts; et le génie dévorant des conquêtes inonde de sang et de larmes les champs où croissent les fécondes moissons, les monuments des arts qui ornent les opulentes cités. L'homme s'avance dans la gloire, mais il s'avance aussi dans le malheur.

Son intelligence le fatiguera, parcequ'il la sollicitera pour des besoins factices qu'elle ne pourra satisfaire. Son imagination deviendra comme une solitude, parcequ'elle s'étendra outre mesure, et qu'il n'aura plus la puissance d'en peupler les contrées fantastiques dont les limites se reculeront chaque jour devant lui. Veuillent les dieux qu'au moins il lui reste l'espérance !

« A de tels accents, je vous avoue, Évandre, que je jetai un cri d'effroi. Le chœur avait jeté, en même temps, un cri semblable. A ce cri s'était jointe comme une vaste lamentation qui sortait de toutes parts, de dessous les pavés du temple, de ses murs élevés, de ses voûtes immenses. Les prêtres voulurent me calmer. Du milieu de cette détresse profonde, ils m'adressent quelques paroles consolantes. « Orphée, ajoutèrent-ils, a entendu les mêmes « chants; il ne s'en est point troublé, il s'est enve- « loppé la tête de son manteau, et a dit: « Qu'un « tel avenir ne nous effraye point! Que l'homme « soit malheureux; mais qu'il soit grand! Tha- « myris, nous t'engageons à imiter la noble résigna- « tion d'Orphée. »

« Ah! m'écriai-je, Orphée sans doute avait pé- « nétré au fond d'un sanctuaire qui demeure fermé « pour moi. Veut-on me faire lutter seul contre des « forces aveugles, contre une puissance insaisis-

« sable ? Prêtres des saints mystères, l'inconnu me
« trouble et m'épouvante. Dites-moi la vérité, ou
« dites-moi que vous ne la savez pas. Ah ! c'est avec
« trop de raison que mon esprit éperdu conçoit en-
« fin la pensée de je ne sais quel grand anathème. »

« Le prêtre continua. Dans la troisième partie, le
poëte a peint la colère de la divinité jalouse, et
Prométhée cloué sur les sommets escarpés du Caucase. Rien ne saurait donner une idée de la beauté
et de la magnificence du spectacle qui vint alors
s'offrir à mes regards. Prométhée semble perdu dans
les orages et les tempêtes qui entourent le rocher
sur lequel il est attaché. Ce bouleversement des
éléments conjurés contre une créature vivante,
cette solitude d'une grande victime au milieu de ses
tourments, ces voix sortant de l'orage pour accuser
le fier Titan, ces douleurs de l'angoisse, qui seraient
la mort pour tout autre, ces plaintes et ces gémissements du chœur; cette harmonie sombre et terrible
d'une musique heurtée, toute semblable aux cris
confus du chaos : un ensemble si frémissant de
terreur me sortait de moi-même. Je croyais que
j'allais me briser et rentrer au sein du néant. Mais
peut-être ce qu'il y a de plus étonnant dans ce
mythe sublime, c'est le calme divin de Prométhée
répondant aux voix sorties de l'orage, et se félici-
tant, au milieu de son supplice, d'avoir fait du bien

aux hommes. Ce courage indomptable de l'ame qu'aucune terreur ne peut atteindre, qui ne refuse pas de se mesurer sans espoir avec une formidable fatalité, a dû être, entre les choses merveilleuses, la plus merveilleuse de toutes. Mais la nature humaine, tout agrandie qu'elle est dans ses facultés les plus éminentes, est toujours la nature humaine. L'orgueil aussi lutte contre la douleur; et c'est l'orgueil sans doute que les dieux veulent punir dans l'émancipateur de la race humaine. « Oui, dit Pro-
« méthée, j'accepte la douleur pour la gloire. Voilà
« que maintenant les hommes sont en quelque
« sorte devenus mon ouvrage; ils ont reçu de moi
« l'intelligence et la science. Les dieux avaient fa-
« çonné une argile, j'ai donné une ame à cette ar-
« gile. L'homme me devra ses travaux futurs. Que
« les dieux laissent à la nature le pouvoir de résister
« à l'homme; moi, je lègue à l'homme la puissance
« de dompter l'aveugle nature. J'ai introduit sur
« la terre la loi du progrès. Race humaine, désor-
« mais c'est à toi de t'aventurer avec courage et
« constance dans les voies de l'avancement, c'est à
« toi de marcher de conquête en conquête. Le des-
« tin de l'immobilité et du silence est vaincu par
« moi; par moi, règne sur le monde le destin de la
« succession et du progrès. »

« Je sens quelque chose au-delà, m'écriai-je en-

« core; la vérité m'est déniée, et peut-être est-elle
« déniée à tous. »

« Le prêtre prononça quelques mots de plus, que
le chœur répéta; et ces mots contiennent toute
une doctrine, mais une doctrine qui est loin d'expliquer une moitié de la destinée humaine :

« Ainsi l'homme a acquis la capacité du bien et
« du mal; ainsi il a acquis l'imputabilité de ses ac-
« tions, la responsabilité de sa vie... »

Thamyris, l'esprit toujours offusqué par les lueurs
douteuses d'une doctrine trop contenue ou trop
insuffisante, et se repliant sur lui-même pour y
démêler l'accord de la nature humaine avec les
notions indécises qu'il avait reçues, avec les événements dont il avait été témoin, fit ensuite briller,
aux yeux d'Évandre, une lumière qui était une conjecture nouvelle, et qui ne pouvait dégager la vérité de son dernier nuage. Voici les paroles qu'il
laissa échapper, fruit à-la-fois de son sens intime et
de sa science incomplète :

« Lorsque l'on compare cette belle tradition de
« Prométhée à toutes les traditions primitives, on
« pourrait y trouver la première apparition de
« l'homme sur la terre; on pourrait y trouver en-
« core l'institution du langage, qui est le don de
« l'intelligence, figuré par le feu céleste. Cette na-

« ture intermédiaire entre la nature divine et la
« nature humaine n'est peut-être que le dogme d'un
« réparateur de la nature humaine déchue, dogme
« enveloppé dans les langes des traditions juives... »

Mais arrivé à ce mystère des mystères, reculé si avant dans les profondeurs de la science cosmogonique, et dont Thamyris sans doute pouvait à peine entrevoir les fécondes merveilles, l'hôte d'Évandre dut chercher en vain la suite de ses pensées. Le poëte d'un âge chrétien, qui a reçu la véritable initiation, et qui s'est imposé la tâche de répéter ces récits antiques, est-il sûr de ne pas s'être involontairement laissé tromper par sa propre inspiration ? est-il sûr de ne pas confondre en ce moment la science devenue celle de tous avec la science des vieux sanctuaires ? N'importe, au risque de m'égarer encore, je vais achever le discours de Thamyris, tel qu'il semble retentir à mon oreille :

« Comment dire en effet la volonté humaine de-
« venue une puissance de ce monde, et pervertie à
« l'instant même où elle se manifeste pour la pre-
« mière fois ? comment dire le secours qui fut né-
« cessaire pour réveiller les facultés endormies de
« l'homme, le secours qui sera nécessaire encore
« pour les rehausser, pour les épurer, pour les ren-
« dre consonnantes à l'harmonie universelle dont
« elles tendent trop à se séparer, à s'isoler ? comment

« dire l'identification que la nature humaine doit
« recevoir pour qu'elle puisse tirer d'elle-même la
« force de se connaître, la force de se sentir, la force
« de se régénérer? comment dire enfin le dévoue-
« ment, la plus belle et la plus noble des attribu-
« tions du cœur humain, le dévouement appliqué
« ici à cette nature intermédiaire du Titan, s'éle-
« vant un jour jusqu'à être une fonction auguste
« de la divinité? car cette pensée si extraordinaire
« repose, inconnue du reste de la terre, dans ces
« antiques traditions juives, religieusement conser-
« vées par un peuple qui, pour le prêtre de l'É-
« gypte, était un peuple d'esclaves. »

« Évandre, continue Thamyris, j'avais peine à fixer de si éblouissantes clartés. Mais je compris mieux ce que le prêtre me raconta d'Orphée.

« Orphée, selon ce qui m'a été dit, après avoir entendu le poëme des anciens jours, en fit sortir un autre enseignement plus accessible à ma faible intelligence. Il vit l'homme appelé à vaincre constamment les lois de la nécessité, à se perfectionner malgré le destin. Il avait peint, dans le passé et dans l'avenir, la marche progressive du genre humain se faisant lui-même, et la haute mission des hommes de génie s'avançant les premiers, devançant les autres hommes pour leur frayer la route. Ils pourraient s'arrêter à contempler leurs propres pensées, mais il y a en eux une force d'instinct qui les pousse à accomplir les pensées immortelles. La fatalité finira-t-elle par succomber sous la volonté de l'homme, et l'homme luttera-t-il jusqu'à ce que cette grande victoire soit accomplie? Ses forces ne peuvent lui servir qu'autant qu'il les emploie sans cesse, sans repos. Elles seraient impuissantes s'il suspendait un instant les travaux de son intelligence, le labeur de ses mains.

« Vous reconnaissez sans peine, Évandre, dans cette noble théorie de l'humanité la destinée plébéienne tout entière.

« Des entretiens continuèrent sur la poésie, et ces entretiens furent pleins de gravité et d'instruction; permettez, roi pasteur, que je vous en rende compte sans ordre et sans suite, tels que doivent être des entretiens familiers.

« S'il est dans l'avenir un homme assez audacieux
« pour se saisir seul de l'empire de la poésie, ce sera
« celui qui osera montrer, dans ses tableaux variés,
« l'homme même, l'homme entre Dieu et la nature.
« Sa riche et vaste imagination embrassera successi-
« vement les mœurs domestiques, les mœurs guer-
« rières, l'homme voyageur. Celui-là créera tout à-
« la-fois l'épopée et le drame. Mais qu'importe qu'il
« y ait un homme qui apparaisse pour gouverner

« seul l'empire de la poésie? Les peuples ne savent-
« ils pas donner des noms aux traditions? ne savent-
« ils pas se chanter eux-mêmes? Les historiens
« viendront plus tard succéder aux poëtes; ils vien-
« dront pour raconter les événements tels qu'ils se
« passent, un à un, dans leur réalisation matérielle.
« Le poëte remontant plus haut les saisit dans leur
« suite et dans leur ensemble, dit les causes pro-
« fondes, les origines cachées. Il s'appelle prophète
« et devin. Le poëte est l'expression vivante de Dieu,
« des choses, des hommes.

« Thot nous a dit que les nombres étaient les
« formes accessibles de la pensée éternelle, et que
« le signe des nombres était le signe de cette pensée
« immuable. La valeur relative des sons pour pro-
« duire l'harmonie musicale est fondée sur la loi
« merveilleuse des nombres; il nous a enseigné cette
« loi ordonnatrice, dépendante de celle qui régit
« l'univers, qui gouverne les temps.

« Il nous a dit encore que le monde et les choses
« du monde étaient la pensée de Dieu écrite. Les
« peintures linéaires ou plastiques du monde et des
« choses du monde, d'après ce premier des sages,
« sont pour nos sens une peinture de la pensée
« divine, et la pensée humaine est une image de la
« pensée divine.

« Considère donc nos emblèmes, Thamyris : le

« ciel et la terre, l'esprit et la matière, la nature et
« la société, y sont traduits en signes. Nos rituels
« et nos planisphères sont le type des mythologies,
« toutes analogues entre elles, toutes identiques,
« comme les langues sont toutes l'onduleuse dra-
« perie qui dénonce la même intelligence. Les em-
« blèmes des lois de la Providence et des forces de
« la nature, gigantesques, bizarres, naïfs, au-delà
« du Caucase, ont été polis et divinisés en-deçà, et
« revêtus de formes plus ou moins agréables, plus
« ou moins sévères, selon les lieux. Les nôtres,
« restés ce qu'ils sont, mais seulement, il est vrai,
« dans l'intérieur du labyrinthe, nous garantissent
« de l'idolâtrie, piége qui vous est tendu, à vous
« autres Grecs, par votre imagination, et auquel
« ne put pas toujours échapper ce peuple d'esclaves
« qui vécut au milieu de nous avec ses promesses et
« ses traditions.

« Considère aussi nos hiéroglyphes; ils sont des
« peintures du nom de Dieu, ou des attributs du
« nom de Dieu. Le nom ineffable ne se prononce
« point; on prononce seulement le nom du signe
« qui représente le nom de Dieu, le nom de chacun
« de ses attributs, et nous évitons ainsi le piége qui
« est encore tendu à votre brillante fantaisie.

« Toutes les sentences de l'antiquité sont gravées
« ici en peintures hiéroglyphiques : ces peintures

« ont créé, disait Thot, la plupart des tropes des
« langues des peuples.

« Ne sois pas effarouché, Thamyris, de quelques
« uns de nos tableaux ou de nos discours. Les ima-
« ges les plus sérieuses, quelquefois sont obscènes
« pour les yeux, quelquefois même pour les oreilles.

« Il faut que tu en sois prévenu, la représentation
« du corps nu est la représentation de l'ame accom-
« plissant telle ou telle action. Dans nos peintures,
« le vêtement, c'est le corps; le corps nu, c'est l'ame.
« L'homme habillé, c'est l'homme revêtu de son
« corps mortel, de son corps qu'il doit laisser à la
« terre.

« Nos anciens prêtres n'employent jamais d'ima-
« ges qui ne soient consacrées par l'adoption dans
« la langue des dieux. La langue des dieux est celle
« des songes envoyés par Jupiter, comme disent les
« successeurs des Pélasges, ou plutôt celle des sym-
« boles, comme nous te l'avons déja dit. Thamyris,
« cultive en toi la vision, la vision de ce qui est réel-
« lement, et non la vision des nuages de la fantaisie.
« Tu trouveras ici une école de voyants, car voir
« malgré le voile des objets extérieurs, voir au tra-
« vers de l'illusion des sens, voir par-delà l'horizon
« des faits actuels, soit dans le passé, soit dans l'a-
« venir, c'est une faculté qui se développe dans
« l'homme par l'étude, l'éducation, l'habitude de

« méditer ; elle se développe comme toutes les autres
« facultés, lorsque d'ailleurs on en est doué. Tha-
« myris, pour voir il faut sur-tout avoir un cœur
« droit.

« Thamyris, tu as peu profité de ton séjour dans
« la Samothrace; il sera bon que tu y retournes
« pour consulter les fils du roi juste. »

« Les entretiens cessèrent. Évandre, je dois vous
l'avouer, ce fracas de discours sans suite, de paroles
incohérentes entre elles, de maximes dont l'enchaînement, les conséquences, le véritable sens, m'é-
chappaient souvent, et que je puis à peine me
rappeler, me plongeait dans l'indécision de mille
pensées. C'étaient des germes confus jetés en quelque sorte au hasard dans mon esprit, et cependant
je croyais comme à un ordre, mais à un ordre que
je ne pouvais apercevoir. N'est-ce pas ainsi que sont
toutes les clartés dont les yeux de l'homme sont
éblouis sur la terre? Je ne savais donc si les maîtres
de la sagesse adoptaient ou créaient des traditions;
s'ils produisaient ou s'ils ne faisaient que constater
les faits; s'ils donnaient le langage ou s'ils l'enri-
chissaient; s'ils avaient des communications directes
avec la divinité, ou s'ils se bornaient à en étudier
les manifestations.

« Un prêtre qui comprenait bien tout le bouleversement de mes idées, puisqu'il était prévu par

lui, crut que j'avais besoin de donner quelque repos à mon intelligence. Il me dit : « Écoute, « Thamyris, c'est assez pour aujourd'hui. Demain « commencera pour toi l'épreuve du silence. Cette « épreuve durera quarante jours, si d'ailleurs tu te « rends digne qu'elle ne soit pas prolongée. Tu con- « tinueras d'écouter les entretiens des sages et le récit « des merveilles anciennes ; mais qu'aucune parole « ne sorte de ta bouche. C'est bien le moins que « d'apprendre à mettre un frein à sa langue. »

« Je m'inclinai en signe d'adhésion. Roi de la colline carrée, avant d'aller plus loin je dois vous dire encore une chose : ce monde-ci, dans le langage symbolique, s'appelle l'enfer, le monde inférieur. C'est un chemin, un vestibule ; c'est en un mot le lieu des épreuves.

« Conformément à ce langage, les demeures des habitants de l'enceinte sacrée sont partagées en deux parties. L'une est celle de la vie ordinaire, c'est l'enfer ; l'autre est celle de ceux qui ont subi les épreuves, c'est l'élysée. Un fleuve sépare les deux contrées.

« Souffrez, Évandre, que je suspende mes récits, je sens mes forces épuisées. Vous-même, roi pasteur, vous devez être fatigué par l'attention que vous voulez bien m'accorder. »

FIN DU LIVRE SEPTIÈME.

ORPHÉE.

LIVRE HUITIÈME.

ARGUMENT

DU LIVRE HUITIÈME.

J'ai assez insisté sur cette loi si primitive qui oblige une dynastie, celui sur qui repose la faculté dynastique, à deviner l'énigme générale de l'humanité et l'énigme particulière du peuple que la dynastie doit représenter.

J'ai assez insisté aussi sur le point de départ de la race humaine, point mystérieux qui ne peut être qu'un dogme ou un mythe, comme la fin des choses humaines toujours, dans toutes les croyances, fut un dogme ou un mythe.

Les livres sacrés des Indiens parlent d'une succession de transformations qui se termine par l'absorption universelle. D'après cette hypothèse, qui est le plus haut panthéisme, le fini ne se dégagerait de l'infini que pour y retourner.

Les animaux, qui n'ont point à conquérir la responsabilité, qui n'ont point à passer par les épreuves, peuvent se perdre au sein de la vie universelle; mais la nature de l'homme requiert une autre destination, puisque seul il a la conscience de lui-même.

La donnée panthéistique ne résout pas, pour l'homme, le problème du progrès au prix de la souffrance.

Et cependant, aujourd'hui comme à l'origine, à mesure que l'homme s'élève dans la hiérarchie des facultés, il augmente en lui la somme de souffrance.

Elle ne résout pas non plus le problème du domaine exercé par l'homme sur la création.

Enfin j'ai assez dit toutes nos incertitudes sur les véritables doctrines de l'initiation, et les puissants motifs qui m'ont porté à en faire le reflet des traditions primordiales.

J'ai dû écarter le naturalisme, qui a été attribué aux prêtres de l'Égypte, et dont ils sont disculpés par les monuments.

Dans ce livre, transition des règnes divins aux règnes humains : ici encore lutte de l'épopée et de l'histoire.

Au reste, la chronologie idéale a cet avantage qu'elle s'applique à tous les âges. Ainsi nous pouvons remarquer une analogie avec le mouvement palingénésique actuel de la France, par où commence celui de l'Europe. En effet, maintenant les rois sont inviolables et infaillibles par une raison humaine, au lieu de l'être par une raison divine.

C'est une loi de la Providence de conserver, à toutes les époques, les monuments vivants de la civilisation antérieure, des points d'arrêt pour que le cours des choses ne soit pas trop précipité. Ainsi, à toutes les époques, nous voyons, comme dans l'Odyssée, diverses formes de civilisation, synchroniques entre elles.

N'en est-il pas de même, encore en ce moment, sur la terre? Si nous embrassons de nos regards non seulement l'Europe évolutive, mais le globe tout entier, n'y trouverons-nous pas toutes les formes de civilisation, ici pétrifiées, là plus ou moins ouvertement travaillées par une tendance progressive?

Le mobile Occident finira sans doute par ébranler l'immobile Orient.

Dans tous les cas, l'espace et le temps semblent toujours se donner la main pour manifester par-tout à-la-fois l'identité de la race humaine, identité qu'il ne faut pas se lasser de constater.

Les sacrifices humains furent abolis par Hercule, et Évandre, comme la sibylle de Samothrace, craint qu'il y ait insuffisance de la rançon humaine.

M. de Maistre aussi croit que si l'homme cesse de supplier par le sang, il deviendra insolvable à l'égard de la justice divine.

Le sang de la grande victime aurait-il donc en vain coulé sur les sommets du Golgotha?

L'usage des sacrifices humains, jusque dans les temps historiques assez avancés, revint plusieurs fois. Lorsqu'une calamité sévissait contre les peuples malheureux, on croyait devoir recourir à cette forme terrible de supplication. Il serait peut-être même permis de dire que ces sacrifices affreux ne furent point légalement abolis, qu'ils tombaient plutôt en désuétude, et qu'ils reparaissaient dans les moments de crise. Les superstitions ont la vie dure; elles ont, au reste, un fondement réel. Ici, par exemple, il ne faut point oublier combien est universel le sentiment de la nécessité de l'expiation.

Pompée fit immoler deux victimes humaines. César sacrifia un homme accusé d'avoir révélé le nom de la divinité cachée de Rome.

Entre Évandre et ces deux illustres compétiteurs de l'empire futur que de siècles écoulés !

Toutefois il est juste de remarquer que le sacrifice de César peut être considéré comme le châtiment d'une faute.

Mais si l'action de Pompée fut une action superstitieuse, je crains bien que celle de César ne fût une condescendance pour une superstition.

Le principe à importer dans le Latium ne pouvait être un, car il en serait résulté l'immobilité ou l'anarchie.

La condition de l'Europe était d'être livrée à la lutte de deux principes, le principe stationnaire et le principe progressif : le premier, qui est l'Orient, représenté par les patriciens ; le second, qui est l'Occident, représenté par les plébéiens.

ORPHÉE.

LIVRE HUITIÈME.

URANIE.

LOI DU SILENCE.

« Roi de la colline carrée, plus j'avance dans mon récit, plus la difficulté de m'exprimer augmente. Trop souvent mon intelligence est restée au-dessous des choses dont j'étais témoin, des discours que j'entendais : les sphères des diverses facultés humaines, celles des différents degrés de civilisation, ayant entre elles et avec les sphères célestes de mystérieuses analogies; l'univers idéal et l'univers plastique correspondant l'un à l'autre; la pensée heurtant par-tout contre un centre universel d'où rayonne incessamment une circonférence infinie; mille notions confuses que j'ai peine à saisir moi-même, sitôt que je veux les retracer dans ma mémoire pour essayer, Évandre, de vous les transmettre...

« Je ne puis vous dire, roi pasteur, ce que j'ai

éprouvé, lorsque, enchaîné par la loi du silence, j'ai été introduit dans l'assemblée des vieillards. Ils étaient assis sur des trônes d'or, dans le fond d'une salle immense. J'étais séparé d'eux par une balustrade qui ne me permettait pas d'approcher. Bientôt une musique d'une mélodie incomparable et continue se fit entendre; les sons en étaient purs, graves, solennels; on eût dit une transformation de l'air que nous respirions. Sur des cassolettes innombrables brûlaient les suaves parfums de l'Arabie. La musique et les parfums semblaient s'être identifiés.

« Un des vieillards se lève; et, descendant du trône où il était assis, il fit la moitié du chemin qui le séparait de la balustrade. Il tenait à la main une baguette d'ivoire, sans ressembler toutefois à un magicien qui va faire des évocations. « Thamyris, me dit-il, tourne les yeux du côté de ta droite. » Je tournai les yeux. Un rideau fut soulevé; alors je vis un tableau qui, pour mes sens exaltés, avait de la profondeur, et était animé par une intelligence supérieure. J'y sentais du mouvement et de la vie, mais un autre mouvement et une autre vie que ceux dont nous avons la constante expérience.

« Je ne veux point te tromper, dit le vieillard; ce « tableau merveilleux n'est autre chose qu'un ou« vrage parfait de nos plus habiles artistes. Le jeu

« de la lumière fait seul l'apparence de vie des fi-
« gures qui y sont représentées ; les nuages de par-
« fums, qui remplissent la salle, ajoutent à l'illu-
« sion. La musique que tu viens d'entendre, et dont
« l'air est encore comme imprégné, cette musique
« t'a préparé aux émotions vives et profondes. Main-
« tenant considère le tableau ; vois cet homme at-
« taché à une roue, qui n'est point celle de l'é-
« preuve ; car elle tourne sans fin, et le châtiment
« ne doit point être mesuré par la succession du
« temps. Vois cet autre coupable qui est plongé dans
« un fleuve dont il voudrait boire l'eau pour désal-
« térer sa soif éternelle ; et l'eau fuit éternellement
« ses lèvres éternellement desséchées. De beaux
« fruits pendent aux arbres qui bordent le rivage ;
« mais il ne peut les atteindre pour assouvir sa faim
« qui ne sera jamais assouvie. Vois ce malheureux
« qui roule un rocher sur le haut d'une montagne.
« Le rocher retombe en rebondissant ; le triste jouet
« d'une destinée railleuse se hâte de descendre pour
« recommencer son pénible et infructueux labeur.
« Vois ces femmes infortunées ; elles sont au nombre
« de cinquante autour d'une cuve qu'il leur est
« prescrit de remplir avec leurs urnes. L'eau s'é-
« chappe de la cuve dans une mesure égale à celle
« dont ces femmes s'efforcent de la remplir ; l'éter-
« nité tout entière pèse à chaque instant sur leurs

« bras que la fatigue engourdit, que le désespoir
« ranime pour soulever de nouveau leurs urnes in-
« utiles. Tu le vois, Thamyris, ce sont les peintures
« des vaines passions des hommes, de leurs travaux
« sans relâche, de leurs calculs trompés, de leurs
« tourments toujours renaissants. Si la vie actuelle
« n'était pas le passage à une autre vie; si elle était
« fixée et rendue immortelle, telle qu'elle est, le
« funeste tableau qui est devant tes yeux serait le
« tableau même de la vie humaine. La Grèce néan-
« moins donnera un nom à ces divers emblèmes. Ce
« sera Ixion qui aura voulu attenter à la pudeur de
« Junon; ce sera Sisyphe réputé juste parmi les
« siens, et célèbre par ses brigandages chez les peu-
« ples en-deçà de l'isthme: tant les renommées sont
« différentes selon les lieux. On croira que Danaüs
« eut cinquante filles, qui, dans une seule nuit,
« immolèrent leurs époux. Nous te l'avons déja dit,
« Thamyris, l'enfer, c'est le monde, et ce monde,
« rendu éternel, serait l'éternité des tourments de
« l'enfer. Aussi, d'après les traditions, les illustres
« instituteurs des peuples sont tous placés, par une
« inconcevable Némésis, dans le lieu de la vengeance
« divine. Et cependant que l'exemple de Prométhée
« ne nous décourage pas!

« Thamyris, la vie actuelle, ainsi que nous te l'a-
« vons fait entendre plusieurs fois, la vie actuelle

« porte le fardeau d'un anathème inconnu, et cet
« anathème est la grande énigme que nous cher-
« chons en vain à résoudre. Il faudrait une mani-
« festation qu'il nous est permis de pressentir, qu'il
« nous est interdit de deviner; quant à présent,
« notre partage est de gémir. Tel est donc cet ana-
« thème terrible, inscrutable, enveloppé d'un nuage
« de colère, cet anathème que nous signalons sans
« oser l'expliquer; l'homme ne peut rien sur son
« état présent, il ne peut que sur son état futur.
« Telles sont donc aussi nos épreuves successives,
« où le néophyte est préparé seulement à une autre
« épreuve. Telle est donc enfin la raison de ce destin
« inflexible qui paraît gouverner le monde, qui
« semble enchaîner l'homme. Mais l'homme doit
« combattre pour vaincre dans une vie suivante.
« Nous venons de sonder la nature du destin, fan-
« tôme d'épouvante pour les peuples. »

« Plusieurs tableaux succédèrent à celui-ci. Dans
les uns on voyait des peintures de l'âge d'or, telles
que les poëtes les ont chantées, et qui indiquent
un état primitif d'innocence et de bonheur, dont
plus tard la race humaine aurait été déshéritée.
Dans les autres on voyait l'homme voulant usurper
un pouvoir qui ne lui appartient point, et châtié
pour cette usurpation par mille redoutables fléaux.
Un de ces tableaux représentait la désolation de

ceux qui, après leur mort, n'avaient pas reçu les honneurs de la sépulture. Mais ce qui m'étonna le plus, ce fut de voir de pauvres enfants qui avaient à peine entrevu la lumière du jour, et qui, sans avoir mérité un si triste sort, devaient demeurer plongés à jamais dans de lamentables ténèbres. « Dieux immortels! me disais-je à moi-même, car la « parole m'était sévèrement interdite, dieux immor- « tels, où est la justice de cet arrêt? » Le prêtre cependant expliquait tous ces tableaux à mesure qu'ils se succédaient, et il jugea à propos de dire, sans l'expliquer, le malheur de ceux qui sont privés de sépulture, aussi bien que l'état misérable des enfants ravis aux embrassements de leurs mères, avant qu'ils aient pu faire usage de leur raison. Sans doute que de si étranges épreuves ne sont pas faites pour produire, dans de timides néophytes, un vain étonnement de terreur; mais je fus obligé de les subir en silence. Puis m'élevant à des considérations inspirées par tout ce qui avait été dit, je me mis à penser : « Serait-il possible de mieux « marquer l'altération qu'a subie l'essence humaine? « serait-il possible de mieux dénoncer je ne sais « quel crime primitif qui implore douloureusement « une expiation primitive comme lui? N'est-ce pas « là le triste sceau de l'anathème antique? » Et toujours il restait à savoir ce que furent et l'altération, et le crime, et l'anathème ; il restait à savoir dans quels jours cosmogoniques se sont passés les funestes événements dont par-tout est empreinte l'austère commémoration, et dont le récit même symbolique n'est retracé avec quelque clarté nulle part. Alors je me rappelai que le prêtre souvent se croyait réduit à promulguer la doctrine sans pouvoir la pénétrer.

« Tels sont, sage Évandre, les célèbres tableaux du temple d'Isis, connus dans le monde sous le nom de tapisseries égyptiennes, ou tapisseries sacrées, tissus animés par les prestiges des arts, et que l'on montre seulement aux initiés.

« Mais, après l'exposition de ces tableaux muets, j'assistai à des tableaux variés, dont les personnages étaient réels. Ils agissaient, ils parlaient, ils accomplissaient des desseins, ils arrivaient à un but. C'était la vie humaine elle-même se manifestant par des actions dignes d'éloge ou de blâme ; c'était une loi de la Providence, rendue sensible ; c'était la volonté de l'homme luttant avec dignité contre le destin, ou succombant avec courage contre des obstacles invincibles. Des héros surhumains étaient le sujet de ces représentations ; des dieux et des génies descendaient du ciel, ou sortaient de la terre, pour se mêler à ces héros des premiers âges. Des faits cosmogoniques étaient évoqués de leurs silencieuses ténèbres. L'illusion qui a produit le monde actuel, cette grande et noble poésie, l'illusion s'empara de moi tout entier. Je rêvais à-la-fois le temps mobile et l'immobile éternité. Je suivais Isis dans ses courses gémissantes et civilisatrices, donnant le blé, les lois, la famille, les tombeaux. Je voyais l'homme subissant l'épreuve de cette vie, et se préparant ainsi à l'épreuve de la vie suivante.

« Il me fut annoncé, Évandre, que je serais appelé à remplir les fonctions de myste dans un de ces drames sacrés qui sont la gloire du labyrinthe. Mais avant de revêtir ainsi le caractère et les sentiments d'un personnage symbolique, je devais être admis à admirer un autre genre de drame, où le spectacle était l'événement lui-même, événement d'une haute importance pour l'Égypte, et dont le nœud allait en ce moment se dénouer en présence des sages.

« Le prêtre me l'expliqua en ces mots : « Une
« grande solennité nous réunit aujourd'hui. Le roi
« qui gouvernait l'Égypte vient de mourir. Celui
« qui jugea les hommes sera jugé à son tour. C'est
« Théoclymène, fils de Protée. Protée fut le dernier
« roi de race divine qui ait régné sur nous; car jus-
« qu'à lui nos dynasties royales furent des dynas-
« ties divines. Théoclymène ne fut qu'un homme;
« nous n'exigerons point de lui les merveilles qui

« ont illustré le règne glorieux de son père, nous
« ne demandons point à un homme la sagesse
« d'un dieu. Thamyris, tu dois porter à l'oreille
« des rois de grandes leçons, tu leur raconteras
« un jugement des prêtres de l'Égypte ; c'est la
« première fois que nous exerçons ce ministère au-
« guste. »

« On introduit le roi. Il était déja embaumé, tout couvert de bandelettes imprégnées d'huiles aromatiques, dans l'état enfin où il traversera les siècles. Il était assis sur un trône, comme dans les jours de sa gloire. Il tenait à la main un sceptre d'or. Le bandeau royal décorait son front éteint.

« L'ancien des vieillards s'incline devant la majesté royale, les autres juges restent immobiles sur leurs sièges. Ensuite l'ancien des vieillards se mit comme à interroger le roi. Et voici ce qu'il dit :

« Cet homme ne peut répondre lui-même, puis-
« que la vie vient d'abandonner ses organes ter-
« restres. Où est l'ami qui soit entré assez avant dans
« l'intimité de sa conscience pour répondre à sa
« place? »

« Un autre vieillard se lève, et dit : « Nous avons
« cherché l'ami que tu demandes. Tous ceux qui
« furent les amis du roi ancien se sont donnés au
« nouveau roi, avant même que celui-ci eût rendu
« le dernier soupir. Nul n'a voulu suivre le mort

« dans les souterrains. Sa sœur Théonoé a cherché
« comme nous, et comme nous a cherché en vain. »

« Sa mémoire n'est donc restée chère à aucun de
« ses serviteurs ? » dit l'ancien des vieillards.

« Un esclave seul est descendu avec son maître
« dans les abymes de la mort. Il n'a point été con-
« traint, et ce n'est pas non plus par dévouement.
« L'indifférence qu'il porte à son propre sort lui a
« seule fait dédaigner de vouloir prolonger son sé-
« jour sur la terre. Le voici. »

« Eh bien ! dit l'ancien des vieillards, le livre des
« actes va parler; et toi, esclave malheureux, tu
« nous répondras lorsque nous t'interrogerons. Que
« l'historien secret de l'Égypte lise le livre des actes. »

« Alors l'historien parle en ces mots : « Théocly-
« mène est monté sur le trône à l'âge de vingt-un
« ans. Il a exécuté de grands travaux, il a fait des
« guerres importantes, il a fondé de belles colonies,
« il a bâti de grandes villes, il a donné de sages lois,
« il a religieusement fait observer celles de son glo-
« rieux père. Il n'a point été législateur du nouvel
« ordre de choses ; et sa pensée, mais sa pensée seule-
« ment, rétrogradait vers les temps où les rois étaient
« des dieux. Il n'avait pas plus d'un demi-siècle lors-
« que la mort l'a frappé. »

« C'est bien, dit l'ancien des vieillards; mais a-t-il
« été lui-même docile aux leçons de la sagesse ? a-t-il

LIVRE HUITIÈME.

« pratiqué la justice? a-t-il respecté les mœurs? »

« Le livre des actes dit que le mal a été fait. Théo-
« clymène prêta trop l'oreille aux discours de la flat-
« terie, qui avait conservé la plupart des formules
« des règnes antérieurs. »

« C'est bien, dit l'ancien des vieillards; et toi,
« esclave malheureux, dis-nous depuis combien de
« temps tu agitais les fers de la servitude au pied du
« trône de Théoclymène. Dis-nous ce que tu sais de
« ton prince. »

« Illustres vieillards, répond l'esclave, j'ai tou-
« jours servi le même maître. Je n'ai mangé le pain
« amer de la servitude que dans les palais de Théo-
« clymène. Son regard n'est jamais tombé sur moi;
« j'étais perdu dans la foule des esclaves. Je suis Hé-
« breu. Les Hébreux n'ont pas de rois, ils ont des
« chefs: s'ils avaient des rois, ils ne les jugeraient
« pas après leur mort; ils leur diraient la vérité
« durant leur vie éclatante. »

« Esclave, on ne t'interroge point sur les usages
« de ton pays; néanmoins je loue la liberté de tes
« paroles. Mais je ne dédaignerai point de te donner
« une leçon. Le peuple hébreu a vécu au milieu de
« nos symboles; ses sages ont pénétré le sens de nos
« signes sacrés. Vous avez dérobé nos vases d'or et
« nos mystères. Qu'avez-vous fait de ces choses? Es-
« clave, tu ignores les événements du pays dont tes

« frères se sont emparés. Israël, ce peuple murmu-
« rateur, maintenant veut être gouverné par des
« rois. Nous verrons comment il supportera le joug
« des rois; nous verrons s'il saura toujours leur dire
« la vérité durant leur vie éclatante! »

« Esclave malheureux, ajoute l'ancien des vieil-
« lards, nous ne te demandons pas une action que
« tu puisses réprouver. Tu éludes les réponses, mais
« songe que c'est ici le temple de l'éternelle vérité.
« Dis-nous donc si ton front ne s'est pas quelquefois
« abaissé avec humiliation dans la poussière, près
« de la personne de cet homme qui fut roi. Dis-nous
« si toutes tes larmes ont coulé dans le silence, et si
« cet homme, qui fut ton maître, eût pu t'en épar-
« gner quelqu'une. »

« Vieillard, il ne faut pas juger d'après moi : je
« n'étais pas né dans la servitude; j'étais de condition
« libre; et, vous le savez, les fers sont d'autant
« plus lourds qu'on est moins fait pour les porter. »

« Esclave malheureux, cet homme qui fut roi,
« qui fut ton maître, savait-il que tu étais né libre? »

« Oui, il le savait; mais le trône entraîne tant de
« soins, qu'il a pu fort bien ne point y songer. »

« Écoute, esclave malheureux, Théoclymène a
« étendu la gloire de l'Égypte, il a élevé des monu-
« ments qui éterniseront la gloire de son nom, il a
« fait de sages lois qui régiront son empire après

« sa mort; mais s'il n'a pas su entendre, une seule
« fois, un soupir continu qui s'exhalait au pied de
« son trône, que devons-nous penser de tant de
« larmes qui se répandaient au loin? Esclave mal-
« heureux, tu as conservé dans la servitude le cœur
« d'un sage. Mais celui-ci, ce mort illustre, tout-
« à-l'heure si entouré, maintenant si délaissé, va
« être jugé avec sévérité à cause de toi. Esclave
« malheureux, je te touche avec cette baguette d'i-
« voire. Retire-toi, va déposer les vêtements de la
« servitude, et reviens ensuite parmi nous. »

« Cependant un prêtre qui, depuis le moment
de la mort du roi, était resté assis à la porte du temple pour recevoir les dépositions de tous ceux qui
avaient voulu s'approcher de lui, revint dans l'assemblée des vieillards. Ces dépositions furent exami-
nées avec soin. Le bien et le mal furent dits, et les
injustices furent notées, afin que l'on pût les faire
réparer par le nouveau roi..

« L'esclave, qui s'était retiré pour obéir à l'ordre
de l'ancien des vieillards, était rentré quelques instants après, revêtu de ses habits d'homme libre, et
s'était placé à côté de moi, pour assister au jugement
de celui qui fut son maître. L'infortuné versait des
larmes abondantes; car la plus belle moitié de sa
vie s'était écoulée dans la servitude, et le bienfait
de la liberté venait trop tard pour lui.

« Homme libre, dit le vieillard, ta place est dès
« à présent marquée parmi les néophytes. Les jours
« d'opprobre et de misère que tu as supportés sont
« des épreuves qui t'ont été infligées par la Provi-
« dence elle-même, et qui te dispensent de celles
« que nous aurions à te faire subir. Sèche tes pleurs :
« ce n'est pas à présent que le courage doit te man-
« quer. Si nous t'avons fait homme libre, c'est que
« tu l'étais déja. Tu l'étais par toi-même, avant de
« l'être par nous. Oui, tu étais plus libre dans les
« fers de la servitude que cet homme qui fut ton
« maître. Juges équitables, ne croyez-vous pas tous,
« ainsi que moi, que les dieux ont eu pour agréable
« la vie obscure de cet homme qui fut esclave, au-
« dessus de la vie tout éclatante de cet autre homme
« qui fut roi, et qui ne fut pas un dieu ? »

« Les vieillards se levèrent en signe d'adhésion, et
inclinèrent la tête en silence.

« Mais, dit l'ancien des vieillards, la royauté est
« une haute magistrature que rien ne peut flétrir;
« la royauté est une image et un reflet de la puis-
« sance divine. Les dieux délaissent quelquefois
« l'homme qui porte le sceptre, mais ils protègent
« toujours le roi dépositaire des traditions sociales,
« des destinées humaines, celui qui représente l'or-
« dre et l'unité. Théoclymène fut un grand roi, et
« il n'a point déshonoré la mémoire du bienfaisant

« Protée, de celui qui connut toutes les sciences
« divines et humaines. Que le cercueil de Théocly-
« mène soit donc sous la sauvegarde d'un respect
« religieux et filial. Nous publierons que le roi a
« accompli les devoirs de la royauté, mais que
« l'homme a encouru de trop justes reproches. Nous
« procéderons en même temps à l'apothéose de Pro-
« tée, afin que la gloire de son nom se répande dans
« tout l'univers, et que sa mémoire soit consacrée
« par les récits de la renommée, par les fables des
« peuples. »

« Après cette austère cérémonie, il fut ordonné
à un héraut d'aller proclamer dans toute l'Égypte
le jugement porté sur le roi, pour être reçu parmi
les nomes sacrés de Misraïm comme l'impartial jugement de la postérité.

« Le nom du roi Théoclymène n'est point arrivé
jusqu'à vous, Évandre, parceque ce nom ne mérite
pas une grande renommée; il n'en a point été ainsi
du roi Protée; son nom vous est parvenu entouré
de fables, comme l'avait prévu l'ancien des vieillards. C'est que les fables ne sont autre chose que la
voix même de la renommée, en rapport avec le
génie des temps, des lieux, des langues, des peuples. Protée fut un roi pacifique et législateur. Il
connut les grands mystères de la nature et les plus
profonds secrets de la science. Il perfectionna la

forme grossière des vaisseaux, et ses vaisseaux, bravant les tempêtes et les écueils, couvrirent toutes les mers. Il fut dit magicien et devin, et l'on affirma qu'il était pasteur des troupeaux de Neptune. L'Orient le venait consulter, et nul ne put mettre sa sagesse en défaut. Il répondit à toutes les énigmes qui lui furent proposées. Des pièges furent tendus à sa prudence, et sa prudence ne se démentit jamais. Lorsqu'on voulait lui arracher des oracles, il savait se soustraire à la vaine curiosité de connaître l'avenir. On dit qu'il était tantôt vieillard vénérable, tantôt adolescent plein de charmes; qu'il se changeait au besoin en tigre farouche, en rusé serpent, en aigle audacieux; qu'il s'échappait comme l'onde, qu'il s'élevait en tourbillon de vent ou de flamme, et que les mortels interdits ne pouvaient ni le saisir, ni le retrouver. Mais voici les paroles de l'apothéose, prononcées par l'ancien des vieillards :

« Gloire éternelle à Protée ! c'est à lui que les
« peuples de l'Égypte doivent d'inappréciables bien-
« faits. Il n'a point créé la société, mais il a créé
« l'homme social. Il a émancipé la volonté humaine.
« Il a confié aux ordres et aux castes le dépôt des
« traditions, la loi du progrès, la science et les arts,
« selon les capacités de tous. Gloire éternelle à Pro-
« tée ! Nous n'avons pu lui donner la sépulture ;
« vous le savez, son corps mortel a disparu du mi-

« lieu de nous; il nous a été enlevé ou par les gé-
« nies invisibles, établis par les dieux pour veiller
« à la prospérité de cette terre que gouvernèrent
« des dieux, ou par les dieux eux-mêmes dont il
« mérita d'être l'égal. Que son fils, cette seule por-
« tion de lui qui nous soit restée, que son fils re-
« çoive à sa place les honneurs de la sépulture! »

« Après ce discours, l'assemblée des vieillards se
leva, et suivit en silence le roi Théoclymène dans le
champ d'asphodèle destiné aux sépultures royales,
champ sacré où domine le vaste tombeau d'un dieu
qu'il n'est pas permis de nommer. Lorsque les devoirs funèbres furent accomplis, les vieillards se
formèrent de nouveau en assemblée pour s'entretenir entre eux sur l'ensemble des destinées humaines, dans le lieu même où était marquée leur
fin apparente. Ils voulurent que les néophytes as-
sistassent à ces graves entretiens, mais il ne leur
fut permis que d'écouter. Les vieillards s'assirent
sur les marches d'un obélisque élevé au milieu du
champ de deuil. Les néophytes, dispersés autour, à
une distance d'où ils pouvaient facilement entendre les discours des vieillards, étaient assis sur
des bancs de gazon. Parmi les vieillards était un
sage Éthiopien; je crus d'abord voir en lui un témoin étranger venu d'un autre univers pour connaître la sagesse qui préside à celui-ci. Son visage

noir avait quelque chose d'impassible, et même d'immobile comme une image du temps. Ses yeux seuls exprimaient le sentiment de la vie variable et successive.

« L'ancien des vieillards dit : « Que trois se lèvent « à-la-fois ; que l'un soit un Hébreu, instruit dans « les traditions des patriarches ; l'autre un Scalde « destiné à enseigner les instituteurs des nations « celtiques ; le troisième un Brachmane de l'Inde. »

« Les trois vieillards se levèrent, et dirent alternativement une cosmogonie différente.

« Un Égyptien lut quelques lignes du livre de Thot ; et ces lignes étaient un résumé de ces cosmogonies diverses.

« Le monde des essences existait dans la pensée « de Dieu. Dieu voulut exprimer sa pensée, et le « monde des substances exista. La substance d'a- « bord n'eut point de forme ; Dieu dit, et elle subit « le joug de la forme. Dieu dit une fois, et pour « Dieu une fois c'est toujours, et la substance subit « toujours le joug de l'organisation, le joug de la « vie, le joug de l'intelligence ; et l'organisation, la « vie à ses divers degrés, l'intelligence, finiront par « conquérir toute la matière en la domptant, ou « même en l'informant. »

« Mon esprit, Évandre, s'abaisse devant de telles doctrines.

« Après la lecture du livre de Thot, l'ancien des vieillards se lève, et dit: « Néophytes, louez Dieu, « car c'est Dieu qui a créé l'homme, qui l'a créé « avec des facultés perfectibles, avec une intelli- « gence sympathique et susceptible d'avancement. « Néophytes, la vérité existe, elle existe forte et in- « vincible. Elle se manifeste selon les facultés de « l'homme, et selon son intelligence. Ce qu'il faut « que l'homme connaisse de la vérité, selon les « temps et les lieux, se révèle toujours selon les « temps et les lieux. La vérité nécessaire au genre « humain a toujours été et sera toujours dans le « genre humain. »

« Roi pasteur, il ne m'avait pas été donné de comprendre les emblèmes dont chacun des trois vieillards venait de se servir pour expliquer l'origine des choses; et leurs paroles mystérieuses n'ont été pour moi que des paroles pleines d'harmonie, semblables à cette sorte de musique dont les sons ne se lient point au langage articulé : chacun leur applique et ses propres pensées et ses propres impressions. Je me formais moi-même intérieurement un système, mais un système tellement fantastique, qu'il m'échappait lorsque je voulais le considérer avec la vue de mon esprit, et le fixer dans ma mémoire. J'ai su seulement la puissance et la bonté du grand Être qui crée éternellement le monde. C'est ainsi, roi pasteur, que les traditions primitives se modifient et s'altèrent en s'assimilant à l'intelligence humaine ; c'est ainsi que chaque homme finit par donner la couleur de sa pensée à la pensée divine. On peut en dire autant de chacune des races, distinctes entre elles, et dont l'ensemble forme la grande famille du genre humain, races si semblables et si diverses. La parole humaine n'est qu'un miroir de la parole divine, et un miroir plus ou moins exact, plus ou moins fidèle. Mais il subsiste toujours une image affaiblie, une ombre de la réalité : la pensée divine ne peut être jamais complétement altérée ; et pour les hautes intelligences elle est toujours la pensée divine, toutefois devenue accessible. Les formes différentes des différentes intelligences humaines, rendues sensibles par les formes différentes du langage, donnent une idée des altérations successives que subit la tradition en se transmettant. Faut-il donc s'étonner si les génies sublimes, suscités pour diriger les destinées humaines, parlent à chaque peuple la langue de ce même peuple, puisque les dieux eux-mêmes sont obligés d'employer la parole humaine, lorsqu'ils daignent s'entretenir avec les hommes?

« Les néophytes, condamnés au silence, témoignaient par l'étonnement et l'incertitude de leurs regards que leur esprit n'était encore qu'ébloui.

« L'ancien des vieillards se leva pour nous offrir un faible point d'appui, le seul qu'il pût nous présenter. Il ne voulait point concilier les systèmes qui venaient d'être exposés, il ne voulait point accorder les traditions entre elles : c'était sans doute au-dessus de son pouvoir. Il se borna donc à expliquer que ces systèmes et ces traditions, tous venus d'une source commune, tous émanés de l'éternelle vérité, ne sont que des transformations, ou plutôt des formes adaptées aux génies divers des diverses familles humaines.

« Le vieillard hébreu se leva pour affirmer de nouveau son discours; les autres vieillards gardèrent le silence.

« Le vieillard hébreu, qui n'avait point été contredit, s'assit sur son siège.

« L'ancien des vieillards, qui était resté debout, s'adressant à l'Hébreu, lui dit : « Vieillard, vous
« faites votre devoir; mais ces néophytes ne sont pas
« chargés de fonder des religions. » Puis il ajouta :
« Sages des pyramides, vous qui remontez sans re-
« pos le fleuve des croyances, levez-vous, et dites-
« nous ce que vous ont appris vos méditations sur
« la condition de l'être dans l'homme. Levez-vous
« deux à-la-fois, insensibles à ce que les discours de
« l'un peuvent avoir de contradictoire avec les dis-

« cours de l'autre. Vous le savez, les opinions des
« hommes diffèrent entre elles; et sans doute que
« les dieux ont voulu cette diversité, car ce qu'il faut
« c'est que l'intelligence humaine se développe. » A
ces mots il s'assit.

« Alors deux vieillards se levèrent ensemble, et
exposèrent, chacun à son tour, une explication des
choses, l'un par les deux principes, et l'autre par
le système de l'unité dans la cause première. Ces
deux grandes voies de l'intelligence humaine, livrée à elle-même, ces deux hypothèses, également
revêtues des charmes de la poésie, semblaient contenir l'une et l'autre la vérité.

« L'ancien des vieillards se leva, et dit : « Chaque
« homme, borné dans ses facultés, ne peut voir
« qu'un des côtés à-la-fois des objets. Voilà pourquoi
« des opinions opposées peuvent être successive-
« ment vraies. S'il était donné à l'homme de s'élever
« assez haut pour les dominer, il saurait le point où
« des opinions opposées se touchent, lorsqu'en effet
« elles sont vraies. L'esprit humain ne voit pas tou-
« tes les faces; celles qu'il voit, il les voit à mesure
« qu'elles sont éclairées par le temps. Mais il se sou-
« vient; et il dit à chaque homme qui sait l'écouter,
« et lui-même apprend. Néophytes, le mal existe,
« nul ne dira l'origine du mal; nul ne pourra con-
« cilier l'existence du mal avec la bonté de Dieu.

« Toutefois louez Dieu, car c'est Dieu qui a créé
« l'homme, qui l'a créé avec des facultés perfecti-
« bles, avec une intelligence sympathique et sus-
« ceptible d'avancement. Que deux autres vieillards
« se lèvent. » A ces mots il s'assit.

« Deux autres vieillards se levèrent, et dirent alternativement le destin et la liberté. L'un peignit
avec tristesse la lutte de la volonté humaine contre
la fatalité des choses. La volonté doit résister même
à l'obstacle qu'elle juge insurmontable. Elle combat
avec la certitude d'être vaincue. L'homme est esclave, mais il n'accepte pas l'esclavage. C'est là le
plus bel attribut de l'homme. L'autre vieillard affirma que sans la liberté il n'y aurait point de mo-
ralité dans l'homme; que ses actions seraient sans
attribution de mérite ou de démérite.

« L'ancien des vieillards se leva pour dire que la
vérité était dans les deux discours, et il ajouta :
« Néophytes, faites-vous libres, et pratiquez la vertu.
« Les dieux savent s'affranchir du destin. L'homme
« en cela peut se faire semblable aux dieux. Que
« deux autres vieillards se lèvent. » Il dit, et il s'as-
sied.

« Deux autres vieillards se levèrent. L'un exposa
dans un langage monotone et sublime le système
de la déchéance de l'homme. Misère de l'humanité,
cruelle nécessité de la maladie, de la vieillesse et de

la mort, continuité de la douleur, fléaux de la nature, de quelles couleurs vous fûtes peints! Toutes les traditions se rattachent à de funestes catastrophes: les souvenirs de ces catastrophes sont la raison de la terreur intime et profonde qui repose dans les religions; ils sont la cause des terribles superstitions...

« Une voix inconnue sortit de l'obélisque, et cria: « Nécessité de l'expiation, nécessité du sacri« fice, nécessité de la réparation de la nature hu« maine. »

« A cette voix les vieillards restèrent calmes et en silence: tous les troubles de l'ame parurent sur le visage des néophytes.

« Le vieillard, qui venait de parler, s'était assis; l'autre vieillard, resté debout, commença. Ce n'était point la pensée divine qu'il voulait révéler, c'était la pensée d'Orphée, pensée qui fut sans doute inspirée au poëte divin, comme toutes celles qui entrent dans l'ame des grands poëtes. Il tient, en s'accompagnant de la lyre, un discours dont il serait impossible de rendre l'expression.

« C'était une admirable exposition du système de perfectionnement de l'être intelligent et moral. La vie que nous menons sur la terre, cette vie renfermée entre une naissance apparente et une mort également apparente, cette vie n'est dans la réalité qu'une portion de notre existence, une manifestation de l'homme dans le temps. Chaque homme, en arrivant dans la vie future, y arrivera avec les perfectionnements auxquels il aura été conduit par les épreuves. Il prendra dans cette vie nouvelle son point de départ du point même où il sera arrivé, s'il a su mettre à profit les épreuves. Le genre humain a des destinées générales qu'il doit accomplir. Chaque être intelligent et moral, comme être individuel, a des destinées différentes qu'il doit aussi accomplir. Lorsque les destinées générales seront accomplies, les destinées individuelles, rendues à leur indépendance, continueront de subsister, et finiront toutes par être heureuses et bonnes. La diversité des esprits, dans le monde actuel, est une image et une analogie de la diversité qui règnera dans le monde futur. Le genre humain se perfectionne successivement, et perfectionne les individus. L'homme est ainsi destiné à se compléter lui-même par les facultés sympathiques qui sont en lui.

« La voix de l'obélisque cria de nouveau, elle ne cria que deux mots: « Solidarité! Réversibilité! » Ces deux mots firent frémir les néophytes; les vieillards restèrent calmes, comme si aucune parole ne se fût fait entendre.

« L'ancien des vieillards se leva, et dit: « Que les

« néophytes travaillent à se rendre meilleurs, plus
« éclairés, plus complets dans leur nature d'êtres
« intelligents et moraux. Leurs organes terrestres
« périront ou seront dispersés dans l'océan de la
« matière; et leur ame immortelle, une fois indé-
« pendante des organes, sera traitée selon qu'elle
« sera trouvée plus ou moins pure. Toutefois, et
« ceci est un mystère que nous n'expliquons point,
« pour aider le genre humain à se délivrer de l'an-
« tique anathème, il a été partagé en deux classes
« identiques, quoique appelées à des fonctions dif-
« férentes, la classe des initiateurs, et celle des ini-
« tiables. Que deux vieillards se lèvent, pour s'in-
« terroger et se répondre mutuellement. »

« Deux vieillards se levèrent, et voici le dialogue
qu'ils eurent entre eux.

« Comment s'est formée la parole de l'homme? »

« L'homme est né avec la parole, car il a toujours
« pensé, et il a toujours communiqué sa pensée. »

« Comment s'est fondée la société? »

« Celui qui a fait l'homme l'a fait être social et
« collectif. C'est pour cela qu'il lui a donné une en-
« fance nécessiteuse et une vieillesse infirme. »

« Qui a inventé l'agriculture, les premiers in-
« struments du labourage? »

« Des êtres suscités par les dieux immortels. »

« Qui a, le premier, apprivoisé les animaux do-
« mestiques? »

« Celui qui a fait l'instinct de tous les animaux
« fit celui du tigre pour fuir la présence de l'homme,
« et celui de l'âne ou du dromadaire pour le servir. »

« Ici les interlocuteurs changèrent de rôle, et le
dialogue recommença.

« Les hiérarchies sociales sont-elles dans la na-
« ture? »

« Dieu a voulu que les hommes fussent éprouvés
« selon leurs facultés. »

« Y a-t-il plusieurs essences humaines? »

« Il n'y a que des degrés dans l'initiation. »

« Quelle est l'origine de l'esclavage? »

« Malheur à qui croirait que l'esclavage résulte
« d'un droit! »

« Et les castes, que sont-elles? »

« Des degrés de l'initiation. »

« Les animaux, que sont-ils dans leurs rapports
« avec l'homme? »

« Des organes ajoutés à ceux de l'homme. »

« Quelques uns ne disent-ils pas que l'esclave est
« la même chose à l'égard de son maître? »

« Malheur à ceux-là ! »

« Tous les vieillards avaient parlé. Le sage Éthiopien seul avait gardé le silence. Il se leva pour
prononcer l'anathème du monde, qui doit finir par
une grande conflagration. Il s'assit après avoir prononcé les paroles sinistres de l'anathème.

La voix de l'obélisque se fit encore entendre :
« Ainsi le monde aurait commencé par l'anathème!
« il finirait par l'anathème! »

« L'ancien des vieillards se leva une dernière fois,
et dit : « Qu'importe que le monde matériel périsse!
« le monde intellectuel ne périra point. » Puis il dit
comme il avait déja dit : « Louez Dieu, car c'est Dieu
« qui a créé l'homme, qui l'a créé avec des facultés
« perfectibles, avec une intelligence sympathique
« et susceptible d'avancement. » Puis il dit encore :
« Néophytes, il est bon que ceci vous soit enseigné;
« l'homme a besoin de tout apprendre, et les ani-
« maux savent tout ce qu'ils doivent savoir. Voilà
« pourquoi l'homme se perfectionne, et les animaux
« ne se perfectionnent point. Les hommes ne font
« qu'un par le passé et l'avenir. Tous servent à
« chacun, et chacun sert à tous. Néophytes, travailler
« à son propre avancement, c'est travailler à l'avan-
« cement du genre humain tout entier. C'est ainsi
« que nous avons, par nos pères, vécu dans les
« temps antérieurs à nous; c'est ainsi que, par nos
« enfants, nous vivrons dans les temps qui doivent
« suivre. La mort et l'immortalité se trouvent sous
« chacun de nos pas, à chacune de nos pensées.
« Néophytes, l'homme sera certainement, un jour,
« complet dans sa noble nature d'être intelligent et
« moral; il fut, selon d'anciennes traditions, créé

« complet en soi ; il usa mal de sa liberté, il démé-
« rita, il fut condamné à repasser par toutes ses
« voies. Néophytes, les êtres intelligents ont tous
« subi l'épreuve de la liberté, et des traditions nous
« disent aussi que l'homme n'est pas le seul qui ait
« succombé à cette épreuve. Prenez donc la vie
« comme un moyen de retourner au lieu d'où vous
« êtes sortis, et louez Dieu. » Puis enfin l'ancien des
vieillards ajouta encore : « Néophytes, vous pouvez
« vous retirer, mais auparavant nous devons affir-
« mer devant vous que nous ne gardons point la
« vérité, ni une partie de la vérité, pour nous seuls,
« et que nous ne voulons rien en celer. La verité est
« dans chacun de nous, comme un dieu dans un
« sanctuaire secret. Que chacun de nous la cherche.
« La véritable initiation est en nous-mêmes. Ainsi
« donc, si nous vous congédions, ce n'est point
« pour parler plus librement entre nous. La même
« diversité d'opinions et de sentiments qui est dans
« le monde est aussi dans les labyrinthes de l'Égypte,
« et nous souffrons sans peine cette diversité, parce-
« que nous savons que la pleine vue n'est point don-
« née à l'homme. » Il dit et s'assit.

« Une musique harmonieuse remplit les airs, et
les néophytes se retirèrent en silence, au milieu de
ces accents qui prolongeaient l'extase de nos facultés.

« J'assistai les jours suivants à plusieurs cérémonies dont il serait trop long, Évandre, de vous donner des détails. L'une était une théorie toute composée d'initiés; cette théorie était destinée à représenter l'homme affranchi du lien social, c'est-à-dire dans l'état sauvage ou de troglodyte, ensuite l'homme social, et enfin l'homme progressif; l'autre était une théorie qui figurait tous les cultes de la terre, dans leur ordre traditionnel. Mais la cérémonie qui m'intéressa le plus vivement, ce fut l'expiation d'un grand coupable. Une doctrine toute nouvelle me fut communiquée; et cette doctrine effaroucha d'abord ma raison. Se trouverait-il en effet des hommes qu'une impénétrable Providence aurait voulu soumettre à l'épreuve du remords? Pour rendre à celui-ci les droits de l'innocence, il lui fut prescrit d'aller enlever, au péril de sa vie, la statue sacrilége d'une divinité à laquelle on sacrifiait des victimes humaines. »

A ces mots, Évandre, soulevant sa tête vénérable, dit: « Hercule nous a délivrés de cette cruelle ran-
« çon; mais un sentiment intime, universel, d'ac-
« cord avec toutes les traditions obscures comme
« avec les traditions lumineuses, d'accord sur-tout
« avec les religions terribles, crie, au fond des ames,
« que nous ne sommes pas affranchis de la dette.
« Et quelle est cette dette? »

Thamyris répondit que la suite de ses entretiens pourrait peut-être lever une partie du voile qui couvre les destinées humaines. Puis, continuant son discours, il raconta comment, après toutes les épreuves par lesquelles il avait été préparé, il fut admis les jours suivants à revêtir lui-même, dans des spectacles théogoniques et cosmogoniques, les personnifications les plus infimes et les plus augustes, les plus abjectes et les plus éclatantes. Il dit comment on l'avait fait passer par des palingénésies successives, où, sans perdre l'identité du moi, il avait pu pressentir les facultés départies à chaque ordre, à chaque classe de mortels, et même à chaque sphère d'intelligences. « Toutefois, ajoutait-il, je ne pouvais point parvenir à une complète identification : tantôt l'obstacle était dans mes organes, tantôt il était dans le fond le plus intime de ma nature. Talaon fut alternativement titan et homme; il connut la loi des êtres. Tirésias fut tour-à-tour homme et femme; il connut la loi des castes et des classes. Orphée fut à-la-fois ops et inops; il voulut s'identifier avec tous les hommes. Quant à moi, j'ai connu les diverses formes sociales comme un étranger qui les observe, et non comme un fort qui en fait partie, ou comme un faible qui les convoite. J'ai entrevu tous les modes de l'intelligence, sans me les assimiler; j'étais en dehors des hiérarchies. De plus, il ne m'a point été donné de franchir le seuil de l'humanité. Je n'ai point éprouvé la saveur du lait de Junon; mes lèvres ne se sont point approchées de la coupe du nectar; j'ai ignoré les merveilles de l'apothéose; je me suis seulement abreuvé du vin civil, dénié aux profanes. Je ne suis donc point parvenu, sage Évandre, à l'époptisme des mystères, et encore, il faut bien que vous le sachiez, fils de la Thyade, l'époptisme des mystères n'est que l'emblème d'un époptisme inconnu, lequel sans doute se manifestera dans une autre vie, ou dans celle-ci, lorsque l'homme sera plus avancé dans la rude voie du progrès.

« Un sage raconta sa vie antérieure : « Dans la vie
« qui a précédé celle-ci, disait-il, la seule dont j'aie
« conservé un souvenir confus, la douleur ne me
« fut pas épargnée. Je régnais sur un peuple chez
« qui n'avaient pénétré ni la bienfaisante Isis, ni
« Cérès, ni Triptolème. Je fus tué par ce peuple,
« parceque je voulus le dompter, le soumettre au
« joug salutaire des lois. » « Nos vies antérieures, dit
« un autre sage, appartiennent à des cycles astro-
« nomiques perdu dans l'ample sein des temps an-
« térieurs; il ne nous est pas donné de les discerner
« encore. Sans doute l'histoire du monde actuel est
« devenue, dans ton esprit, ta propre histoire. »

« Un sage proposa ce problème : « Est-ce une es-

« sence distincte qui, passant à l'état de substance,
« devient la substance humaine? Cette essence,
« avant d'être la substance humaine, doit-elle s'éla-
« borer, se perfectionner, subir des transformations
« successives, jusqu'à ce qu'elle soit arrivée à l'état
« où elle est mûre pour la manifestation humaine,
« c'est-à-dire pour la manifestation première de
« l'intelligence? Auparavant l'intelligence était-elle,
« mais obscure? En quittant la forme humaine,
« continue-t-elle une évolution sans fin? »

« L'essence humaine est l'essence humaine, ré-
« pond un autre sage. Elle est le sommet du monde
« que nous voyons. L'homme attire-t-il à lui l'ame
« végétative des plantes, l'ame organique de cer-
« tains animaux, en qui aurait déja commencé l'as-
« similation? Toutes les substances immatérielles
« de ce monde seraient-elles donc attirées dans la
« sphère humaine? Cependant l'essence humaine
« resterait toujours identique. Elle tendrait à s'éle-
« ver dans une plus haute sphère, mais sans y être
« absorbée, sans cesser d'être elle-même. »

« Ceci n'est point écrit dans nos livres, dit un
« des sages. Ce qui est écrit dans d'autres livres,
« c'est que pour la race humaine, extérieurement
« semblable et homogène, il y a trois sortes d'ames.
« La distinction des ames se retrouve dans les ani-

« maux, non point relativement à eux, mais relati-
« vement à l'homme. »

« L'homme a failli, dit un autre sage; la loi de
« son être a été troublée; la loi du monde où il do-
« mine a été troublée en même temps. Notre intelli-
« gence ne peut plus voir que des nuages. »

« Qu'il me soit permis de raconter un songe, dit
« un septième sage. Chaque intelligence est desti-
« née à devenir, après des myriades de siècles, une
« intelligence créatrice, toujours sous le gouverne-
« ment du Dieu suprême. Ces intelligences font des
« mondes analogues au pouvoir qui leur est accordé,
« selon le mérite de chacune. J'étais sur le point de
« saisir moi-même un tel pouvoir, lorsque mon
« songe a cessé. »

« Il est écrit dans des livres, dit un autre sage,
« que le monde où a été placé l'homme est l'ouvrage
« d'intelligences qui ne sont pas l'intelligence su-
« prême; et c'est ainsi que ces livres expliquent
« pour nous l'origine du mal. Mais l'homme ne
« participe-t-il pas déja de la fonction de créateur,
« puisqu'il est appelé à savoir, puisque dès le com-
« mencement Dieu lui a dit de nommer? L'homme
« crée par la pensée; si Dieu lui donnait de la ma-
« tière et du mouvement, l'homme réaliserait cette
« pensée. De plus, il a été dit que tel roi avait achevé
« le monde : parole emphatique, non dépourvue de

« sens. L'homme, après avoir subi les influences
« des éléments, fera-t-il subir aux éléments sa pro-
« pre influence? L'homme régénéré régénèrera-t-il
« la terre? »

« Les ténèbres s'épaississent autour de nous, dit
« un neuvième sage; hâtons-nous de nous reculer,
« car notre pied pourrait glisser dans un abyme. »

« Je fus alors saisi d'une sorte de vertige, je m'é-
chappai de la prison de mes organes, mon ame
plana sur le monde. Il me sembla que, dans une
illusion ravissante, ma pensée assistait au commencement des choses. Qui pourrait dire mon étonnement?

« Les éléments sortaient du chaos avec leurs lois
primitives et leurs propriétés, et ces lois gouvernent
les atomes et les sphères célestes; et les sphères
célestes agissent les unes sur les autres comme les
atomes s'attirent et se repoussent.

« La création fut pour moi l'acte d'un magisme
divin; et cet acte, je sentais intuitivement qu'il était
un acte continu, éternel.

« Je vis la terre d'abord peuplée d'êtres, et cependant solitaire, à l'époque où aucun des êtres qui
l'habitaient ne levait les yeux vers le ciel, ne savait
contempler la lumière et l'ombre; et l'homme vint
pour apprécier et connaître, pour prendre possession des solitudes inutilement enchantées de la

terre, pour prendre possession de lui-même, de ses propres facultés; car pour l'homme être réellement c'est se connaître.

« Je devins cet homme par la puissance de sympathie, par la réalisation d'une synthèse primitive; je devins cet homme à qui la création tout entière apparut, une première fois, comme au sein d'un rêve magique. Je prophétisai donc, et je donnai un nom à toutes choses, et ce nom était l'essence de chaque chose.

« Je fus quelques instants cet homme dont les facultés existaient, mais endormies, puis se réveillèrent, puis participèrent à la création.

« Je fus cet homme universel qui, ayant saisi la responsabilité de ses pensées et de ses actes, pécha et fut condamné.

« Et le décret qui le condamna fut en même temps un décret de condescendance, puisqu'il était le moyen de reconquérir l'être perdu.

« Je devins, après un malheur qui me paraissait irréparable, cet homme universel dispersé par la génération; je me sentis successif, de stable et de permanent que j'aurais dû être; et je compris comment Prométhée a été dit avoir fait l'homme; mais je compris en même temps qu'il n'avait résolu qu'une moitié du problème, celle de la responsabilité.

« Je me sentis renaître à l'espérance, parceque je ne doutai point que je serais rendu à la permanence et à la stabilité, lorsque je l'aurais mérité. Je ne doutai point sur-tout qu'un autre viendrait résoudre l'autre moitié du problème, celle de la réhabilitation.

« Je compris ainsi la raison des épreuves de l'humanité, épreuves dont les mystères d'Isis offrent une image.

« Et je connus les grandes harmonies du monde, les harmonies entre les éléments, les corps célestes, les individus des trois règnes de la nature, et l'homme.

« J'appris que l'homme était un abrégé de l'univers, qu'à lui aboutissaient les influences des astres, aussi bien que celles des minéraux, des plantes, des espèces variées des êtres.

« Et il me fut dit que la perpétuité de l'homme étant un mystère cosmogonique, les cérémonies du mariage ont dû être une commémoration et un symbole de l'évènement cosmogonique.

« L'astrologie est une synthèse.

« La connaissance des vertus soit médicales, soit magiques des plantes, des métaux, des corps en qui réside plus ou moins la vie, est une synthèse.

« Les puissances de l'organisation, à ses divers degrés, sont révélées par une synthèse.

« Les agrégations et les affinités des métaux, comme l'âme végétative des plantes, comme toutes les forces assimilatrices, sont également révélées par une synthèse.

« Considérez, Évandre, une mare que couvrent des végétaux sans nombre, une multitude d'insectes : ces végétaux et ces insectes, en qui brillent de si éblouissantes couleurs, des formes si belles, si vives, si délicates, la vie à différents degrés, ne sont-ils pas un riche tissu qui cache la vase immonde? La mare est un abrégé du chaos produisant l'organisation. Le vent qui est venu y faire pénétrer dans son temps la fécondité par la fermentation, est un hiéroglyphe grossier de l'esprit créateur répandant la vie sur la surface des eaux primitives.

« Nous t'avons expliqué, me disaient les prêtres, « que notre initiation successive était l'emblème de « l'initiation que l'homme subit par le spectacle de « l'univers. Notre élysée est une représentation im- « parfaite du séjour céleste. Ainsi nous tâchons, par « des images sensibles, de donner une idée de la « félicité des bons.

« Mais tous doivent devenir bons, c'est-à-dire « tous doivent finir par accomplir la loi de leur « nature, sous la condition néanmoins de l'impu- « tabilité.

… « Et c'est là l'époptisme définitif que nous entre-
« voyons.

« Dans ce monde, tel que l'a fait la déchéance de
« l'être intelligent, tout est destruction et renais-
« sance.

« Toute vie repose sur la mort.

« Le présent n'existe que sur les ruines du passé ;
« et le passé, qui fut le présent, n'existe que sur les
« ruines d'un passé antérieur.

« La palingénésie est la loi réparatrice. »

« Je ne puis vous raconter, Évandre, tout ce que
j'appris sur le temps et l'éternité, sur le bien et le
mal, sur l'immensité et l'espace.

« Je ne puis vous exposer le problème de l'antiquité ou de l'éternité du monde; le problème, plus
difficile encore de l'origine du bien et du mal, le
problème terrible des religions et des superstitions,
le problème enfin de la nature des ames. N'entre-
voyez-vous pas déjà que les prérogatives de l'état
social sont le corollaire connu de ces problèmes inconnus?

« Orphée avait lu les colonnes de Seth. Il n'a point
eu de nom héroïque parmi les hommes; parmi les
sages il fut nommé fils de Seth.

« Moi, Thamyris, je n'ai eu que la science du
troisième Thot.

« Que les règnes de Protée et de Théoclymène te

« soient un témoignage, me fut-il dit. Dans le nome
« de Saïs la forme théocratique vient de finir; dans
« d'autres nomes elle finira plus tard. Dans les uns
« l'humanité commence; dans les autres elle est éta-
« blie depuis long-temps. L'Égypte, image et type
« de toutes les initiations sociales, comme elle est
« image et type de l'univers, l'Égypte conserve
« toute la variété des institutions divines et hu-
« maines; elles y sont contemporaines les unes des
« autres.

« Mais autant tu as été étonné, Thamyris, en
« comparant l'Égypte avec les diverses contrées que
« tu as parcourues, autant tu serais étonné, et ton
« étonnement serait bien plus grand encore, si tu
« pouvais comparer avec cette merveilleuse Égypte
« la terre mille fois plus merveilleuse où le Gange
« roule ses eaux divines. L'Égypte, image du monde,
« ainsi que nous te l'avons expliqué, est une image
« aussi de l'Inde, mais une image affaiblie. Elle la
« représente par ses monuments et par ses doctri-
« nes. Mais nos conceptions, toutes gigantesques
« qu'elles te paraissent, sont loin d'avoir le caractère
« d'illimité et d'infini qui est empreint dans toutes
« les conceptions de l'Inde. Chez nous commence le
« règne de la parole et du mouvement; chez nous
« l'homme est un être qui a de la réalité, qui com-
« mande, qui obéit, qui se détermine, qui résiste,

« qui se soumet, dont les pensées naissent et se dé-
« veloppent, enfin qui use de ses facultés. Dans les
« royaumes de l'Inde, rien ne commence, rien ne
« finit, rien n'est. La naissance, la vie, la mort,
« sont des apparences également indifférentes. L'es-
« pèce humaine n'existe point, car elle est silen-
« cieuse, passivement contemplative, sans volonté.
« Tout est absorbé dans l'être universel, dans l'être
« absolu, et l'esprit de l'homme n'est qu'une goutte
« d'eau perdue au sein d'un abyme immense et sans
« bornes. Dans les royaumes de l'Inde, les idées du
« temps successif sont méconnues ; le temps y a
« des proportions telles, qu'il est pour ainsi dire
« l'éternité elle-même. En un mot, la durée et les
« formes ne sont que des illusions. Thamyris, là tu
« n'aurais point pu être initié, car là l'initiation con-
« siste à cesser d'être soi, à être anéanti. Bacchus,
« on te l'a dit, est allé visiter l'Inde; il est allé porter
« sur les bords du Gange le génie de la responsa-
« bilité et de la conscience. A-t-il pu vaincre cette
« cosmogonie permanente et immobile? Comment
« l'aurait-il pu? La source d'où tout découle doit
« rester ce qu'elle est. Ce vaste océan de lumières,
« de croyances, de forces intelligentes, doit rester
« un océan éternellement calme, éternellement sans
« fond et sans rivage, doit rester l'aliment éternel
« de toutes les lumières, de toutes les croyances,

« de toutes les forces intelligentes qui gouvernent
« le monde du mouvement et du temps. Vous an-
« noncez, vous autres Grecs, que l'Océan est le
« père des dieux et des hommes. L'Inde, cet in-
« commensurable océan de dogmes et de doctrines,
« mériterait bien mieux une telle désignation. Im-
« muable, il est hors de la loi des vicissitudes : il ne
« peut être agité par nos passions, par nos desirs,
« par nos projets, par le tumulte de nos pensées et
« de nos sentiments. Le grand symbole de l'unité
« infinie avait besoin d'une expression aussi grande
« que lui. Toutefois le genre humain est dans l'at-
« tente d'un époptisme. Le nôtre est de savoir que
« ce dernier époptisme sera accordé un jour à la
« race humaine.

« Thamyris, l'Égypte, telle que tu l'as vue, est
« donc sur les confins des deux mondes ; elle les re-
« présente tous les deux : voilà pourquoi il serait
« bon que les hommes du temps et du mouvement
« accourussent y recevoir l'initiation. »

« Ce que vous venez de me dire, Thamyris, re-
« prit le vénérable Évandre, fait tomber une taie
« de mes yeux. A présent je comprends mieux les
« mystères de la contrée où je suis établi. Tha-
« myris, lorsque vous aurez achevé votre récit, il
« nous restera à comparer ces mystères avec ceux

« que vous me révélez; car moi aussi j'ai des mer-
« veilles à vous faire connaître. »

« C'est bien, dit Thamyris, je vais continuer. »

« Une lyre m'est présentée, et je suis obligé de la
briser moi-même; il faut que je me sépare entièrement de ma science ancienne. Plus tard, hélas! la
cécité devra me séparer du spectacle de la terre et
des cieux.

« Ensuite on me fit étendre et gésir dans l'abandon le plus complet. L'ancien des vieillards vint
poser un pied sur ma tête; et j'entendis le discours que je vais tâcher de vous transmettre, sage
Évandre.

« T'es-tu représenté l'objet qui doit être l'homme
« reposant dix lunes au sein des entrailles de la
« femme, et n'ayant là d'autre vie que la vie même
« de celle qui sera la mère douloureuse de l'homme?
« L'enfant, pour voir le jour, fait éprouver de gran-
« des souffrances à la femme, et c'est encore aux ma-
« melles de la femme qu'il doit trouver la première
« nourriture, comme, sur ses genoux, la première
« doctrine.

« Cette vie en puissance, contenue dans une vie
« manifestée, ce déchirement des entrailles mater-
« nelles pour produire un être, cet enfant suspendu
« aux mamelles qui lui offrent la première nourri-
« ture, aux lèvres qui lui communiquent la première

« doctrine, aux regards qui font partie de cette doc-
« trine, toutes ces choses ne seraient-elles point
« l'abrégé des événements de l'incubation cosmogo-
« nique? La conception, la gestation, l'enfantement,
« ne seraient-ils point de vivants emblèmes?

« Le globe que nous habitons, en sortant du chaos
« par la vertu insondable de la parole ordonnatrice,
« était doué d'une vie universelle; et cette vie uni-
« verselle, sans cesser d'être la grande vie de tout ce
« qui a vie, va formant toujours, par un dévelop-
« pement continu, des vies individuelles, qui elles-
« mêmes deviennent des sortes de vies universelles
« produisant à leur tour des races, des familles.

« La grande loi du monde réalisé veut que la
« raison de l'être précède l'être.

« C'est ainsi que l'essence humaine est apparue,
« lorsque la raison de cette essence est sortie de la
« pensée divine. Elle est apparue avec la faculté de
« vouloir immédiatement se détacher de la vie uni-
« verselle pour vivre de sa vie propre.

« Les animaux, privés de cette faculté, ont dû
« exister avant l'homme; ils sont restés d'une orga-
« nisation antérieure pour être des signes et des té-
« moins de la vie universelle.

« Deux opinions existent parmi les dépositaires
« de la science, l'ancienneté et la nouveauté de la
« race humaine; pour comprendre comment l'une

« et l'autre de ces deux opinions sont vraies, il faut
« savoir qu'une partie de la race humaine n'a pu
« parvenir à se distinguer de la vie universelle, et
« qu'une autre a conquis la conscience.

« Les statues à gaînes, et les statues qui ont les
« pieds et les mains libres, sont les emblèmes de ces
« deux modes d'existence.

« C'est l'Orient et l'Occident.

« Orphée, l'homme du Septentrion, voulut abo-
« lir les statues à gaînes, c'est-à-dire donner à tous les
« hommes le mouvement et la liberté.

« Le moment où l'essence humaine commença à
« se détacher de la vie universelle pour revêtir les
« facultés d'une vie qui lui fût propre est un mo-
« ment cosmogonique, le même que celui de la di-
« vision des sexes pour l'homme.

« La division des sexes, pour l'homme primitif,
« devait être le type de la division des classes, pour
« les sociétés humaines primitives.

« Vouloir, ne pas vouloir, vouloir à des degrés
« différents, furent les marques de cette division des
« classes.

« La volonté s'essayant à se rendre indépendante
« de la vie universelle serait donc la véritable ori-
« gine du mal. Le lait de la mère, le regard de ses
« yeux, la parole de ses lèvres, sont les antiques tra-
« ditions trop tôt oubliées par l'homme. Telle est,

« du moins autant qu'il est permis de l'entrevoir,
« l'origine du mal dans la sphère de l'homme; la
« cause du mal est impénétrable. Orphée nous a
« enseigné que le mal est conditionnel, que le bien
« seul est absolu.

« Était-il nécessaire que l'homme sortît de l'unité
« générale pour parvenir à la responsabilité, pour
« conquérir l'attribution de ses actes, la faculté de
« mériter ou de démériter? Grande question qui
« s'agite sans fin parmi les sages des Pyramides!

« Dieu est tri-un; l'homme est triple, et doit as-
« pirer à devenir tri-un. Auparavant il faut à l'hom-
« me un guérisseur.

« Tout ceci est une loi éternelle, incessamment
« évolutive : voilà pourquoi il est vrai que l'essence
« humaine non seulement est tout à-la-fois ancienne
« et nouvelle, mais, de plus, qu'elle est aussi, en
« même temps, manifestée et en puissance d'être.
« Elle est, et pourtant elle-même doit contribuer à
« sa raison d'être.

« C'est à ce point sans doute que l'on découvrirait
« ce que fut la faute, ce que furent la promesse et
« le pardon. Toutes les traditions mêlées et confon-
« dues forment, sur ce point où elles aboutissent,
« un nuage que notre intelligence est inhabile à
« pénétrer; attendons d'autres lumières.

« Thamyris, tu ne sais pas encore quel est le génie

« que tu dois transporter dans le Latium. Sera-ce
« celui de l'immobilité ou celui du mouvement? Ce
« n'est pas à toi à décider. On te le dira lorsque tu
« auras subi une autre épreuve, qui sera la dernière.

« Barbaria est le nom sacré de la contrée qui s'ap-
« pelle Euxonie, lieu de l'hospitalité, Hespérie, lieu
« du couchant, et que dès aujourd'hui nous nom-
« mons d'un nom nouveau, Italie.

« L'Étrurie imposerait à l'Italie l'immobilité de
« l'Orient. Le temps n'est-il point venu d'affaiblir le
« génie stationnaire de l'Étrurie?

« Tu as pu le voir, Thamyris, l'immobilité com-
« mence à être ébranlée en Égypte... »

« Oui, s'écrie une voix terrible; mais n'est-ce pas
« là un grand signe, le commencement de la ruine
« de l'Égypte? Prêtres des saints mystères, gardez-
« vous de sanctionner une loi qui est la loi même
« de la dissolution des empires. Un jour donc ces
« grands monuments, qui font la gloire de l'Égypte,
« seront isolés au milieu des sables du désert. »

« Eh bien! dit le prêtre qui me tenait captif sous
« ses pieds, avons-nous reçu le pouvoir de nous
« opposer à une loi immuable et successive? Est-ce
« à nous à rendre stérile l'incubation de l'Orient?
« est-ce à nous à faire avorter la vie naissante de
« l'Occident? »

« A ces mots, il ôte ses pieds de dessus mon cou;

et, m'ordonnant de me relever, il me dit d'aller recevoir ma dernière épreuve, puis de revenir me soumettre aux ordres qui doivent m'être définitivement donnés.

« J'obéis, et je quittai l'Égypte. Je devais y retourner, mais il ne me sera pas donné de la revoir. »

FIN DU LIVRE HUITIÈME.

ORPHÉE.

LIVRE NEUVIÈME.

ARGUMENT

DU LIVRE NEUVIÈME.

Saint Jean, dans l'île de Patmos, craint déjà que l'institution du christianisme n'accomplisse pas tout le bien qui est dans sa mission divine. Ce triste pressentiment de l'homme de Dieu le jette dans une contemplation fort extraordinaire, emblème mystagogique de toute la destinée humaine.

Peut-être, dans la Ville des Expiations, une partie de cet emblème nous sera dévoilé.

Il n'est pas hors de propos de remarquer que la Jérusalem de l'Apocalypse est une ville primitive.

Les oracles ne sont qu'une manière de rendre compte d'une loi éternelle.

Discussion dans les Pyramides sur le principe à importer dans le Latium. Lutte du principe stationnaire et du principe progressif, de l'Orient et de l'Occident.

Sophocle, d'après Denys d'Halicarnasse, a fait une tragédie de Triptolème, laquelle est perdue : Cérès, dans l'énumération des pays où il faut que Triptolème porte la semence du blé qu'elle lui a donnée, désigne l'Italie, depuis le cap d'Iapigie, la Sicile, puis l'OEnotrie, les côtes du golfe Tyrrennien et les terres de la Ligurie.

Je crois cette énumération incomplète; elle devait embrasser toute la zone pélasgique, d'après la manière dont j'ai considéré précédemment cette zone de civilisation.

L'énumération analogue qui se trouve dans le Prométhée d'Eschyle serait plus conforme à cette idée.

Je l'ai dit, la fable d'Orphée est, pour moi et pour mes lecteurs, la parabole de l'Orient.

La loi-mos qui est l'ancêtre de la loi des XII Tables est dite dans ce lieu : elle sera gravée sur la pierre dans les antres où s'exercent les mystères terribles du Capitole.

Le Capitole, en effet, sera le Caucase de l'Occident : les émancipateurs y seront successivement garrottés.

Il me reste à expliquer peu de choses sur les mots que j'ai employés. Ou ils se définissent eux-mêmes dans la contexture de la loi, ou je les ai définis ailleurs.

D'après la philosophie psychologique réveillée par la vieille langue latine, le *filius*, l'*hérès*, le fils, l'héritier, n'a d'analogue que dans l'incarnation lamique : ici cette incarnation se nomme *ingenium*.

Les personnes qui n'étaient pas sous leur propre droit, mais qui vivaient à l'abri du droit d'un autre, ne pouvaient acquérir que pour ceux sous le droit desquels elles vivaient; ainsi les enfants, les clients et les esclaves, qui étaient la *personne* ou la *chose* du *paterfamilias*.

Mais aussitôt après la mort du père, le fils entrait dans toutes les prérogatives du père ; fût-il à la mamelle, il était *paterfamilias*.

Ce ne fut que sous Jules César que les enfants purent avoir un pécule militaire.

Je dis tout ceci par anticipation.

Sur le champ limité par les augures est fondé le lit

nuptial du patricien; et ce même champ doit être son tombeau. La propriété, le mariage, la sépulture, sont une même chose incommunicable.

La faculté de posséder la terre, celle d'assurer la famille par le mariage, celle de confier sa dépouille mortelle à la terre identique avec l'homme par la propriété, ne sont-elles pas la même faculté éminente et incommunicable dont la couche nuptiale du patricien est l'insigne auguste?

Il faut juger les lois agraires dans cette donnée.

L'*improbe factum*, seule sanction pénale des patriciens, n'exista pas pour les dieux de l'Olympe. Ainsi l'Olympe est l'image des patriciats primitifs, avec un attribut de plus. Les Alexandrins se sont trompés à cet égard. Les violences, les expositions, les parricides, les adultères de l'Olympe, reçoivent une explication plus ample que celle qu'ils ont donnée.

Je l'ai déja dit, le mythe ne s'effraie point de ses symboles.

Ex-lex-optimus, d'après Vico, c'est l'ops qui n'est pas en société civile, et qui pourtant a déja des clients. Alors ce serait le Cyclope de Platon. Ainsi l'existence de la clientelle serait antérieure à l'institution de la plèbe, et en serait différente. Dans cette opinion, les clients auraient commencé à l'époque des opès solitaires, lesquels alors seraient les Cyclopes. Les premières sécessions des clients auraient seules produit les premières plèbes. La plèbe indique donc, toujours dans la même donnée, une première concession de liberté. De là les monarchies, nées dans ce mouvement des clients qui veulent s'organiser en plèbes. Il est bien entendu qu'une telle hypothèse ne peut s'appliquer qu'à l'évolution la plus primitive de l'Europe, c'est-à-dire à l'Occident échappant la première fois aux serres puissantes de l'Orient.

Ces beaux problèmes historiques seront examinés plus tard.

Siremps, d'après Festus, *similis re ipsâ*, n'est-il pas le contraire de *natura secum discors*, objection terrible des patriciens avant l'admission des plébéiens à la communauté du mariage?

Il faudra cependant que les initiables et les initiateurs finissent par se confondre; mais ce ne sera que sous l'empire de la loi chrétienne.

Le mot *siremps* exprime donc l'idée enveloppée de la réhabilitation de l'être déchu.

Thèbes la ville sainte, nom de la Thèbes d'Égypte, et où le fondateur retrace les images variées de l'Olympe. (Nonnus III.)

Juno-Moneta, muse latine, la muse du conseil, bien différente des muses qui conservent la mémoire des choses, la tradition.

Le sacrifice à *Horta*, qui est *Hortuna*, l'antique Fortune latine.

ORPHÉE.

LIVRE NEUVIÈME.

CALLIOPE.

COSMOGONIE ROMAINE.

« C'est donc dans le monde, reprit Thamyris, que je dois subir la dernière épreuve; je serai jugé sur l'emploi que j'aurai fait des enseignements dont on m'a donné les rudiments imparfaits. Il faut que je fasse moi-même ma doctrine; ensuite je retournerai dans les souterrains pour y recevoir les commandements définitifs des civilisateurs, selon ce que je serai devenu, selon ce que je serai jugé propre à exécuter.

« Je méditais en silence. Des problèmes m'avaient été présentés, quelquefois avec des solutions différentes et même contradictoires; j'en concluais que si j'eusse pu être élevé à un grade de plus, les contradictions auraient disparu. L'ébranlement donné à l'intelligence est le premier bienfait de l'initiation, qui en cela se borne à imiter la Providence divine. Je m'étais retiré non plus comme la première fois avec un sentiment triste et découragé, mais avec quelque confiance. J'avais acquis des organes pour mieux voir, pour mieux entendre, un nouveau sens intime pour mieux comprendre.

« Qu'allais-je devenir loin des maîtres de la sagesse?

« Me voici reprenant mes courses aventureuses, et saisi de nouveau par la renommée, mais la renommée incertaine d'Orphée. Toutes les traces du poëte vont déja s'effaçant : son nom et les idées qu'il apporta subsistent; son nom, pour être la proie de l'erreur; ses idées, devenues des institutions, pour commencer à s'altérer. Quant à lui-même, ou il est mort ignoré, ou il a voulu ensevelir ses derniers instants au sein de la retraite la plus obscure. J'apprends que des navigateurs de la Toison d'or se sont retirés en Émathie; j'y accours; j'espère que du moins si je rencontre quelques uns de ceux qui montèrent le navire Argo, ils pourront m'apprendre le sort de leur illustre compagnon.

« J'arrive; ils sont dispersés ou rentrés dans leurs foyers. J'avais ouï raconter que non seulement les héros, mais même les rameurs du navire célèbre, étaient tous des rois ou des fils de rois; il me fut dit que j'avais été trompé par des récits mensongers, et que toutes les classes avaient été admises dans l'arche astronomique, religieuse et sociale. Le nom glorieux d'Orphée est à peine connu, tant la mémoire des bienfaiteurs des hommes est vite oubliée. Les doctrines harmonieuses avaient disparu de la Thessalie; cette contrée était presque entièrement envahie par les tristes superstitions de la magie. Les sourds et plaintifs mugissements du rhombus profane avaient remplacé les doux chants de la lyre fatidique. Je reconnais cependant, parmi les poésies conservées dans la mémoire des peuples, les débris d'un dithyrambe où le nom d'Eurydice est mêlé. Pour eux la fille de la vision fut une dryade. Un vieillard a enseigné ce dithyrambe aux habitants qui aiment encore à le redire.

« Dans des chants alternatifs, les hommes célèbrent le don de la capacité du bien et du mal, les femmes le don de la pudeur; les uns et les autres le don de la famille. Un hymne à la beauté, qu'ils ont appris du même vieillard, est terminé par des mots que j'ai pu retenir, et qui méritent votre attention, sage Évandre.

« Ce qu'est la beauté pour nos sens tels qu'ils sont faits sera la vertu, sera la vérité, pour les sens que nous devons acquérir. Oui, la beauté, dans ce monde, est une aimable et brillante messagère qui nous raconte les merveilles d'un monde meilleur.

« Sans doute le vieillard dont on parle a visité les grottes cosmogoniques de la Samothrace; et peut-être a-t-il été initié aux mystères de l'île sacrée.

« Je veux donc voir le vieillard. Ce noble étranger, me dit-on, ne saurait être environné de plus de vénération, mais il se renferme dans un silence impénétrable. Vous ne pourrez parvenir à savoir rien de lui; il n'a jamais cédé à notre desir d'entendre raconter ses aventures, que l'on suppose graves et sérieuses; il paraît seulement pressé de connaître les secrets de la mort. Sa vie s'est consumée dans de longs ennuis, et il n'aspire plus qu'au repos de la tombe.

« De telles réflexions ne me détournent point de mon projet. Je parviens à découvrir la retraite ignorée où le vieillard voulait ensevelir ses derniers jours. Je le trouve occupé à méditer. Il appliquait l'hexamètre héroïque à des poëmes sur les éléments, sur les pierres précieuses, sur les métaux, sur quelques effets singuliers de la nature; travail pénible de versification, pour enfermer dans une mesure régulière les procédés techniques des arts nouveaux, l'explication des phénomènes du ciel et de la terre. C'est ainsi qu'il employait aridement ses loisirs. On eût dit qu'il voulait emprisonner une puissante imagination, et retenir dans son sein de fécondes pensées. Si de temps en temps le génie poétique se réveillait sur ses lèvres, et jetait quelques faibles étincelles, c'était pour chanter les combats des Géants et l'expédition des Argonautes.

« Roi de la colline carrée, comment vous peindrai-je l'émotion que me fit éprouver l'aspect du vieillard, lorsque je le vis pour la première fois? Son visage auguste avait quelque chose de solennel et d'impassible, comme on représente les juges aux Enfers. Rien n'annonçait qu'il m'eût remarqué. Pour l'aborder, pour m'en faire entendre, pour le distraire de ses méditations, j'imaginai de redire le chant d'Eurydice, la fin de l'hymne à la beauté. Ma lyre, consultée par mes doigts, rendit des sons pleins d'harmonie, qui me transportèrent dans les régions du passé, et qui ne purent éveiller son attention. Il avait aussi une lyre à ses côtés ; il dédaigna de me répondre sur sa lyre. Le superbe vieillard cependant laisse échapper une larme, et détourne la tête pour me dérober ce commencement d'émotion. La seconde fois que je montai sur la montagne, il fut plus accessible. Le vieillard chantait sur sa lyre, et il continua de chanter en ma présence. Il rappelait les désastres de l'ancien monde et les calamités du monde nouveau. Je versai des larmes abondantes ; et, quittant sa lyre, il me tendit la main. Je vis, à cet instant, briller dans ses regards, au travers d'un voile de vertige amer, je ne sais quel feu de génie éteint, tout près de se rallumer. Il m'attirait à lui par un charme irrésistible; et ce charme fit ma confiance. Alors je lui témoignai le desir de connaître son histoire; mais toujours il refusait de me la raconter; il ne la croyait propre qu'à satisfaire une vaine curiosité. Il manifestait une étrange abnégation de la gloire, qui tenait à une sorte de dédain pour les facultés humaines, pour ce qu'elles ont d'incomplet et de misérable. Je lui avais dit mon nom; il me pria de ne pas l'obliger à me dire le sien.

« Les discours et la personne de l'inexplicable vieillard m'égaraient au sein de mille conjectures. Tantôt c'était pour moi une créature de l'ordre le plus élevé, un être supérieur à l'homme; tantôt c'était un simple mortel dont la vie avait été consumée dans de vastes études et dans d'immenses chagrins. Est-ce un Titan, pensais-je en moi-même, qui a survécu à de grandes catastrophes, et que les dieux ont voulu punir en le revêtissant des humaines faiblesses? est-ce un roi détrôné qui est venu cacher ici d'éclatants revers? est-ce un Cyclope malheureux, chassé par ses clients révoltés? Le chant d'Eurydice était un chant qu'il paraissait avoir appris dans le cours de ses voyages : ce chant consacrait des faits qui m'étaient inconnus; il supposait aussi la mort d'Orphée. « Fille de la vision,

« disait-il, réjouis-toi dans les sombres demeures,
« ton époux inconsolable t'est rendu. Ce n'est plus
« l'illusion des songes qui t'offre à lui ; c'est la réalité
« d'une vie illimitée. » De telles paroles ne pouvaient
être qu'une allégorie des sentiments du vieillard.
Dégoûté de la vie présente, il évoquait la vie à venir ;
et les souvenirs d'un autre âge sans doute étaient revêtus par lui du nom brillant d'Orphée : croyait-il
se séparer de ses propres souffrances, au moyen de
cette ruse de la douleur ?

« Thamyris, me disait-il, que l'expérience des
« affaires humaines soit inutile à la plupart des
« hommes, je le conçois ; mais à vous, vous est-il
« permis d'y ajouter quelque pensée de stabilité ?
« Écoutez-moi, je n'ai point été dépourvu de sens.
« J'ai contemplé les choses, les événements, et les
« hommes. Tout change, tout disparaît. L'univers
« interrogé par moi, par vous, Thamyris, par mille
« autres, l'univers ne s'est-il pas obstiné toujours à
« garder envers tous un silence terrible ? Si la des-
« tinée répond quelquefois à l'homme qui la con-
« jure de sortir de derrière son voile funeste, c'est
« avec une froide et sévère ironie, et comme im-
« portunée de cette curiosité inquiète. O inconnu !
« inconnu ! tu me glaces d'une sueur mortelle. So-
« leil qui fais mûrir les fruits et les poisons, qui
« donnes aux fleurs et aux nuées leurs riches et

« éclatantes couleurs, soleil qui brûles et échauffes,
« dis-moi qui tu es! Nuages voyageurs qui errez
« sur ma tête, et portez dans votre sein les fertiles
« ondées ou les fléaux du ciel, dites-moi qui vous
« êtes! Étoiles et planètes qui peuplez les déserts
« de l'espace, d'où venez-vous, où allez-vous? Ani-
« maux qui partagez avec l'homme sa demeure ter-
« restre, ou qui la lui disputez, sauriez-vous me
« révéler vos instincts? Plantes, herbes, et fontaines,
« qui vous fait croître et couler sans fin? Ce magni-
« fique vêtement, parure variée et passagère de la
« substance, depuis trop long-temps fatigue mes
« regards! Que sait l'homme? que peut-il savoir? et
« toute la science qu'il lui est donné d'acquérir,
« qu'est-elle? Tout se montre indifférent à la des-
« tinée de l'homme, et l'homme voudrait tout en-
« velopper dans sa destinée. Il croit, orgueil im-
« puissant! que le soleil, que la lune, que les étoiles,
« ont été placés dans le firmament ou pour éclairer
« ses pas, ou pour lui marquer la mesure du temps.
« Être souffrant, qui donc s'intéresse à ta souffrance?
« Lorsque l'homme perd sa compagne chérie, les
« astres continuent de briller. Lorsque l'homme est
« dans la solitude, les astres ne savent point de lan-
« gage pour s'entretenir avec lui. Lorsque lui-même
« a fini de souffrir, la rosée du ciel, insensible à sa
« mort, comme elle fut insensible à ses maux, tombe

« également et sur sa dépouille délaissée, et sur les
« champs qu'il cultiva de ses mains, et sur la forêt
« où se retirent les bêtes sauvages, et sur les plantes
« qui servent à la nourriture de l'homme, et sur
« celles qui parfument et embellissent inutilement
« des lieux où l'homme n'a jamais pénétré, et sur
« les cimes les plus arides, et sur la mer immense
« où se jouent les grands poissons. Et si l'homme
« n'existait pas, que manquerait-il à l'harmonie uni-
« verselle? N'était-elle pas la même avant qu'il parût
« sur la terre? Ne sert-il pas bien plutôt à la trou-
« bler? Comment cette harmonie serait-elle donc
« faite pour lui? comment vient-il à se croire le
« centre de tant d'influences diverses? La foudre
« gronde, et frappe sans choix ou un être vil, ou
« un être en qui reposent de nobles sentiments; elle
« met en cendres le cèdre et la bruyère. La plainte
« sort de tous côtés; mais l'homme seul sait faire
« comprendre ses gémissements; seul il exprime la
« douleur; seul il entend les lamentables voix de la
« forêt; seul il se plaint de l'insensibilité de la na-
« ture à sa joie comme à sa tristesse. Est-ce pour
« être l'expression générale de la plainte et de la
« douleur qu'il a été créé dans les secrets de l'éter-
« nité? est-ce pour traduire en langage articulé le
« gémissement universel que la parole lui a été don-
« née? Dieu du ciel, révélez-vous à moi! Puissances,

« génies qui gouvernez le monde, dites-moi, si vous
« les savez, vos immortelles lois! Tout reste muet!
« Bien plus, comment suis-je arrivé du rêve du
« non-être au rêve de l'existence? Où ira cet esprit
« de vie qui anime cette poussière, devenue un in-
« stant mon corps? s'exhalera-t-il dans les airs comme
« le parfum des fleurs? s'évanouira-t-il comme le
« son mélodieux qui se détache d'une lyre brisée? Et
« les autres êtres! Et la vie qui se montre sous des
« formes si différentes, dans l'homme, dans les ani-
« maux, peut-être dans les plantes, peut-être aussi
« dans les pierres et les métaux; la vie qui par-tout
« semble ne se multiplier que pour multiplier la
« souffrance! Abyme des abymes! Thamyris, nous
« sommes des insensés! et peut-on nommer autre-
« ment ceux qui croient avoir des pensées? »

« Je gémissais avec cet homme tombé de si haut.
Près de lui je sentais l'horrible frisson d'une Parque
inexorable. Jamais la condition humaine n'avait
tant pesé sur moi. « Malheureux vieillard, m'écriai-
« je, vous avez un compagnon. Vous ne direz plus
« que vous êtes seul; vous ne direz plus que nul être
« n'est en sympathie avec vous. Me voici pour ne
« faire que verser des larmes stériles. Comme vous,
« je renonce à la gloire et à la sagesse. Mon nom,
« aussi bien que le vôtre, restera enseveli sur cette
« montagne déserte. Comme vous, je mourrai sur

« le seuil de cette obscurité désolante dans laquelle
« s'enveloppent les lois et les causes. Nos lyres seront
« ici d'insensibles bétyles, de muets talismans. Nous
« dirons ensemble les limites à-la-fois étroites et in-
« finies de l'intelligence humaine et les solitudes du
« cœur. »

« Tels furent nos premiers entretiens. Bientôt ils
prirent un autre cours. « J'ai cru long-temps, me
« disait-il, que l'état social était pour nous un
« moyen de relever plus facilement notre nature
« déchue..... » « Dieux! interrompis-je aussitôt, de
« telles paroles ne décèlent-elles pas un initié? »
« C'est possible, reprit avec calme le vieillard; il ne
« t'appartient pas de chercher à pénétrer dans le
« secret de mes douleurs. M'aurais-tu imprudem-
« ment fait connaître qu'il t'a été permis d'assister
« aux spectacles des saints mystères? et ne me serait-
« il pas permis de croire que ton initiation dût être
« fort incomplète, tant tu te montres empressé à
« laisser échapper les lueurs confuses de ton esprit?
« Si tu as visité les savants des Pyramides, je crains
« qu'ils ne t'aient pas confié toute leur science; et
« ils auront agi sagement. Quoi qu'il en soit, j'achè-
« verai. J'ai cru long-temps ce qu'ont cru les législa-
« teurs, les fondateurs des sociétés humaines. C'est
« dans l'état social, en effet, que l'homme peut se

« perfectionner; mais à quoi lui sert le perfection-
« nement? il s'énerve, il s'amollit; il se déprave de
« plus en plus. D'ailleurs, savant ou ignorant,
« l'homme est toujours malheureux; et plus il est
« instruit, plus il sent son infirmité. Il veut lire le
« livre roulé et scellé; alors il devient insensé comme
« moi. Il n'a conquis l'avenir que pour conquérir
« de nouveaux tourments. Aussi cet avenir qu'il a
« obtenu sur la terre veut-il l'étendre sur les sphères
« célestes. L'immortalité lui est devenue nécessaire!
« Sans doute, ajoutait-il, il est facile de donner à
« l'homme des institutions qui perfectionnent l'in-
« telligence; mais où en trouver qui améliorent
« l'être moral? Cette pente au mal qui l'entraîne ne
« se développe-t-elle pas en même temps que ses
« autres facultés? »

« Évandre, je ne savais que répondre au vieillard.
Je ne voulais pas m'attirer de nouveaux reproches;
et je n'étais pas assez peu avancé dans la science,
pour n'avoir pas toute celle qu'il fallait pour les repousser.

« Puis, revenant aussitôt sur le désordre de ses
discours, il en désavouait ce que le délire de l'angoisse avait pu lui arracher. Il parlait avec un
charme infini de ses espérances immortelles. « Oui,
« je le crois, continuait-il, et c'est peut-être une
« autre loi de notre nature, il est bon que les pro-

« grès de l'intelligence aident au progrès moral. » Il comparait ensemble la vie des sociétés humaines et la vie de l'homme lui-même, toutes les deux, étranges et mystérieuses, avec des périodes analogues; toutes les deux finissant par la mort, qui n'est qu'une transformation. Il s'exprimait avec une vive ardeur sur toutes les législations locales, si insuffisantes, et qui, pour justifier la Providence, doivent faire place un jour à une législation générale, à une législation qui puisse embrasser tous les ordres, toutes les classes, toutes les familles, alors que l'essence humaine commencera son retour vers l'unité. Il indiquait sa mort prochaine, et il laissait échapper quelques notions indécises sur ce qu'il entrevoyait des destinées futures du genre humain, s'appropriant la terre, de ses destinées définitives dans une autre vie.

« Bientôt je me persuadai que le vieillard avait pu rencontrer Orphée, avoir des entretiens avec lui; car, même au travers de ses expressions les plus décourageantes, je sentais je ne sais quoi qui me reportait à une inspiration détournée et affaiblie. Je me mis donc à lui en parler, à signaler avec enthousiasme les profondes empreintes dont ce génie élevé a marqué tous ses pas, du grand nom qu'il a laissé dans les Pyramides. « Noble étranger, « ajoutai-je, vos découragements me paraissent le

« fruit tardif de bien des espérances trompées, de
« bien des opinions déçues. Mais ce délaissement
« des tentatives humaines n'est point intime en
« vous; néanmoins, s'il se communiquait, il empê-
« cherait tout mouvement vers la perfection. Ainsi
« ne fut point Orphée; sa confiance était pleine,
« constante, inébranlable. Jamais le sort de Promé-
« thée ne l'épouvanta. »

« Le vieillard sourit avec tristesse. « Thamyris, me
« dit-il, tu le vois, je ne cherche point à communi-
« quer les funestes égarements d'un esprit qui s'est
« brisé contre la borne de l'humanité; je me suis
« confiné dans la solitude, et c'est toi qui es venu
« me surprendre l'aveu de mes tourments. J'ai fait
« comme Prométhée dont tu parles, car la Scythie
« où il fut exilé est la région du silence. Sans
« doute, ce que j'éprouve est quelque chose de si
« pénible, de si douloureux, que je suis trop disposé
« à aller encore au-delà du sentiment de mes souf-
« frances. Oui, je crois que, pour soi-même et pour
« les autres, il est des pensées qu'il faut étouffer,
« qu'il faut éviter de réaliser par la parole. Retiens
« cette leçon. Si l'homme individuel excite toute ma
« pitié, si je ne suis point rassuré sur l'homme col-
« lectif... Ah! n'outrageons pas davantage la Provi-
« dence éternelle. Que la mort refroidisse graduel-
« lement toutes mes facultés, une puissance vit en

« moi qui doit renaître, et survivre à ce que je suis,
« à ce que j'ai été; et cet instinct secret de perpé-
« tuité, je l'étends à tout. Le jour, succédant à la
« nuit, m'annonce l'univers sortant des ténèbres
« cosmogoniques. La génération continue des êtres
« me manifeste l'immortalité du principe de la vie.
« Mon ame ne peut être ni enfouie dans la terre, ni
« brûlée par le feu, ni éteinte au sein de l'eau.
« L'homme est-il formé d'une manière terrible et
« merveilleuse? Qu'importe, s'il ne doit pas rentrer
« dans la masse orageuse des éléments? Ainsi donc
« le peu de confiance que j'ai à toutes les législations
« actuelles, le peu de confiance que j'ai, il faut bien
« que je l'avoue, aux trop fragiles créations d'Or-
« phée, dont tu racontes tant de prodiges, ce peu
« de confiance ne sera point le génie du mal, pour
« me forcer à blasphémer. Thamyris, l'affaiblisse-
« ment de mes organes ferait-il toute l'incertitude
« de mes pressentiments? Ah! je suis loin d'avoir
« oublié combien ils furent fermes, lumineux, as-
« surés. L'âge et le malheur ont fait d'inexprimables
« ravages, mais ils n'ont pas tout détruit. »

« Il m'adressa ensuite les questions suivantes:

« Puisque vous me parlez de la Thrace, puisque
« vous me parlez d'Orphée, dites-moi, Thamyris,
« celui que vous regardez comme un interprète de
« la sagesse divine, n'est-il pas maudit chaque an-

« née sur les bords du Strymon par les ménades
« restées indociles au joug social?

« Dites-moi, les institutions du sage que vous
« vénérez n'ont-elles pas été, pour quelques uns,
« peut-être même pour des multitudes, le dur en-
« lacement d'une funeste fatalité?

« Qui sait si le mauvais principe n'exige pas des
« sacrifices humains? et que produirait l'abolition
« de ces sacrifices, si l'on ne parvenait à détrôner
« le mauvais principe? »

« Puis, sans attendre ma réponse, le vieillard
prétendit que le nom d'Orphée commençait déja
à disparaître de la courte mémoire des hommes. Il
se mit alors à peindre avec énergie la renommée la
plus éclatante, destinée à périr à son tour, ainsi
que toutes les choses humaines. Cette mort nouvelle, qui attend inévitablement l'homme dans
cette sorte de seconde vie, lui paraissait un des
plus tristes aspects de la condition humaine, et
qui prouve le mieux notre misère. Mais ce qui est
au-dessus de toutes les gloires, lors même qu'elles
seraient durables, c'est de travailler à son propre
perfectionnement. Tous les hommes ne sont pas appelés à agir sur les autres; tous sont appelés à agir
sur eux-mêmes. Si quelquefois les pensées et les
sentiments de quelques uns profitent à tous, sont
transmis d'âge en âge, et ajoutent aux trésors du

genre humain, il est le plus souvent des pensées non moins hautes, des sentiments non moins beaux, qui ne laissent aucune trace après eux; ceux-là subsistent également, car rien de nous ne peut périr. La vie à venir est toujours nécessaire, soit pour expliquer l'homme individuel, soit pour expliquer l'homme collectif dans ses sympathies avec ses semblables.

« Le noble vieillard aimait aussi à raconter la mort de Linus, le premier des poëtes du monde nouveau. « Hélas! disait-il, souvent il m'arrive de « mêler dans mes chants, aux inspirations de Linus, « les tristes inspirations d'Olen de Lycie, le dernier « des poëtes du monde ancien. C'est un grand mal- « heur, Thamyris, de se trouver ainsi placé à une « époque de fin et de renouvellement. »

« Évandre, je n'avais pas long-temps à visiter l'étranger merveilleux. Un jour, et ce fut le dernier de nos entretiens, je le trouvai saisi d'un enthousiasme poétique. Ce n'était plus un homme; son visage brillait d'une lumière toute surnaturelle. Je le voyais comme un être placé sur les limites de deux mondes; il me semblait que déja un nuage se glissait sous ses pieds pour le soulever de dessus la terre, et l'emporter parmi les régions immortelles de l'apothéose. Sa lyre impatiente hâtait le mouvement de ses mains inspirées; les paroles les plus mélodieuses se précipitaient sur ses lèvres; et voici celles que j'ai pu saisir dans les chants prophétiques du vieillard inconnu :

« Rideau brillant des êtres, des éléments, de la « nature variée, et infinie dans son admirable va-« riété, tu vas donc enfin te lever devant moi! Ré-« vélation de l'univers en présence de l'homme, tu « n'as donc plus rien à m'apprendre! Cette révéla-« tion incomplète et temporaire servit pourtant à « m'annoncer une révélation complète et définitive, « celle que je pressens au-dedans de moi-même. Tou-« jours et dans tout la souffrance est produite par la « vie; je me suis demandé pourquoi la souffrance « avait été infligée à la vie, pourquoi l'existence a « été achetée au prix de la douleur.

« L'ordre dans l'univers matériel démontre l'or-« dre dans l'univers immatériel.

« Les esprits ont leurs lois ainsi que les corps.

« Il y a eu perturbation dans ces lois, l'harmonie « a été troublée : ce n'est pas la puissance suprême « qui a défailli.

« Comment une intelligence libre a-t-elle pu dé-« traquer le monde? et cette intelligence libre, com-« ment est-elle passée sous l'empire lamentable de « la fatalité des choses?

« L'épreuve et l'expiation rendront graduelle-« ment le libre arbitre à cette noble intelligence « déchue.

LIVRE NEUVIÈME.

« Siècles, pressez-vous devant moi ! Qu'une
« lueur lointaine vienne effleurer mon regard mou-
« rant !

« Que ma lyre dise le cruel enfantement de Sé-
« mélé ! Le sein qui produit l'émancipateur est une
« flamme ardente. Sémélé, tu as été soudainement
« consumée par le feu, sans savoir la grande desti-
« née promise à ton fils. Le dieu qui doit conduire
« les plébéiens dans la carrière de l'initiation a
« échappé au châtiment terrible qui a dévoré sa
« mère malheureuse.

« Saturne, dieu des Titans, fut détrôné ; Jupiter,
« dieu des patriciens, sera détrôné à son tour.

« Il est né, celui qui doit renverser l'empire de
« Jupiter.

« En vain les Géants ont voulu terrasser le jeune
« dieu ; en vain ils ont voulu arracher de sa forte
« poitrine ce cœur généreux, qui est l'ame de l'a-
« venir.

« Le cycle de l'humanité commence : le plébéien
« c'est l'homme.

« La propriété aux confins célestes cessera de
« marquer les limites de la propriété que fécondent,
« sur la terre, les sueurs de l'homme.

« Lyre d'Orphée, alors tu seras reléguée dans le
« ciel.

« Tous seront admis dans l'ogygie future, où est
« la chose sacrée.

« Tous naîtront avec la capacité du bien et du
« mal.

« Tous jouiront de la solennité des saints ma-
« riages.

« Tous auront une famille et un tombeau.

« Le monde détraqué par une intelligence dé-
« chue recouvrera son harmonie primitive par cette
« même intelligence régénérée.

« L'univers un jour sera dépouillé de sa force
« plastique : en ce jour l'œuvre de la création sera
« accomplie; en ce jour l'intelligence cessera d'être
« soumise à l'entrave du corps, épreuve du temps.

« Rideau brillant des êtres, des éléments, de la
« nature variée, et infinie dans son admirable va-
« riété, tu vas donc enfin te lever devant moi! Une
« lueur lointaine effleure déja mon regard mou-
« rant. »

« Tels furent les accents de l'inconnu; et ces accents parlaient à mon ame beaucoup plus qu'à mes
sens. Je devinais en quelque sorte, plutôt que je
n'entendais, tant était devenue intime la communication entre lui et moi. Ce n'est pas tout, Évandre,
la nature entière me paraissait éprouver quelque
chose de ce que j'éprouvais moi-même. Il me semblait que j'étais confondu et abymé dans le sentiment d'une existence universelle, dont je faisais
partie. C'était comme un frémissement d'attente,

comme une participation indicible à je ne sais quelle transformation qui s'opérait par-tout en ce moment. Les oiseaux du ciel, les animaux de la terre, les arbres des forêts, les herbes des champs, les météores légers de l'air, tout s'animait à mes yeux de la même pensée, la pensée d'une immense régénération, d'une vaste palingénésie. Toute la chaîne de l'organisation, depuis la pierre brute jusqu'à la plus haute intelligence, était remuée à-la-fois; et je me sentais entraîné par cette impulsion irrésistible. Le vieillard, qui était devenu semblable à une jeune divinité, m'enveloppait de son regard doux et serein, expression pure d'une substance incorporelle. Il me dit : « Thamyris, s'il
« t'était donné d'aller t'instruire dans le sanctuaire
« de Lébethra, tu saurais plus de choses que n'au-
« rait pu t'en apprendre Orphée, pendant que sa
« vie mortelle avait besoin de se nourrir encore de
« l'ame végétative des plantes, de l'ame obscure des
« animaux. Je suis parvenu au terme où l'homme
« affecte son vol vers les régions éthérées. C'est au
« moment du départ que je puis dire: « Impuissance
« et désuétude à ceux qui veulent retarder l'initia-
« tion de la race mortelle! Ceux-là repasseront par
« l'austère voie des épreuves! Adieu, Thamyris! Il
« ne me reste plus qu'à accomplir le mystère de ma
« propre régénération; et il ne doit s'accomplir que

« dans la solitude. Ainsi que le phénix, je vais me
« retirer à l'écart pour construire mon bûcher de
« parfums. Nul ne peut m'aider dans ce dernier
« travail, dans cet enfantement sublime et doulou-
« reux de l'ame immortelle. »

« Il ajouta, et ce fut le dernier effort de sa voix affaiblie: « Oui, il sera un temps, un législateur
« viendra qui donnera les véritables lois, les lois
« indépendantes des temps et des lieux, les lois qui
« survivront aux empires. Ce grand législateur ne
« courra point le monde avec le van sur son épaule.
« La société civile existera; il n'aura à fonder que
« la société morale. Ce n'est point une prophétie que
« tu entends, Thamyris, c'est la contemplation
« même de l'ordre éternel qui me fait parler. Je ne
« prédis pas, je vois... Tous les peuples ne sont plus
« qu'un peuple.

« O combien sont beaux les pieds de l'envoyé
« céleste s'imprimant sur la vile poussière de notre
« monde malheureux! ô combien sont beaux les
« pieds du desiré des nations, qui ne dédaigne ni
« les carrefours des villes, ni les chemins des cam-
« pagnes! ô combien sont beaux les pieds de celui
« qui apporte la grande rançon! Hommes de toutes
« les classes, n'en formez qu'une pour vous presser
« sur les pas de celui qui est le salut de tous!...

« Lyre, beauté, grace, amour, souffle de la vie,

« ame, éclat et baume des fleurs, mélodie de l'air,
« ombrage sacré des bois, verdure calme des prai-
« ries, murmure charmant des fontaines... Orages
« et tempêtes... Souffrances, plaintes et soupirs...
« Cygne éclatant de blancheur, colombe gémis-
« sante... Elle s'enfuit sur une nuée d'opale et d'azur,
« comme un son détaché de la lyre, comme le par-
« fum qu'exhale une fleur... Nous nous jouerons
« sur la nuée, dans les plaines du ciel, parmi les
« collines de l'éternité... Nous tresserons des guir-
« landes de fleurs, de fleurs immortelles... Molle
« clarté des nuits, tu n'abaisseras plus ma paupière
« assoupie... Que j'essaie mes ailes d'argent!... Je
« veux me baigner dans des torrents de lumière...
« Douce extase de la mort... La vie, ombre flot-
« tante, image passagère... Je sais!... Dieu écarte le
« voile du temps et des êtres... »

« Le vieillard, devenu semblable à une jeune divinité, disparut dans un nuage qui couvrit la montagne. A mesure que j'en descendais, un grand
bruit se faisait entendre comme celui d'une horrible tempête. Au milieu de toutes les voix de l'orage,
on distinguait seulement quelques sons du chant
d'Eurydice. Puis un tourbillon de feu vint éclairer
rapidement tous les sommets de la montagne; et,
à la lueur du tourbillon, je crus apercevoir, entouré du chœur céleste des Heures, celui que je

venais de quitter. Alors je me rappelai ce que m'avait raconté Æagrius d'Orphée apparaissant au sein de la bataille terrible, jeune, beau, calme, vêtu d'une longue robe blanche, et tenant sa lyre à la main. Alors mes souvenirs et l'étonnement où j'étais plongé ne formèrent plus qu'un songe divin. La tempête s'apaisa tout-à-coup, les éléments rentrèrent dans le repos, l'obscurité couvrit les sommets de la montagne, et bientôt l'on n'entendit plus que les gémissements plaintifs des Oréades. Une multitude était accourue pour être témoin du prodige. Nous sentions une terreur intime; et cette terreur nous avertissait que la mort venait de frapper une grande victime. Nous nous hâtons de nous diriger du côté de l'apparition. Nous trouvons le corps du noble étranger, que moi seul pouvais reconnaître, puisque seul j'avais vu s'évanouir en lui toutes les traces de la vieillesse; l'empreinte de l'immortalité, d'une jeunesse éternelle, était sur ce visage auguste. Ses yeux fermés annonçaient les longues méditations d'une vie qui ne doit plus finir; et le calme de ses traits indiquait l'immobilité de ses pensées dépouillées du charme fugitif de la parole.

« Les peuples s'assemblent pour donner la sépulture à l'illustre inconnu, et remplir à son égard le dernier devoir de l'hospitalité. Je suis désigné pour mener le deuil, pour veiller aux soins de la cérémonie funèbre. Mais, arrivés sur le lieu même, nous n'avons point de deuil à mener, point de cérémonie funèbre à exercer. Nous trouvons un tombeau magnifique élevé par les Muses au vieillard mystérieux que l'approche de la mort avait revêtu de jeunesse, et que la mort elle-même venait de revêtir d'immortalité. Sur ce tombeau était gravé le nom de l'inconnu, du délaissé, enfin le nom désormais impérissable d'Orphée. Les chastes filles du ciel ont enfermé dans le tombeau du poëte divin sa lyre d'or, qu'il avait reçue, dit-on, de Mercure, et que nul autre ne pouvait manier. Les chastes filles du ciel ont fait entendre d'harmonieux concerts; mais aucune parole n'est sortie du tombeau, et les chants des Muses n'ont point été recueillis.

« Telle fut la fin merveilleuse d'Orphée, qui, durant les dernières années de sa vie mortelle, resta complètement ignoré. Si les Muses n'eussent pas voulu honorer sa sépulture, jamais on n'aurait su le lieu où tomba cette grande victime. Les peuples de l'Émathie parleraient peut-être encore d'un étranger mort au sein d'une tempête, sur la montagne de Dia, et ils ignoreraient que cet étranger fut un poëte divin. Moi-même, Évandre, qui vous fais ces récits, moi qui ai pu avoir avec cet envoyé des dieux les entretiens de l'heure suprême, moi-même, homme trop dépourvu d'intelligence, j'ignorerais le nom de celui qui avait laissé tomber sur moi le regard d'un dieu. Et néanmoins, tout ravi d'admiration à de si grands prodiges, je ne pouvais m'empêcher de m'accuser; car enfin il me semblait que j'aurais dû reconnaître Orphée, et l'obliger à me donner ses derniers enseignements.

« A ce moment solennel et terrible, je sentis sur mes paupières un poids inaccoutumé, qui n'était point celui du sommeil. Puis il me sembla que d'immenses nuages d'or, incessamment sillonnés de mille lueurs errantes, couvraient la nature devenue tout-à-coup solitaire, et que de grandes figures fantastiques, sans durée et sans forme, habitaient seules ces déserts d'ombres et de feux. Les ténèbres les plus profondes succédèrent à ces vains éblouissements, et je sentis avec amertume que je ne devais plus jouir de la douce lumière des cieux.

« Tout pouvoir avait été retiré à ma lyre, mais elle était toujours pleine de charme, et sur ses cordes reposait encore comme un reflet des accents des Muses. Je ne voulus donc pas que ma lyre restât muette, et je chantai devant la multitude émue quelques unes des paroles d'Orphée: « Rideau bril-
« lant des êtres, des éléments, de la nature variée,
« et infinie dans son admirable variété, voilà qu'enfin

« tu t'es levé devant lui! voilà que son regard s'a-
« breuve de toutes les splendeurs célestes!

« Quant à moi, infortuné, ce rideau brillant
« n'existe plus pour mes yeux éteints, et cependant
« je ne suis pas en présence des splendeurs célestes!
« Mais je ne me plains point; assez de clartés pé-
« nètrent mon intelligence pour que je puisse me
« consoler de ne plus voir le soleil, et attendre avec
« calme la fin de mon obscur voyage sur la terre! »

« Après quelques jours passés dans les larmes, le
cœur serré de tristesse, je me décide à retourner
en Égypte, pour faire aux maîtres de la sagesse le
récit que vous venez d'entendre, ô vous, le dernier
des rois pasteurs.

« Une femme daigna guider mes pas jusqu'au lieu
où je devais trouver un navire. Je ne pouvais voir
celle qui se dévouait ainsi à conduire un pauvre
aveugle; mais le son harmonieux de sa voix m'apprit
combien elle était belle. La vive perception que
j'eus de sa beauté me transporta dans la région
sublime où résident le bien, le beau, la vertu, la
vérité. Je sentis la forme extérieure évanouie, et,
à sa place, la forme idéale.

« Alors, Évandre, j'eus des notions moins confuses sur les objets les plus élevés; alors je conçus le
temps faisant partie de l'éternité, identique avec
elle. Le temps, en quelque sorte continu et immo-

bile, rendu appréciable par la succession de nos idées, par les signes que nous attachons aux idées, est indépendant de toutes ces choses. Le cours des astres, les cycles astronomiques imaginés par l'homme, sont la mesure du temps, et ne sont pas le temps. L'éternité sans limite me faisait comprendre l'espace également sans limite. L'éternité est le lieu du temps variable et successif en apparence, comme l'espace est le lieu des corps perpétuellement transmuables et palingénésiques. Les modes du temps et des corps n'ont de réalité que par nos sens fragiles et fugitifs; mais nous-mêmes, nous ne sommes que par nos pensées et nos sentiments. Ainsi ma cécité m'apprenait les merveilles du monde où nous n'avons plus besoin de nos sens pour connaître; ainsi je comprenais comment, pour l'intelligence dégagée des organes, le passé, le présent, l'avenir, sont contemporains; ainsi enfin commençait à se lever devant moi le rideau brillant des êtres, des éléments, de la nature variée, et infinie dans son admirable variété.

« Ma cécité devenait donc une véritable initiation. Toutefois je ne pouvais être parvenu à cette lumière intellectuelle qu'après avoir connu celle qui colore tout sur la terre et dans les airs, celle qui fait nos jours et nos nuits. Mais cela même m'expliquait la vie actuelle comme une préparation à la vie future. Toutefois encore, souffle embaumé du

LIVRE NEUVIÈME.

zéphyr, tu te jouais toujours dans mes cheveux, autour de mes tempes; sons majestueux des orages, murmures des fontaines, je pouvais toujours vous entendre; clarté des cieux, tu frôlais toujours légèrement les bords de ma paupière. J'étais toujours à moitié dans les songes du temps. Rideau brillant des êtres, des éléments, de la nature variée, et infinie dans son admirable variété, tu n'étais pas entièrement levé devant moi.

« C'est au milieu de ces tumultes de mon esprit que j'arrivai en Égypte, où je racontai les prodiges qui ont signalé la fin d'Orphée.

« Tu l'as vu, Thamyris, me dit l'hiérophante, « Orphée, le grand Orphée a été sur le point de suc- « comber à l'importunité de son ennui. La douleur « l'a précipité dans la solitude, et la solitude avait « presque éteint en lui le flambeau du sentiment « social. Malheur à qui fuit les hommes! malheur « à qui veut être seul! Que l'exemple d'Orphée te « profite! Mais à lui du moins sa mission était finie. « Tout le bien qui devait être accompli par son gé- « nie était accompli. Et toi, Thamyris, tu as été « sur le point de te laisser aller au découragement, « quoique tu sois loin encore d'être quitte envers « les dieux et envers les hommes. Nous te l'avons « déja dit, les dieux se sont réservé l'initiation d'Or- « phée. L'état de misère et d'affaissement où tu l'as

« trouvé, sans doute était la dernière épreuve qui lui
« fût réservée sur la terre, et les dieux ont voulu le
« secourir, car les forts eux-mêmes ont besoin d'ap-
« pui, pour ne pas être vaincus dans une lutte aussi
« terrible. L'historien des actes écrira dans les dip-
« tiques des Pyramides la pensée qui fut pour Or-
« phée l'inspiration de sa mort prochaine, parce-
« qu'elle avait été l'inspiration de toute sa généreuse
« vie, qui survécut à ses autres pensées, parcequ'elle
« les contenait toutes, la grande et noble pensée
« d'une législation morale, universelle pour le genre
« humain. Et maintenant que l'homme divin a subi
« la dernière, la vraie initiation, celle dont la nôtre
« n'est qu'une image imparfaite, celle qu'il lui a été
« donné d'entrevoir à son moment suprême, l'initia-
« tion de la mort, vie véritable, procédons à son
« apothéose, signe sacré pour les peuples. Qu'il
« prenne place dans les rituels égyptiens avec Osi-
« ris, Brahma, Triptolème, l'Hercule thébain,
« Bacchus, Thot, l'éloquent Ogmius, Garanus,
« qui est l'Hercule latin. »

« Puis, élevant la voix, l'hiérophante ajouta :
« Sages de l'Égypte, sages des Pyramides, vous
« vous êtes investis du droit de juger vos rois, de
« juger les grands hommes; mais vos jugements
« sont pour l'instruction des peuples, et vous les
« prononcez à la mort seulement de ceux qui en

« sont l'objet. La haute sagesse dont vous vous êtes
« rendus les organes vous donne bien d'autres
« droits encore. Il vous appartient aussi de juger
« même les rois étrangers, dont la main vivante ne
« s'est pas dessaisie du sceptre, attribut redoutable
« du pouvoir ; il vous appartient enfin de juger les
« dynasties royales de toutes les contrées de la terre.
« Sages des Pyramides, je le dis en présence du
« vieillard hébreu, il est assis parmi nous, pour
« nous entendre, pour nous communiquer ses lu-
« mières ; mais, nous le reconnaissons, nous n'avons
« aucune direction sur son peuple, qui fut notre
« esclave, qui a vécu parmi nos hiéroglyphes ; ses
« destinées, même dans ce temps, étaient restées
« indépendantes de nous. Dieu s'est déclaré le chef
« de son peuple, et nous n'avons point à examiner
« la conduite d'un tel chef. Lorsque ce peuple aura
« voulu être gouverné comme les autres nations,
« alors peut-être nous nous reconnaîtrons le droit
« de juger aussi ses rois. Hérauts de nos jugements,
« que les dynasties royales soient citées à notre
« tribunal auguste. Condamnons celles qui ont mé-
« connu l'énigme de l'homme, méconnu les progrès
« de l'intelligence humaine, méconnu les trans-
« formations sociales. Sages des Pyramides, vous le
« savez, nos sentences idéales restent enfermées
« dans nos souterrains. Nous ne faisons que voir,

« nous n'agissons point. Notre arrêt n'est donc
« qu'une manifestation de ce qui est, la pensée réa-
« lisée par la parole. Nous cherchons à voir la pen-
« sée avant qu'elle soit devenue un acte; et voilà
« toute notre science de l'avenir. Nous n'arrachons
« point le sceptre à des mains trop faibles pour le
« porter; seulement nous le saisissons au moment
« où il est près de leur échapper, et nous élisons
« d'avance celui en qui réside la force, celui qui a
« le sentiment des destinées nouvelles. Faibles dy-
« nasties, nous ne pouvons vous soutenir, nous vous
« laissons tomber. Qu'un prêtre lise le livre de Thot,
« où sont contenus les devoirs des rois, où sont
« expliquées les éminentes prérogatives des dynas-
« ties royales. »

« Un prêtre lut le livre de Thot. A chaque maxime du livre, le prêtre s'arrêtait un instant, et l'ancien des vieillards prononçait l'anathème contre le roi dont la conduite n'était pas conforme à la maxime. Il en fut de même pour les dynasties : à leur égard, les jugements sont de deux sortes. Les uns portent contre les dynasties dont la sève est épuisée comme les vieux chênes de Dodone lorsqu'ils n'ont plus la vigueur fatidique; les autres, contre celles qui ont cessé d'être en harmonie avec leurs peuples, car une dynastie est le principe social lui-même indi-vidualisé et personnifié; dès que le principe social change, il semble que la dynastie doive changer en même temps. C'est à cette source que l'on trouve la raison des apothéoses, ainsi que l'explication de ce précepte mythique : Il faut que l'initié tue l'initiateur. Les derniers jugements ne flétrissent point; ils sont l'expression fatale d'une loi cosmogonique.

« Ici, Évandre, me fut dévoilé le secret de cette grande loi :

« A chaque révolution de l'univers préside une
« dynastie divine. A Uranos succède Chronos, que
« l'on nomme Saturne; à Saturne Jupiter. Et les
« emblèmes de ces révolutions sont des emblèmes
« de violence. Le règne de Jupiter c'est le règne
« précurseur du monde civil. Maintenant que la
« demeure de l'homme a été préparée; maintenant
« que la terre labourée par les volcans, ou desséchée
« après de vastes inondations, s'offre à la culture
« de l'homme, il faut que l'homme gouverne.
« Le temps des dynasties d'hommes est donc venu.
« Mais aux révolutions du globe succèderont les
« révolutions des empires; aux révolutions physiques
« succèderont des révolutions morales. A ces
« révolutions aussi présideront des dynasties d'hommes;
« il est temps que le cours de l'humanité commence,
« et qu'elle travaille à sa propre cosmogonie.
« Ainsi, Thamyris, continua le prêtre, les révolutions
« générales du monde sont un emblème, et

« en quelque sorte une prophétie hiéroglyphique
« des révolutions des sociétés humaines. Quant à la
« terre d'Égypte, contrée privilégiée entre toutes
« les autres contrées, image et type de l'univers;
« quant à la terre d'Égypte, nous te l'avons déja
« fait remarquer, elle a conservé dans son sein la
« variété de toutes les formes sociales. Ce n'est ni par
« nécessité, ni par choix, que nous avons admis
« une telle diversité d'institutions, qui représentent
« chacune un des grades progressifs de l'initiation
« humaine : cette diversité, dans son harmonieux
« ensemble, est pour nous l'ordre même de la
« nature. Les hommes qui ne se trouvent pas au
« niveau de l'état social où ils sont placés, nous
« pouvons les envoyer habiter un nome moins
« avancé dans les hiérarchies des formes; ceux, au
« contraire, qui s'élèvent au-dessus de ce niveau,
« sont admis à faire partie d'un nome plus élevé.
« Thamyris, de tels avantages ne peuvent pas ap-
« partenir à tous les peuples. Ils sont obligés de
« supporter, dans leur propre sein, la division des
« classes, selon la diversité des facultés humaines;
« et encore, pour rétablir une harmonie qu'ils sont
« sans cesse menacés de perdre, doivent-ils trop
« souvent avoir recours à la ressource flétrissante
« des asiles, ou au moyen cruel des printemps sa-
« crés. Thamyris, ces tristes preuves de l'imperfec-

« tion sociale ne disparaîtront que lorsque le vœu
« d'Orphée mourant sera accompli. Les dieux seuls
« savent par combien de guerres et de séditions il
« faudra passer avant d'arriver à ce que vous appe-
« lez l'isonomie. Au reste, le développement sans
« doute n'est qu'à ce prix. »

« Telles furent, Évandre, les explications que l'on crut pouvoir me donner.

« Alors j'assistai à un beau spectacle; alors furent prononcés les jugements sur l'Assyrie, sur les états de l'Orient, sur Priam : nous sommes arrivés à une époque de rénovation, à une nouvelle ère de l'esprit humain; et nul ne peut régner s'il n'a reçu le sentiment des destinées futures. Alors me fut donné l'ordre de me rendre auprès de vous, Évandre, vous le plus juste des hommes, vous le dernier des rois pasteurs. Et je suis venu, non pour vous précipiter du trône, mais pour vous annoncer que votre trône ne pouvait plus subsister; je suis venu enfin pour vous engager à recevoir les débris de Troie.

« Quand tous les jugements furent prononcés, l'ancien des vieillards dit: « Nous n'envoyons point
« de hérauts proclamer parmi les peuples de la
« terre de spéculatifs arrêts. Nous les rendons pour
« signaler une loi de la Providence, et nous laissons
« à la Providence le soin de faire exécuter une loi

« fondamentale des sociétés humaines. Toutefois
« nous sommes attentifs. Lorsqu'une dynastie est
« dépouillée de ses hautes prérogatives, une autre
« s'élève en silence, et nous la cherchons. Les dieux
« ont daigné gouverner eux-mêmes l'Égypte, l'aînée
« des nations, et ils l'ont gouvernée long-temps;
« mais lorsqu'ils ont voulu confier la puissance aux
« mains des races mortelles et douées de responsa-
« bilité, ils ont marqué la race choisie à des signes
« qui nous l'ont fait reconnaître. Le monde en ce
« moment est dans un état de mutation. Le vieux
« serpent quitte ses anciennes écailles pour se ra-
« jeunir. Des sociétés nouvelles se forment, d'au-
« tres s'avancent vers un siècle dont il n'est pas facile
« d'apprécier le génie naissant. Les cosmogonies gé-
« nérales nous montrent des changements de dieux
« pour les âges critiques du monde; les cosmogonies
« secondaires nous montrent des changements de
« dynasties pour les âges critiques des différents
« peuples : tout manifeste la grande forme de l'iden-
« tité et de l'analogie. Le chêne d'Assaracus, déraciné
« en Asie, va refleurir dans le Latium. L'initiation
« cabirique a rajeuni une branche détachée de ce
« tronc vénérable. Les Héraclides croissent pour
« l'avenir de la Grèce. La race des Atlantes n'a fini
« qu'avec l'engloutissement des contrées où elle ré-
« gna. Une dynastie ne peut tomber sans ébranler

« le monde. Nous aussi nous allons changer la race
« de nos rois. Les dieux ont frappé de stérilité celui
« qui vient de mourir; Théoclymène n'a point
« laissé de fils. Mais les prêtres se sont saisis du
« sceptre; ils ne le donneront qu'après les épreuves
« convenables. C'est ainsi qu'en agissent les Dactyles
« de la Crète, les Curètes de la Phrygie. »

« Pour vous, Thamyris, ajouta l'ancien des vieil-
« lards, votre devoir est marqué par tout ce qui
« vous a été communiqué, par tout ce que vous
« ont appris vos propres progrès; allez annoncer le
« sien au roi Évandre.

« Mais auparavant soyez attentif une dernière
« fois à un résumé de nos doctrines sur les sociétés
« humaines.

« C'est dans la lutte de l'immobilité et du mou-
« vement, du principe stationnaire et du principe
« progressif, de la fatalité et de la volonté, de la vie
« universelle et de la vie ayant la conscience de soi;
« c'est dans cette lutte, plus ou moins extérieure,
« plus ou moins intime, que les empires s'élèvent
« et succombent. Voilà pourquoi des collèges de
« prêtres, des castes, des sages, tendent à empêcher
« cette lutte; voilà pourquoi Prométhée fut confiné
« dans la Scythie, lieu du silence, pourquoi il fut
« lié sur les sommets du Caucase. La voix que vous
« entendîtes naguère parmi nous, voix de sinistre

« augure, vous ne l'entendez pas aujourd'hui ; elle,
« à son tour, est réduite au silence.

« Thamyris, les empires naissent, s'élèvent et
« succombent ; mais quelles que soient les vicissi-
« tudes des peuples, des nations, ces vicissitudes
« ont des lois certaines, et en même temps incon-
« nues. La race humaine court sans s'arrêter, par
« des voies lumineuses et obscures, à l'accomplis-
« sement d'un grand dessein que nous ignorons.
« Nous savons seulement que nul obstacle ne peut
« arrêter son développement dans les siècles.

« Vous en avez été instruit par nous, Thamyris,
« tout a une raison d'être avant d'être ; l'évolution
« du développement n'apparaît que lorsqu'elle se
« dégage de l'enveloppement cosmogonique.

« La Providence voulut que la vie d'Orphée fût
« tissue des deux principes qui désormais doivent
« faire la vie des sociétés humaines ; il faut que celle
« d'un grand peuple en soit tissue à son tour.

« Romula est le nom que nous donnons à la rai-
« son d'être de ce peuple futur ; et ce peuple hâtera
« l'évolution des destinées de l'Occident.

« Les druides, derniers héritiers du principe sta-
« tionnaire et fatal, seront chassés par lui de la ré-
« gion anté-lunaire : c'est ainsi que nous désignons
« toute contrée où la hache a respecté les arbres
« antiques, et où les douces clartés de la lune n'ont

« pu pénétrer encore la sombre et mystérieuse hor-
« reur de forêts terribles.

« Mais ce qui est en puissance d'être sera un jour
« en déclin ; où commence la vie commence aussi
« la mort.

« Lorsque le temps sera venu, la raison d'un au-
« tre principe sera manifestée, qui sera d'abord en
« puissance d'être, puis en acte. Le monde aura un
« nouveau maître que les illuminations de l'heure
« suprême ont montré à Orphée, lorsqu'il voyait
« tous les peuples n'en faisant qu'un.

« Ainsi le mouvement cosmogonique, ainsi l'évo-
« lution progressive, se transmettent et se perpé-
« tuent.

« Thamyris, retenez donc bien ce nom de Ro-
« mula, nom incommunicable et sacré, pour le
« déposer dans l'oreille du roi Évandre, du roi sorti
« de la région anté-lunaire. »

Les récits fameux du chantre aveugle sont finis. Évandre connaît la dure loi qui lui est imposée; mais après avoir été exilé de la région anté-lunaire, sera-t-il condamné à transporter dans d'autres contrées ses pénates fugitifs? devra-t-il sur la fin de sa carrière tenter une nouvelle initiation de l'humanité? « Il y a, dit-il, dans les traditions de Saturnie
« une sève toute vivante, destinée à pousser des

« fruits éternels. La savante Égypte, ainsi que vous
« me l'avez expliqué, Thamyris, renferme en elle
« toutes les diverses formes sociales, comme le na-
« vire Argo, sous la conduite de Jason, le roi juste,
« contenait des héros appartenant à toutes les classes
« civiles; car, vous le savez, ce navire mystérieux
« est un noble emblème des sociétés humaines.
« Toute terre, sitôt qu'elle cesse d'être soumise aux
« puissances cosmogoniques, sitôt que l'homme se
« l'est assimilée par la culture, ressemble aussi à
« l'Égypte et au navire Argo. Dès ce moment il y a
« une loi progressive pour les ordres et pour les
« classes. Ainsi donc mon initiation est plus avancée
« que vous ne l'avez cru; et vous-même avez contri-
« bué à mon avancement, au-delà peut-être de ce
« qui vous était prescrit. Je n'ai pas seulement as-
« sisté aux cérémonies augustes, cachées dans les
« bocages terribles du Capitole, j'ai été admis à
« celles de Riéti, à celles qui se pratiquent sur les
« bords du lac de Cutilie. J'ai étudié avec vous les
« doctrines profondes de la foudre et de l'aruspicine.
« J'ai vu naître Tagès du sillon. Mais sur-tout, je
« dois vous le dire, pour vous faire comprendre à
« quel point les pensées émancipatrices d'Orphée
« sont loin d'être mûres parmi nous, j'ai conversé
« avec Mézence, vir bienfaisant dont vous ne con-
« naissez l'histoire que par les récits calomnieux des

« Lucumons, rois inexorables de l'Étrurie. Mézence
« a voulu réunir par un même lien ceux qui appar-
« tiennent à des classes différentes ; il l'a voulu en
« vain, et il a été accusé d'avoir attaché ensemble
« les vivants et les morts. Sylvain, qui est le Typhon
« italique, rôde sans cesse autour de nos habita-
« tions, attiré par le vagissement des nouveau-nés.
« Pour calmer sa faim dévorante, on lui donne les
« enfants issus d'unions contractées sans la solen-
« nité des augures. Vous m'avez parlé du grand
« Ulysse, héros plébéien, qui en ce moment subit
« des épreuves au-dessus de ses facultés primitives.
« Il n'y résistera point, puisqu'il n'a pu conserver
« dans ses mains l'outre de l'éternité, puisque lui-
« même s'est déclaré client d'un cyclope. Il est vrai
« qu'il a tué le cyclope; mais ce meurtre n'effacera
« ni la tache de sa naissance obscure, ni celle dont
« il a consenti d'être marqué. Calypso a ébranlé sa
« force, Circé l'a fait chanceler; Halé, magicienne
« d'Étrurie, lui portera le dernier coup; il mourra
« sans avoir accompli sa transformation, c'est-à-
« dire sans pouvoir se dépouiller de sa nature dou-
« teuse. Le lit-fundùs, qu'il croyait avoir conservé
« sur le rocher d'Ithaque, est convoité par toutes
« les classes civiles de son aride royaume; et ces
« classes, selon qu'elles seront plus ou moins avan-
« cées dans la carrière de l'initiation sociale, fini-

« ront peut-être par vaincre la pudique résistance
« de l'épouse délaissée. Des oracles disent que Pan
« doit naître de la matrone habile dans l'art des tis-
« sus. Thamyris, ce nom de Pan, si je pénètre bien
« le sens de l'oracle, a une signification qui se rap-
« porte à l'ensemble des classes de la cité. Enfin,
« Thamyris, il aura été peu profitable à Ulysse de
« s'être emparé par ruse du bouclier d'Ajax, de ce
« bouclier qui était une genèse. Énée que vous m'an-
« noncez de la part des prêtres de l'Égypte, Énée
« sera-t-il plus heureux ? lui sera-t-il donné de con-
« quérir légitimement le bouclier de la genèse ? »

Puis continuant son discours, « Thamyris, dit-il,
« vous avez pu remarquer sept collines qui s'élè-
« vent sur ce sol prophétique. Elles seront un jour
« réunies dans une même enceinte. Sur une de ces
« collines se trouvent sept tertres qui figurent sept
« petites collines; elles sont le hiéroglyphe des vé-
« ritables collines, et elles portent chacune l'em-
« preinte sacrée et indestructible d'un ordre de
« choses différent. Un devin d'Atys-Janus a com-
« posé le thème fatal de ces collines hiéroglyphi-
« ques, symboles de la ville éternelle. Le prêtre-serf
« d'Aricie, ce prêtre parvenu au sacerdoce par le
« meurtre du serf qui desservit avant lui les autels
« de Diane farouche, comme à son tour il périra
« par les mains d'un autre serf, de celui qui, à ce

« prix, lui succèdera dans le même sacerdoce, le
« prêtre-serf d'Aricie a assisté aux conjurations que
« le devin a faites pour établir le thème fatal de la
« reine future des nations. Me sera-t-il enjoint,
« Thamyris, d'introduire dans de si nobles secrets
« cet échappé de l'incendie de Troie, à qui vous
« m'ordonnez de céder mon trône? Est-ce à lui que
« je dois révéler le nom incommunicable et sacré
« de Romula? et faut-il que je subisse en silence le
« sort qui est réservé au prêtre-serf d'Aricie? »

Thamyris allait répondre, lorsqu'une sibylle voyageuse se présente aux yeux des vieillards. Elle a recueilli dans sa mémoire les préceptes de la loimos : c'est au nom de Juno-Moneta, la muse latine, qu'elle demande à les chanter. Qui eût pu refuser d'entendre ce poëme sévère, expression majestueuse et jalouse, faite pour dompter et dominer tous les esprits? Le regard de la sibylle est ardent comme un brasier. D'une main elle agite un rameau de verveine; de l'autre elle arrache le réseau d'or qui retenait ses cheveux, et ses cheveux tombent en longues tresses sur ses belles épaules. Ses paroles font frémir. Paroles de la menace et du châtiment, il faut vous connaître pour savoir sous quel destin vont gémir tant de générations malheureuses!

« Écoute, commença-t-elle à dire, écoute, nature
« humaine, plie la tête sous le joug, plie la tête du-

« rant des temps, des siècles, des jours qui sont
« comptés, mais dont tu ignores le compte; plie la
« tête, car l'heure de l'émancipation promise par
« Orphée est loin, bien loin dans les profondeurs
« de l'avenir. Les Parques ont écrit la loi-mos en
« signes brillants, sur la bande zodiacale; elles l'ont
« gravée en caractères indestructibles sur la pierre
« antique du Caucase; elles l'ont inextricablement
« tissue dans la trame des générations humaines. »

Puis elle chanta les préceptes de cette loi, enfermés dans le rhythme heurté et sauvage du chêne et du rocher. Nous reconnaîtrons ici le droit cyclopéen, source du droit opique.

GENÈSE OBSCURE :

LE CHAOS.

GENÈSE LUMINEUSE :

LE MONDE,

L'ÊTRE.

AVANT QU'IL FUT

CETTE COURTINE ÉTINCELANTE

DONT LES RÉSEAUX,

CARRÉS HARMONIQUES,

MARQUENT LES DIVERSES RÉGIONS AUGURALES,

LE CIEL

ÉTAIT L'AMNIOS PRIMITIF.

LIVRE NEUVIÈME.

LES ESSENCES ET LES SUBSTANCES INTELLIGENTES
PRODUISENT SUCCESSIVEMENT
LES DIEUX,
LES DEMI-DIEUX, LES HÉROS,
LES VIRI,
LES INNOCENTS,
LES CRIMINELS.

LES AMES HUMAINES,
LORSQU'ELLES DESCENDENT LA PREMIÈRE FOIS
SUR LA TERRE,
VIENNENT DE SPHAÏROS.
JUPITER,
QUE L'ON NOMME OMBRIOS, PLUVIUS, TELEIOS,
LES PUISE DANS SES TRÉSORS COSMOGONIQUES,
ET LES ENVOIE HABITER LES CORPS.
LES AMES INNOCENTES
ANIMENT ÉTERNELLEMENT LES BRILLANTS OPÈS.
LES AMES CRIMINELLES,
POUR SE PURIFIER,
VONT S'ÉTEIGNANT ET RENAISSANT,
UN SIÈCLE PLUS OU MOINS LONG,
DANS LES CORPS MORTELS DES OBSCURS INOPÈS.

LE GÉNIUS DE LA FAMILLE
REPOSE SEULEMENT SUR LES OPÈS.
LES INOPÈS

ORPHÉE.

SONT PRIVÉS DU GÉNIUS.

LE SIGNE INCOMMUNICABLE DE L'OPS,
C'EST LA GLÈBE.
L'INOPS
NE PEUT AVOIR DE GLÈBE.

L'OPS A UN NOM,
L'INOPS EST SANS NOM.
L'OPS, EX-LEX OPTIMUS, A LE DON DE LA PAROLE,
COMME LES SIRÈNES;
IL A LE DON DE LA BEAUTÉ,
COMME LES GORGONES.
L'INOPS,
MUET DU MUTISME CIVIL,
DOIT FERMER L'OREILLE
AUX CHANTS MYSTÉRIEUX DES SIRÈNES.
IL EST DEFORMIS :
LA VUE DE LA GORGONE
NE PEUT QUE LE CHANGER EN PIERRE.

L'OPS A LE LIBRE ARBITRE;
L'INOPS EST SANS VOLONTÉ.
L'OPS EST SANUS;
L'INOPS EST INSANUS.

L'OPS A LA RES SACRA :

LIVRE NEUVIÈME.

L'INOPS
SAIT QU'ELLE LUI EST INTERDITE.

L'OPS EST L'INTELLIGENCE,
L'INOPS EST LE CORPS.
QUE L'INTELLIGENCE ET LE CORPS SOIENT UNIS :
DE LA
LE PATRONAGE ET LA CLIENTELLE.
QUE CE LIEN SOIT EXEMPT DE FRAUDE !
LA RÈS SACRA DU PATRON
S'EXPRIME PAR UN RITE EXTÉRIEUR,
QUI EST TOUTE LA RELIGION
DU CLIENT.

LES CÉRÉMONIES
QUI CONSACRENT L'UNION CONJUGALE
SONT UN EMBLÈME COMMÉMORATIF
DES MYSTÈRES COSMOGONIQUES ;
CAR L'UNION CONJUGALE ELLE-MÊME
EST UN MYSTÈRE COSMOGONIQUE.
MARQUE DU MARIAGE STABLE,
LE LIT NUPTIAL
DE CELUI QUI A LA GLÈBE ET LE NOM
EST ENRACINÉ DANS LE SOL.

L'OPS
EST LOCUPLÈS,

A RAISON DES TOMBEAUX URBIQUES;
HÉRÈS,
A RAISON DU FILIUS SUUS;
DIVÈS,
A RAISON DE LA RÈS SACRA DOMESTICA;
FORTIS,
A RAISON DU SACRIFICE A HORTA,
ACCOMPLI PAR SA MÈRE,
LORSQU'ELLE ÉTAIT SUR LE POINT D'ACCOUCHER;
DUBÉNUS,
A RAISON DE LA COMPROPRIÉTÉ,
D'ABORD AVEC SON PÈRE,
ENSUITE AVEC SON FILS;
OPULENTUS,
CAR IL RECONNAÎT OPIM, LA MÈRE STABLE,
NUMÈN FÉCOND, QUI A UN AUTEL
DANS TOUTE MAISON-OPS.

FRUX
SIGNIFIE FRUIT ET SEMENCE :
L'OPS EST FRUX.
L'INOPS EST FLOS, FLEUR.
LES FRUGI
ONT LA CAPACITÉ DU BIEN ET DU MAL.
LA CAPACITÉ DU BIEN ET DU MAL
EST INGÉNIUM.
LES OPÈS SONT INGÉNI.

LE GÉNIUS,
L'AME DE LA FAMILLE,
SE TRANSMET DANS LES INGÉNI.

LA MAISON-OPS EST ÆDÈS
POUR LE CLIENT :
C'EST LE TEMPLE
DE LA VESTA DOMESTIQUE.

LORSQUE TU ENTRES DANS UN TEMPLE,
ÉVITE D'EN TOUCHER LE SEUIL.
QUE LA NOUVELLE ÉPOUSE
FRANCHISSE, SANS LE TOUCHER,
LE SEUIL DE LA MAISON DE L'OPS ;
POUR ELLE
CETTE MAISON EST ÆDÈS.

LES NOCES JUSTES
SONT LES NOCES DE L'OPS ;
LES NOCES INJUSTES
SONT LES NOCES DE L'INOPS.
QUE L'INOPS,
SANS NOM ET SANS GLÈBE,
S'IL VEUT CONTRACTER LA NOCE INJUSTE,
EMPRUNTE A SON PATRON
UN NOM ET UNE GLÈBE.
QU'IL EMPRUNTE ÉGALEMENT

L'EMBLÈME DE LA VERTU DES INGÉNI.
LE PRÊT DU SIMULACRE,
DU NOM, DE LA GLÈBE,
NE PEUT
COMMUNIQUER LA FÉCONDITÉ CIVILE.

L'AUTORITÉ SUR LA CHOSE
VIENT
DE L'AUTEUR DE LA CHOSE.

LE FONDS EST LA PERSONNE
DE CELUI A QUI APPARTIENT LE FONDS;
C'EST LA TERRE
ASSIMILÉE A L'HOMME.
LE CLIENT
EST LA PERSONNE DU PATRON.

L'ESCLAVE
EST LA CHOSE DU MAÎTRE.

L'INOPS
EST MATIÈRE AUX SACRIFICES.
L'ESCLAVE NE L'EST PAS.

LES LIMITES DES RÉGIONS AUGURALES
SONT LES LIMITES
DE LA PROPRIÉTÉ CÉLESTE.

LIVRE NEUVIEME.

NUL N'A DE PROPRIÉTÉ SUR LA TERRE,
S'IL N'A UNE PROPRIÉTÉ DANS LE CIEL.

LE DROIT DU TOMBEAU
RÉSIDE DANS LA PROPRIÉTÉ.
EST EXCLUS DE TOUTE SÉPULTURE
CELUI QUI N'A PAS LA TERRE :
LA TERRE, C'EST L'HUMANITÉ.
L'INOPS,
SANS CAPACITÉ POUR AVOIR ;
S'IL N'EST CLIENT,
N'A PAS DE TOMBEAU.
QU'IL SOIT CLIENT,
POUR ÊTRE ENSEVELI
DANS LA SÉPULTURE DU PATRON.

LE PATRON MÈNE A LA GUERRE
SES CLIENTS,
QUI SONT SA PERSONNE.

L'OPS DÉFEND LA CITÉ.
L'INOPS DÉFEND LA VILLE.

L'OPS
CONCOURT AUX MAGISTRATURES JUSTES.
UNE BARRIÈRE ÉTERNELLE
LES FERME A L'INOPS.

L'INOPS,
POUR CONCOURIR AUX MAGISTRATURES INJUSTES,
LES SEULES AUXQUELLES IL PUISSE PRÉTENDRE,
EMPRUNTE A SON PATRON
LES SIGNES DE LA VERTU ;
PAR LUI-MÊME IL EST SANS CAPACITÉ.

EST PÈRE DE FAMILLE
CELUI SUR QUI REPOSE LE GÉNIUS
DE LA FAMILLE.
LE PÈRE DE FAMILLE EST ROI.
LA VOLONTÉ DU PÈRE DE FAMILLE
EST LOI.
CHAQUE FAMILLE
A SES LOIS, SES ANNALES, SES TRADITIONS.
LE PATRON DIT LES LOIS
EN VERTU DESQUELLES IL JUGE SES CLIENTS.

LE CLIENT
EST UN DÉBITEUR ÉTERNEL,
CAR IL EST PRIVÉ DE LA CAPACITÉ D'AVOIR.

QUE LE PÈRE
AIT DROIT DE VIE ET DE MORT
SUR L'ENFANT NÉ DE JUSTES NOCES.
L'UNION RÉPROUVÉE,
ENTRE DES NATURES DISCORDANTES,
EST UNE ODIEUSE PROMISCUITÉ.

LIVRE NEUVIÈME.

QU'AU MOMENT MÊME DE SA NAISSANCE,
POUR EFFACER L'OPPROBRE D'UNE FÉCONDITÉ SACRILÉGE,
L'ENFANT, MONSTRE CIVIL, ÊTRE DISHARMONIQUE,
SOIT PRÉCIPITÉ DANS LE TIBRE.

LE VIN CIVIL, NOMMÉ TÉMÉTUM,
EST INTERDIT A CELUI QUI N'EST PAS CITOYEN.
QUE CELUI-LA SOIT MIS A MORT
QUI BOIT INDUEMENT LE VIN CIVIL.

L'ASILE
NE DONNE AUCUN DROIT.
QUE L'AUTORITÉ SOIT ÉTERNELLE
CONTRE CELUI QUI N'A AUCUN DROIT.
LE PAIN DE PANDA,
QUI EST LE PAIN DE L'ASILE,
EST LE PAIN PROFANE :
QU'IL SOIT JETÉ A L'INOPS.
MAIS L'OPS BANNI,
S'IL VIENT A L'ASILE,
DOIT RECEVOIR LE MAZA,
QUI EST LE PAIN SACRÉ.
CELUI QUI EST PRIVÉ DU PAIN SACRÉ
EST AMAZONE,
ÉTRANGER A LA CITÉ, HOSTIS.

LES POUVOIRS SE SUCCÈDENT,

ET SONT SÉPARÉS PAR DES INTERRÈGNES.
LES HÉRITAGES
SONT SÉPARÉS PAR DES ESPACES VIDES.
QU'ILS SOIENT SACRÉS
LES ESPACES QUI SÉPARENT LES HÉRITAGES,
LES INTERRÈGNES QUI SÉPARENT LES POUVOIRS.

LA CITÉ
A LE SOUVERAIN DOMAINE.
LE PÈRE DE FAMILLE
A LE DOMAINE ABSOLU ET TRANSMISSIBLE.
L'HOSTIS
A LE DOMAINE TRANSITOIRE ET CONDITIONNEL.

L'IMPUNITÉ
EST UN DROIT QUI NE PEUT ÊTRE DÉFINI.
L'AME DE L'OPS, QUI A PRÉVARIQUÉ,
REVIENT, APRÈS SA MORT,
S'EXPIER AVEC LES AMES CRIMINELLES.
LA FACULTÉ
DE TRANSMETTRE LE GÉNIUS
LUI EST RETIRÉE POUR UN TEMPS.

LA RELIGION
SE MÊLE A TOUS LES ACTES DE LA VIE,
SOIT PUBLIQUE SOIT PRIVÉE ;
ELLE S'EXPLIQUE INITIATIVEMENT
PAR LE RITE DES AUGURES.

LIVRE NEUVIÈME.

LES AUGURES
SONT INTERDITS AUX PROFANES.
LE PATRON
PREND LES AUGURES
POUR SES CLIENTS.
AVANT DE PRENDRE LES AUGURES,
POUR LUI, OU POUR SES CLIENTS,
L'OPS
DOIT INTERROGER LES DIEUX.

LA SCIENCE FULGURALE
EST UN MYSTÈRE.

L'ARUSPICINE
EST UNE SCIENCE :
ELLE EST FONDÉE
SUR UNE GRANDE LOI COSMOGONIQUE,
LA DISTINCTION DES AMES.
DISTINCTION DES AMES,
DES DIFFÉRENTES PARTIES DE L'AME,
DES ORGANES
AFFECTÉS AUX DIVERSES AMES
ET AUX DIFFÉRENTES PARTIES DE L'AME,
TOUTES CHOSES
CELÉES AUX PROFANES.

LE CLIENT

QUI ATTENTE AUX JOURS DU PATRON,
OU A SA TERRE,
EST PARRICIDE.

QU'IL SOIT PUNI DE MORT
CELUI QUI FAIT DES MALÉFICES.
QU'IL SUBISSE LA PEINE DU FEU
CELUI QUI INCENDIE LES GERBES DE CÉRÈS.

L'ENSEMBLE D'UNE CITÉ ET D'UNE VILLE
EST L'IMAGE DE L'UNIVERS.
LA CITÉ EST LA VILLE SACRÉE,
LA VILLE EST LA CITÉ PROFANE.
LE NOM PROFANE DE LA VILLE
SE DIT A TOUS :
ANATHÈME ET MORT
A QUI PRONONCE LE NOM SACRÉ DE LA CITÉ.
CHAQUE CITÉ, CHAQUE VILLE,
SELON LES RITES DE SA FONDATION,
JOUIT DE FACULTÉS DIFFÉRENTES ;
AINSI L'HOMME,
SELON SA NAISSANCE.
TOUTE CITÉ, TOUTE VILLE,
RECONNAÎT DEUX FONDATEURS :
L'UN DIT LE NOM QUI EST LE FAIT,
L'AUTRE DIT LE NOM QUI EST LE DROIT.
LA LUTTE PRIMITIVE,

LIVRE NEUVIÈME.

ENTRE LE FAIT ET LE DROIT,
S'EXPRIME PAR UN MYTHE TERRIBLE :
C'EST UN FRATRICIDE,
QUI SE PERPÉTUE.

LES OPÈS SEULS FORMENT LE PEUPLE.

POUR LE RITE DES SÉPULTURES,
IL FAUT SAVOIR
QUE L'OR EST LE SYMBOLE DE LA PAROLE,
QUE LES DENTS
SONT LE SYMBOLE DE L'ÉTERNITÉ.
UN TOMBEAU
A DEUX ADYTES SÉPARÉS ;
L'UN EST LE CIEL, L'AUTRE EST L'ENFER.

LA GRANDE FONCTION DES CLIENTS
EST D'AJOUTER A LA POMPE DES FUNÉRAILLES
DU PATRON.
PLEBS,
MOT TRISTE ET FUNESTE,
SIGNE D'UNE ANTIQUE DÉCHÉANCE ;
IL DIT :
PLEUR, DEUIL, GÉMISSEMENT.

Tels furent les chants de la sibylle voyageuse.
« Eh bien ! dit Thamyris, croyez-vous, Évandre,

« que la plebs gémissante doive mener éternelle-
« ment le deuil? croyez-vous qu'éternellement elle
« doive être privée de la responsabilité de ses ac-
« tions, qu'éternellement elle doive rester inhabile
« à la vertu? Cette loi-mos, dont nous venons d'en-
« tendre les fiers préceptes, cette loi qui paraît in-
« destructible, finira par s'atténuer, et par être
« abolie. L'inops voudra devenir ops; l'insanùs,
« sanus; le flos, frux. Le nexùs de l'auctoritàs se re-
« lâchera. L'être déchu redeviendra siremps. L'in-
« telligence pénètrera les corps. La lutte du fait et
« du droit deviendra la loi du progrès. Prométhée
« apporta sur la terre la capacité du bien et du mal;
« Orphée apporta la guérison de l'infirmité qui
« résulta d'un trouble dans les facultés primitives.
« Évandre, avant l'arrivée du prince guerrier qui
« vient avec les pénates de Troie, nous devons éle-
« ver un monument à Prométhée; nous devons éle-
« ver un autre monument à Orphée. Sans doute à
« la même place un jour on verra les statues de ces
« deux héros de l'humanité. »

Toutefois Évandre, plein d'une amère tristesse, ne pouvait s'abstenir de pleurer la courte destinée de son fils, qui ne régnera jamais sur les peuples du Latium.

FIN DU LIVRE NEUVIÈME ET DERNIER.

ÉPILOGUE.

ARGUMENT

DE L'ÉPILOGUE.

Tout ce qu'il y a de beau dans les travaux de l'homme; tout ce qu'il y a de hardi, même de téméraire, il le doit à un ensemble d'efforts, à un concours de forces rendues unes par une unité intelligente.

Les animaux réunis en société exécutent un travail commun à tous par le concours d'actes semblables; mais l'homme, par le concours d'actes divers. L'unité pour l'homme est dans l'homme même; pour les animaux, elle est dans l'Auteur des choses, dans Dieu.

Les animaux ne conçoivent pas la pauvreté de leur existence; ils sont privés de la conscience de leur misère.

Les anciens avaient sous les yeux la condition des esclaves, qui était pour eux une grande preuve de la puissance du destin.

Les parias de l'Inde présentent le même exemple et la même preuve.

Les serfs du moyen âge apparaissent pour montrer que le destin n'est pas complétement vaincu par l'émancipation chrétienne. Les hiérarchies de vassalités reconstruisent les clientelles successives.

L'esclavage s'est même perpétué malgré la loi chrétienne.

Au fait, l'histoire nous montre l'humanité soumise à une gradation de facultés qui est en elle-même, et qui va de la condition la plus nulle et la plus dépendante à la condition dont la puissance s'élève jusqu'à l'impunité.

Tout au bas de cette échelle de l'humanité, il y a consentement. La créature humaine la plus infime, avant l'idée de son évolution, consent à son infimité, du moins ne cherche pas à en sortir.

Et successivement les autres classes consentent à l'inégal partage des facultés, à leur dépendance, à leur subordination réciproque.

Il vient un moment où toute cette harmonie du destin éprouve un trouble général : c'est le moment où le sentiment de soi vient à pénétrer au sein des hiérarchies sociales.

Alors la conscience produit la responsabilité dans les classes inférieures, la dignité est réclamée par les classes intermédiaires, et les classes supérieures se trouvent dépouillées peu à peu de l'impunité.

Puis le travail social recommence pour arriver à un nouveau partage des facultés humaines, et le destin se retire successivement.

Le don de la capacité du bien et du mal, en d'autres termes, le don de la conscience ou de la responsabilité est le feu dérobé au ciel par Prométhée, et c'est ce feu du ciel qui sépare l'essence humaine de l'essence animale.

Or il fallait que l'homme fît la conquête de ce feu, et il fallait que cette conquête fût le prix d'une grande expiation, car il est dit que ce fut un larcin.

Voilà ce que les prêtres de l'Égypte ne pouvaient expliquer à Thamyris; voilà ce que Thamyris à son tour ne pouvait expliquer à Évandre : j'étais donc obligé d'intervenir pour faire dire à ma fable ce qu'elle contient en effet.

Les animaux n'ont la faculté ni de ravir ni de recevoir le don de Prométhée, le don du feu, emblème de la capacité du bien et du mal, de la responsabilité. Ils sont ce qu'ils sont.

Ils n'ont point de passé, parcequ'ils n'ont point d'avenir.

Les abeilles observées par M. Huber ne s'inquiètent point de ce que furent les abeilles d'Aristée.

L'homme est donc une essence à part.

Le genre humain prend donc en lui-même la loi continue et palingénésique de son développement. Il est donc à présent ce qu'il fut à l'origine, c'est-à-dire au moment qui suit le moment mystérieux où nous commençons à l'apercevoir sortant de l'horizon du dogme, au-delà de l'horizon du mythe.

Il est donc identique à ce qu'il fut : telle est la raison pour laquelle le passé lui appartient au même titre que le présent et l'avenir; telle est encore la raison pour laquelle sa pensée créatrice s'exerce en liberté, même sur les faits accomplis, non seulement pour en tirer des instructions, mais pour en reconstruire l'idée par une faculté en arrière analogue à la prescience, et qui nous fait comprendre la prescience divine.

Quelle étendue dans la prérogative humaine, puisqu'il lui est donné de tuer le destin des temps passés, et de lui infliger la Providence!

L'esprit humain se rappelle ce que lui-même a fait dans un autre temps, en vertu des lois qui le font agir dans ce temps.

Voilà comment nous sommes parvenus à reculer le christianisme jusqu'aux âges cosmogoniques.

Voilà comment l'homme participe à la création, tellement que sa puissance n'est pas même bornée par les faits accomplis, puisque nous y découvrons l'idée qui les fit accomplir, puisque nous les refaisons d'après l'idée lorsque le fait et l'idée ne sont pas d'accord.

Cette faculté analogue à la prescience est donc successive, au lieu que la prescience divine est immuable et éternelle.

Ainsi nous arrivons à cette conclusion que l'homme achève le monde où il agit, et qu'il est, par cela même, une puissance de ce monde.

La défaite du destin ne saurait être plus complète.

Les siècles antérieurs à l'humanité actuelle sont condensés dans une formule algébrique toute merveilleuse: c'est le dogme de la déchéance et de la réhabilitation.

L'ombre auguste de ce dogme est projetée sur toutes les traditions générales du genre humain.

Cogitationes antiquas fideles. Amen. Is., XXV, 1.

L'humanité, un peuple, une race, un homme, sont une même chose, une chose identique. C'est ce qui rend les personnifications si naturelles au génie de l'antiquité. De plus, elles indiquent le fait primitif de la division de l'homme universel, et l'homme universel faisant un effort pour se reconstruire. Ainsi les hommes individuels cherchent à refaire l'homme collectif. Les hommes veulent reconstruire l'homme. Le travail et la souffrance ne leur coûtent rien pour une si grande tâche.

La perfectibilité est donc la reconstruction de l'être.

ÉPILOGUE.

C'est ainsi que je cherchais à démêler quelques uns des anneaux qui forment la chaîne des traditions; c'est ainsi que ma pensée s'efforçait de s'identifier avec la pensée primitive, et que j'essayais de m'acclimater dans le passé; c'est ainsi que, voulant pénétrer tout à-la-fois le sens intime et la forme extérieure des croyances antiques, suivre leurs transformations successives, réaliser pour moi leurs divers modes d'assimilation chez les individus et chez les peuples, mon esprit se plongeait à plaisir dans une palingénésie antérieure; c'est ainsi enfin que le sentiment du passé devenait le sentiment de moi-même.

J'ai invoqué toutes les muses; et la muse chrétienne, qui m'a entendu, a compris que c'était à elle à me répondre. Sibylle de la vérité, elle n'a pu ignorer que je cherchais la vérité. Elle a donc daigné me conduire, comme par la main, et, j'oserai dire, presque à mon insu. Elle seule a la clef qui ferme et qui ouvre; et elle n'a pas craint de visiter avec moi les mystères de la gentilité.

Ces mystères, les oracles par lesquels ils furent contraints de s'expliquer, ne sont pour elle, n'ont été pour moi, grace à sa vive lumière, que l'expression voilée d'une loi éternelle, irréfragable, la loi des sociétés humaines.

La division de l'homme universel est marquée dans la Bible, qui pour nous est la Genèse du genre humain; et chaque peuple primitif a sa Genèse, qui se rattache à la Genèse primordiale. Il s'agirait ici de comprendre ce que fut l'Énos de la Bible; et nous savons seulement qu'à ce fils de Seth commence une division typique dont l'effet se perpétue : c'est à lui en effet que l'on sent le principe du Médiateur, entrant pour la première fois dans la composition des destinées humaines. Dès-lors le genre humain est partagé en initiables et initiateurs. N'oublions jamais que la déchéance et la réhabilitation toujours sont un même décret divin.

La division de l'homme universel se manifeste d'abord par la division des sexes. Voilà ce qui explique pourquoi dans la gentilité la division des sexes fut assez souvent un emblème des classes sociales.

De plus, dans toutes les législations antiques, on trouve les hommes classés selon la division des facultés humaines.

De plus, aussi, la propriété, chose morale et sacrée, qui n'est pas le prix de la force, mais un don de Dieu, et ceci est une loi tout-à-fait primitive, la propriété est soumise à la même classification.

De plus, enfin, les mœurs générales, dans chaque temps et dans chaque lieu, lorsqu'elles existent, sont formées sur cette échelle, qui devient en quelque sorte une échelle d'organisations distinctes entre elles. Dans cet état, on aperçoit à peine, au bas de l'échelle, des créatures humaines que l'on ne compte pas, parcequ'elles sont absolument en dehors des mœurs générales.

Voilà pourquoi la grande promotion, la promotion successive et graduelle, est la conquête de la responsabilité, de la connaissance de soi-même, de la conscience.

De là l'emblème du miroir dans les sanctuaires de l'Égypte.

De là encore la célèbre maxime du temple de Delphes : « Connais-toi toi-même. »

L'introduction dans les mœurs générales de ceux qui en étaient exclus par la loi impitoyable des castes ou des classes finit par produire le droit commun.

Les barrières des castes, des classes, des ordres, s'abaissent, la propriété s'affranchit.

Quoi qu'il en soit, la faute avait fait l'institution

des classes; et la rédemption, qui est contemporaine de la faute, produisit l'initiation des classes, les unes par les autres. C'est là vraiment le christianisme que j'oserais nommer cosmogonique.

L'abolition des classes et l'affranchissement de la propriété sont le résultat du christianisme évolutif.

Le christianisme antérieur a eu ses prophètes dans la gentilité.

Orphée, d'après ma fable, serait ops et inops, initiateur et initiable, c'est-à-dire réunissant les deux natures que la déchéance et la réhabilitation avaient fait séparer dans l'origine.

Lorsque Orphée fut en pleine possession de la responsabilité, il fut sur le point de succomber. Telle est la cause de ses éblouissements sur la montagne de Dia, où il déposa sa dépouille mortelle : le temps était venu pour lui d'une autre lumière. Il fut abymé un instant au sein de l'universalité des choses : dans les idées des anciens, la folie était sœur de la divination.

Je vais continuer à suivre la chaîne magnétique des traditions; je la suivrai non dans la série des événements extérieurs du genre humain, mais dans la série des événements secrets de l'esprit humain. Ces deux séries sont toujours parallèles l'une à l'autre.

ÉPILOGUE.

Le fait cosmogonique romain sans doute n'a pas été complétement mis en évidence par moi : mais j'ai peut-être montré de loin le nuage mystérieux dont toutes les origines restent enveloppées.

Nous le verrons mieux lorsque nous pourrons le suivre dans son évolution successive et gigantesque. Les conséquences aperçues aident à deviner les principes inaperçus.

Nous nous sommes approchés de la région idéale où le mythe et l'histoire sont choses identiques. Nous allons faire quelques pas de plus dans cette carrière; et nous verrons, sans nous décourager, l'horizon des origines se reculer devant nous.

Nous pouvons soupçonner à présent comment est née cette constitution patricienne, si forte, si énergique, si puissante. Elle n'a point été importée par la conquête, ni imposée par la force; c'est quelque chose de bien plus irrésistible, et en même temps quelque chose de bien majestueux : c'est un décret divin.

Remarquons, pour notre haute instruction, que nous retrouvons ici un témoignage de la déchéance de l'homme, de cette déchéance antique, racontée dans toutes les annales poétiques et historiques. Nous en poursuivrons la preuve dans les replis les plus profonds de l'institution romaine primitive.

Oui, par-tout l'humanité se présente à nous

comme ayant subi, dans son essence même, une grande altération.

Cette altération immense et intime fut considérée, par la croyance unanime des peuples, comme une maladie qui devait avoir un terme, et pour laquelle ils n'ont jamais cessé d'invoquer des guérisseurs.

Orphée fut un de ces guérisseurs; et, dans les catacombes des premiers chrétiens, Jésus-Christ lui-même fut représenté quelquefois avec les attributs d'Orphée.

Caton écrivait que les lois furent d'abord dites morès.

La loi-mos que la sibylle voyageuse chante devant Thamyris et Évandre est l'aïeule de la loi des XII Tables.

Un jour cette loi des XII Tables nous fournira des textes analogues. Le mot siremps, expression solennelle, quoique détournée de son sens antique, nous racontera l'espérance, jamais perdue, du retour à la santé, du retour à l'unité d'essence; la pensée de la restitution de l'être a été cachée sous différents voiles, jusqu'au moment où elle a paru dans sa magnifique réalité.

Prométhée et Orphée, dès les temps les plus reculés, ont eu chacun une statue sur les collines de Rome. On eût dit que les images de ces deux

ÉPILOGUE.

emblèmes de l'émancipation devaient assister aux développements du germe fécond dont ils furent crus dépositaires.

Prométhée, c'est le génie personnifié de l'Occident : le Capitole redeviendra le Caucase.

Parviendrons-nous à voir plus tard les destinées du peuple romain, comme celles d'un seul homme, se développer dans une série d'épreuves et d'initiations, n'arriver à un degré qu'après avoir franchi le degré précédent, rétrograder lorsque l'épreuve aura été au-dessus des forces de l'adepte ?

Comment Rome a-t-elle été élevée dès l'origine au rang de ville éternelle, car ce nom est celui d'un grade ? Les villes éternelles, qui étaient les villes sacrées, pouvaient seules avoir un asile.

Ogygie fut le nom sacré de Thèbes, comme Romula ou Valentia fut le nom sacré de Rome.

Remarquons toutefois qu'Ogygie fut un nom générique. Orphée a dit dans ses hymnes : La loi est céleste ; Ogygie est le sceau du juste.

Montesquieu s'étonne du rare bonheur qu'eut Rome d'avoir été gouvernée d'abord par sept rois qui, dit-il, furent tous de grands hommes.

Ils sont bien plus que des grands hommes, puisqu'ils sont des personnifications.

Plusieurs empires anciens eurent également sept personnifications pour premiers rois. Rome, du moins cela me paraît ainsi, Rome est la dernière ville de l'ancien monde civil qui ait revêtu cette forme primitive, si semblable à une loi générale. Aussi, pour elle, ces personnifications sont-elles en même temps historiques et mythiques.

Le calendrier contient toujours l'histoire génésiaque d'un peuple; et cette histoire génésiaque finit par être le calendrier lui-même.

La Théséide fut un poëme astronomique.

Toutes les Argonautiques furent des poëmes du même genre.

C'est que les emblèmes religieux et les emblèmes sociaux sont unis dans le ciel.

Le christianisme, loi générale du genre humain, n'a fait que revêtir cette forme générale de l'humanité; le savant Dupuis aurait dû reconnaître à ce signe la vérité du christianisme.

Au point où nous sommes parvenus, il est permis de dire que l'institution romaine primitive est en même temps le dernier anneau de l'Orient et le premier anneau de l'Occident.

Mais hâtons-nous de voir que, dans cette institution aussi, tout est en puissance d'être avant de se manifester en acte, que tout existe cosmogoniquement avant d'exister historiquement. Nous savons déja que sept tertres hiéroglyphiques ont précédé les sept collines; nous savons encore que les sept

ÉPILOGUE.

personnifications forment toute l'institution. Cela est si vrai que, parmi ces personnifications, apparaît le fils de la femme esclave, conçu par un prodige du foyer domestique. Et ce fils de la femme esclave, devenu roi, produira le germe puissant de l'évolution plébéienne. Dès ce moment donc, rendons hommage à la mémoire si long-temps outragée du saint roi Servius Tullius.

Un fait existe. Il se perpétue par la tradition, il devient l'origine inconnue et mystérieuse d'une institution. Lorsqu'arrive le temps de l'histoire, et que l'on veut raconter le fait primitif, il faut en quelque sorte l'inventer.

Cette réflexion va bien loin, et atteint bien haut.

L'institution du langage et l'invention des faits primitifs sont des choses complètement analogues.

Tout a des commencements inaperçus. On voit le chêne, on invente le gland qui a produit le chêne. C'est à quoi se réduit toute invention.

J'ai donc été conduit à faire une histoire génésiaque.

Ne perdons pas de vue ce qui a été dit.

La première faute, attestée par toutes les traditions, la faute qui avait produit la déchéance, avait séparé l'espèce humaine en initiateurs et en initiables ; du moins c'est sous cette forme que nous apparaît dans la gentilité le dogme de la déchéance et celui du Médiateur, dogmes éternellement identiques dans toutes les théogonies, dans toutes les cosmogonies.

Le patriciat romain sera l'immobile Orient; le plébéianisme sera le progressif Occident.

Toutefois, et c'est une manifestation de l'histoire, le patriciat romain, qui fut initiateur à regret, combattit l'émancipation avec une coupable persévérance. Aussi savons-nous que ces opès, sévères à l'excès, inexorables jusqu'à la cruauté, finirent par arriver à une honteuse ignorance. Ils avaient matérialisé le mystère social, et ils le méconnurent. Alors opicùs et indoctùs furent synonymes. Aussi savons-nous encore que les noms les plus éclatants de ces illustres familles cousulaires devinrent des noms méprisés, des noms de mimes et de gladiateurs. Juste punition de ceux qui résistent à une mission providentielle !

Deux sortes d'hommes, selon les temps, marchent à la tête des autres hommes :

Les hommes intuitifs et spontanés, qui créent à priori, qui sont les instituteurs des peuples ;

Les hommes assimilatifs, qui se rendent les représentants d'une idée, d'une époque, d'une opinion, d'un système d'idées et de croyances, qui sont l'expression d'un sentiment général.

Bonaparte s'est trompé : il s'est cru intuitif, comme furent dans les temps anciens les hommes de sa trempe; il devait se borner à être assimilatif, seule condition des hommes de génie dans les temps modernes. Ce qui aurait dû l'éclairer, c'est qu'il savait bien que l'inspiration lui manquait. L'ancien destin avait péri; et la force ne supplée point à l'inspiration.

La loi chrétienne fait que les hommes intuitifs ne sont plus nécessaires.

Que notre esprit se repose des changements de dynasties pour les révolutions cosmogoniques et pour les révolutions de l'humanité; nous savons que le dogme impitoyable des temps anciens vient d'être complétement aboli par le développement même de la loi chrétienne. Maison de France, la première tu auras pu te revêtir du manteau de l'assimilation; la première tu auras appris que tu devais représenter et non faire les destinées nouvelles.

Le christianisme a rétabli l'unité de l'espèce humaine.

Qu'il me soit donc permis de déposer au pied de la croix civilisatrice une preuve nouvelle de la régénération promise à l'homme le jour même où l'homme succomba; et cette preuve doit prendre rang parmi les preuves historiques.

Le signe auguste de la rédemption n'est-il pas en

même temps le signe de la progression des destinées humaines?

Avant d'aller plus loin, arrêtons-nous un instant à considérer le point où nous sommes arrivés.

Nous avons vu, autant que de telles choses peuvent se voir, nous avons vu les premiers efforts qu'a faits le genre humain pour acquérir la responsabilité, l'attribution de ses actes, pour se mettre en possession de la conscience. Lorsque la conquête de l'humanité fut près d'être accomplie, on put croire que le mot de la grande énigme allait être dit à l'homme par l'homme lui-même; que la conscience étant la libre propriété de l'homme, l'homme n'aurait plus qu'à interroger la conscience. Et Socrate parut. Mais il n'en va pas ainsi. Non, la conscience ne peut pas tout raconter à l'homme; et plus l'homme se sépare des traditions, plus il se trouve seul, face à face, en présence du mystère. Alors il veut sonder le mystère; et le beau génie de Platon vient étonner et charmer le monde.

Maintenant représentons-nous Descartes avec cette intelligence si vaste qui lui donna la faculté de vouloir reconstruire la science en dédaignant tous les monuments de la science; essayons par la pensée de le faire pénétrer dans l'Académie, dans le Lycée, dans le Portique, même sous les ombrages des jardins d'Épicure; forçons le Titan du doute à

affronter les sanctuaires de l'Orient et de l'Égypte ;
que le Prométhée de la philosophie moderne soit
introduit par nous dans ce musée d'Alexandrie où
tant d'esprits éminents consacrèrent une vie laborieuse à recueillir les débris de tous les naufrages
de la science antique ; qu'il soit amené enfin aux
pieds des premiers Pères de l'Église naissante : Descartes voudra-t-il fermer l'oreille aux entretiens de
ces sages, de ces hiérophantes, de ces hommes suscités par la Providence divine? osera-t-il leur conseiller, aux uns et aux autres, de ne plus tenir
compte des traditions, de ne plus croire religieusement à une transmission de la parole? osera-t-il
proclamer devant ces maîtres vénérables, consumés de veilles, que chaque homme se suffit, que
l'homme n'a rien à apprendre ni de la race humaine ni de celui qui a fait la race humaine?

Quelque chose existe, quelque chose a existé : un
fait primitif, la loi du monde, des êtres, des intelligences, la raison de ce qui est, de ce qui a été,
de ce qui doit être, une cause.

L'esprit humain est tenu de chercher toujours,
de chercher, même à présent, avec Pythagore,
Socrate, Parménide, Timée, Platon, Zénon, Démocrite, Épicure ; avec Olympiodore, Salluste,
Proclus ; avec les Pères et les docteurs ; il est tenu
d'interroger les siècles, les fables, les traditions.

Tout a une voix pour l'instruire, et la terre, et le firmament, et les peuples, et les sages de tous les temps et de tous les lieux, et les emblèmes et les symboles qui furent les voiles divers de la vérité une.

Il est tenu sur-tout d'adorer les traces du christianisme antérieur, qui a fait le monde ancien, la lumière du christianisme réalisé, qui fait les destinées du monde nouveau de l'humanité.

Le Grec qui n'avait pas cru aux mystères d'Éleusis était condamné à rétrograder. Que cette croyance soit une leçon pour nous. Ceux qui sont nés dans le christianisme et qui ne se sont pas assimilé sa pure doctrine ne seront-ils pas condamnés à rétrograder vers l'état antérieur au christianisme?

En général, n'est-il pas permis d'affirmer que les hommes demeurés au-dessous d'une épreuve doivent passer à une épreuve inférieure?

C'est là du moins que réside la pensée de la Ville des Expiations, ville de toutes les immunités et de tous les asiles, nouvelle cité mystique et éternelle, dont j'espère un jour raconter les prophétiques merveilles.

FIN DU TOME QUATRIÈME.

TABLE

DES MATIÈRES

CONTENUES DANS LE QUATRIÈME VOLUME.

                                                                               Pages.

PREMIÈRE ADDITION aux Prolégomènes. 5
ORPHÉE, livre Ier. Argument. 63
    —   Clio. —— Le Latium. 69
livre II. Argument. 111
    —   Euterpe. —— Eurydice. 115
livre III. Argument. 163
    —   Thalie. —— La Samothrace. 167
livre IV. Argument. 211
    —   Melpomène. —— La Thrace. 213
livre V. Argument. 257
    —   Terpsichore. —— Érigone. 259
livre VI. Argument. 299
    —   Érato. —— L'Égypte. 301
livre VII. Argument. 345
    —   Polymnie. —— Initiations. 347
livre VIII. Argument. 397
    —   Uranie. —— Loi du silence. 401
livre IX. Argument. 451
    —   Calliope. —— Cosmogonie romaine. 455
Épilogue. Argument. 515
    Épilogue. 521

FIN DE LA TABLE.

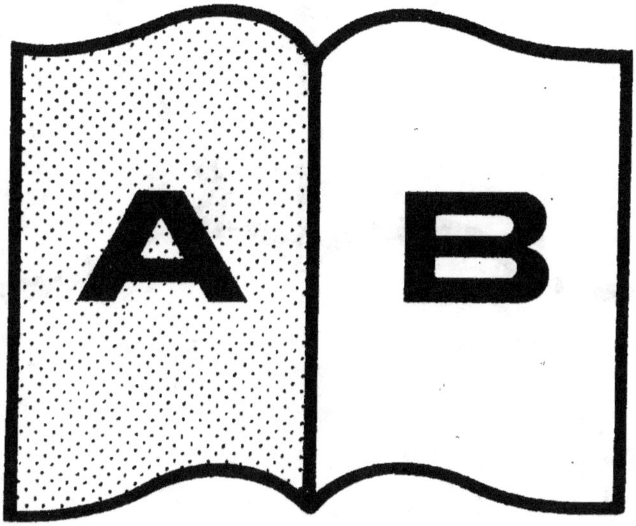

Contraste insuffisant

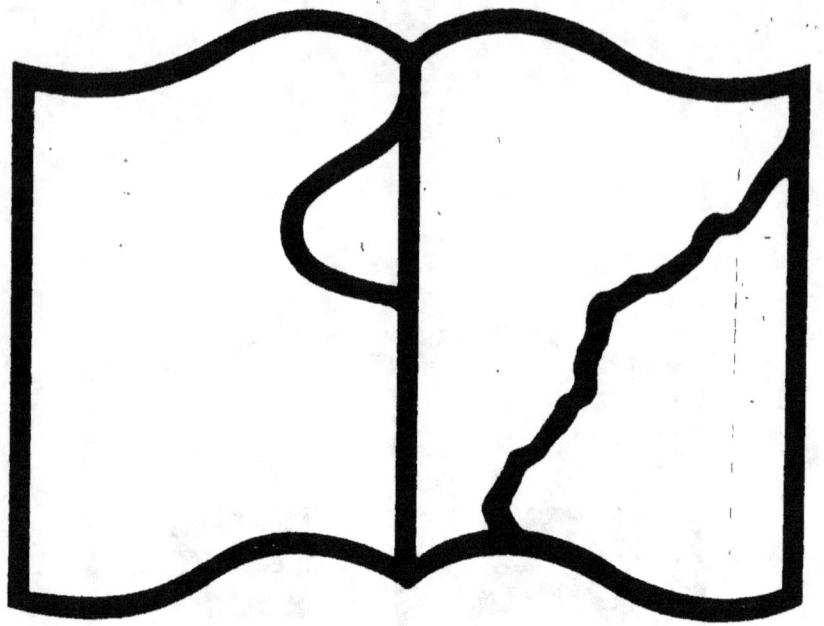

Texte détérioré — reliure défectueuse
NF Z 43-120-11

www.ingramcontent.com/pod-product-compliance
Lightning Source LLC
Chambersburg PA
CBHW051358230426
43669CB00011B/1683